NA NOITE DE SÃO BARTOLOMEU

NA NOITE DE SÃO BARTOLOMEU

Janaína Farias
pelo espírito
Jean Lucca

© 2020 Janaína da Conceição Martins de Farias

Editora Espírita Correio Fraterno
Av. Humberto de Alencar Castelo Branco, 2955
CEP 09851-000 – São Bernardo do Campo – SP
Telefone: 11 4109-2939
correiofraterno@correiofraterno.com.br
www.correiofraterno.com.br

Vinculada ao  www.laremmanuel.org.br

1ª edição, 1ª reimpressão – Dezembro de 2020
Do 5.001º ao 11.000º exemplar

A reprodução parcial ou total desta obra, por qualquer meio, somente será permitida com a autorização por escrito da editora. (Lei nº 9.610 de 19.02.1998)

Impresso no Brasil
Presita en Brazilo – Printed in Brazil

COORDENAÇÃO EDITORIAL
Cristian Fernandes

PREPARAÇÃO DE TEXTO
Eliana Haddad, Gisella Amorim e Izabel Vitusso

CAPA E PROJETO GRÁFICO DE MIOLO
André Stenico

CATALOGAÇÃO ELABORADA NA EDITORA

Lucca, Jean (espírito)
    Na noite de São Bartolomeu / Jean Lucca (espírito); psicografia de Janaína Farias. – 1ª ed., 1ª reimp. – São Bernardo do Campo, SP : Correio Fraterno, 2020.
    304 p.

    ISBN 978-65-86480-08-5

1. Romance mediúnico. 2. França. 3. Noite de São Bartolomeu. 4. Religião. 5. Reencarnação. 6. Literatura brasileira. I. Farias, Janaína. II. Título.

CDD 133.93

SUMÁRIO

Reverberações do passado..9

PRIMEIRA PARTE

1 – Injunções sociais...15

2 – O grande baile 29

3 – Passados familiares...41

4 – Declaração de amor..55

5 – Triângulo amoroso...67

6 – Encontro urgente 81

7 – A carta perfumada...95

8 – Dois casamentos...107

9 – Os compromissos de Étienne 119

10 – A amizade de Ramon 135

11 – Surpresa para Darchelle 149

12 – Crenças religiosas 161

13 – Perigos e atrocidades 175

14 – Afronta no palácio 191

SEGUNDA PARTE

1 – A vingança 207

2 – Planos de aproximação...219

3 – Confidências no Louvre 231

4 – Casamento..241

5 – Esperança no amor 253

6 – Acusação 265

7 – Traição e ódio 277

8 – Socorro e perdão 289

Explicações oportunas..299

REVERBERAÇÕES DO PASSADO

"Se tu, Senhor, observares as iniquidades, Senhor, quem subsistirá?
Mas contigo está o perdão, para que sejas temido."
Salmos 130:3-4

No QUE DIZ respeito ao nosso bendito planeta, alguns fatos são lamentáveis, do ponto de vista da evolução humana. Dentre estes, a infeliz noite de 24 de agosto de 1572, noite que herdou o nome do respeitável membro do colégio apostólico de Nosso Senhor, já que se trata do dia escolhido pela Igreja para festejarmos sua vida exemplar[1].

Justamente no dia daquele em quem Jesus apontou não haver dolo, conforme o Evangelho de João[2]. Talvez seja esse fato emblemático e somente mais uma das grandes lições que devemos apreender desta infeliz experiência de nossa trajetória.

Mesmo após tantos séculos, ainda nos compungimos ao lembrar da noite trágica em que, moralmente enfraquecido, deliberou o célebre Carlos IX a matança de milhares de pessoas. Na psicosfera de Paris, se aguçarmos nossos ouvidos para captar o passado, poderemos encontrar no éter o registro eterno da dantesca operação. Lá estarão os gritos desesperados dos inocentes e o bradar revoltado dos enceguecidos pela volúpia e pela ambição. Mães implorando pela vida de seus filhinhos,

---

[1] Ficou conhecida como a Noite de São Bartolomeu.

[2] João 1:47.

vozes aflitas no limiar do violento desenlace da matéria, amores perdidos, perseguições soezes, a animalidade obscurecendo todo o senso de humanidade, a razão entorpecida pelo imediatismo.

Vislumbrando nossos desenganos do passado não tão distante, envergonhados e temerosos a Deus, perguntaremos ao Pai como fez o salmista: "Se tu, Senhor, observares as iniquidades, oh, quem subsistirá?[3]". O que será de nós outros, que temos a nódoa dos erros e enganos manchando nossa roupagem eterna?

Porém com o Senhor estão o Perdão e a Misericórdia.

Na visualização desse mesmo passado, se apurarmos nossas percepções para mais além, veremos também a solícita assistência do Alto em favor de todas as vítimas. Mãos fraternas que se estenderam para consolar todas as aflições.

Confessamos aos irmãos que, quando nos dispomos a vasculhar os repositórios da memória absoluta com nossas relativas possibilidades, o que mais nos comove é, sem dúvidas, a percepção da assistência àqueles que se comprometeram gravemente no genocídio vergonhoso, erguendo contra seus irmãos em humanidade as mãos homicidas.

Anjos bondosos se mobilizaram para iniciar o longo plano de socorro aos seus infelizes tutelados, que se regozijavam em chafurdar na iniquidade e na desonra.

Corações iluminados que, amando, desejavam retirar do lodaçal da incúria os sombrios corações que ali se uniram em opróbrio e hediondez.

Lágrimas de extrema comoção e verdadeiro amor escorriam de rostos resplandecentes, interessados na ascensão de seus queridos desafortunados.

Meus caros irmãos, se soubéssemos que ao nosso lado o bondoso Pai permite estejam almas diáfanas, gloriosas, redimidas, e o quanto lhes ferimos o sensibilíssimo amor transcendente com nossas infelizes escolhas... Talvez, se crêssemos verdadeiramente nessa realidade, quanto não modificaríamos nossa conduta?

Ingratos que somos, reclamamos de solidão muitas vezes tendo ao

---

[3] Salmos 130:3.

nosso lado mãos gentis e puras a nos acariciar a fronte, sussurrando em nossos ouvidos os cânticos do bom ânimo e da perseverança, entoados por seus corações cheios de renúncia. Tantas vezes encontram em nós nada mais além da incompreensão e desprezo, mas mesmo assim prosseguem no divino afã de nos auxiliar a evolar a alma criminosa aos padrões da harmonia universal.

Almas gloriosas que nos relembram as esperanças registradas no Salmo, alegrando os corações que transitam provações coletivas:

"Espere Israel no Senhor, porque no Senhor há misericórdia, e nele há abundante redenção. E ele remirá a Israel de todas as suas iniquidades."[4]

Dedico estas humildes anotações aos caros irmãos que transitam no mundo sob os aguilhões dos necessários reajustamentos, individuais ou coletivos.

Desejo que sintam, ou ao menos adivinhem, o auxílio que jamais falha aos corações que clamam e lutam. Afirmo-vos, com o respaldo das minhas próprias experiências, que jamais estamos sozinhos e que as nossas lágrimas, mesmo aquelas vertidas pelo criminoso desgoverno do sentimento, interessam aos graciosos seres que nos amam e que por cada um de nós zelam dos espaços infinitos, pois a lei suprema é a Lei de Amor.

O Senhor dos Mundos prossegue nos amando e zelando por sua Criação, através de sua providência magnânima e de seus sublimes e incansáveis emissários.

Tomamos o cuidado de omitir alguns nomes e trocar alguns outros para que o verdadeiro objetivo destas anotações não se perca.

Nossas mui mal grafadas páginas se endereçam aos corações, pois somos grandes necessitados de erguer nossos sentimentos a padrões mais adequados que aqueles em que vimos insistindo há tantos séculos. Por isso, caros irmãos, os fatos reais aqui narrados trazem o traço de nossa emotividade.

Muitos trechos, embora não fujam da verdade, foram ornamentados com as vestimentas da suavidade ou da sensibilidade, pois se tudo fosse narrado tal qual se passou, a rudeza da descrição dos fatos chocaria os

---

[4] Salmos 130:7-8.

queridos irmãos, e essa narrativa prestaria serviço contrário ao que se propõe. Desejamos que os princípios morais, nestes escritos, não sejam tratados como coadjuvantes.

Portanto, contamos com a compreensão dos irmãos sobre esta providência e que nos desculpem a deliberada licença literária.

Com comovidas lágrimas de gratidão a Deus pela oportunidade, a Jesus pelo amparo e socorro, aos irmãos pelo carinho e paciência, rogamos ao Alto que a todos nós abençoe!

JEAN LUCCA

PRIMEIRA PARTE

1
Injunções sociais

"As convulsões sociais são revoltas dos Espíritos encarnados contra o mal que os acicata, índice de suas aspirações a esse reino de justiça pelo qual anseiam, sem, todavia, se aperceberem claramente do que querem e dos meios de consegui-lo. Por isso é que se movimentam, agitam, tudo subvertem a torto e a direito, criam sistemas, propõem remédios mais ou menos utópicos, cometem mesmo injustiças sem conta, por espírito, ao que dizem, de justiça, esperando que desse movimento saia, porventura, alguma coisa. Mais tarde, definirão melhor suas aspirações e o caminho se lhes aclarará."
Obras póstumas, capítulo "Questões e problemas, expiações coletivas"

Como o tipo de célula determina o tipo de tecido, suas características e sua funcionalidade, por analogia depreendemos que uma sociedade ou agrupamento humano, mesmo uma cidade ou um país, são o resultado inarredável do agrupamento de individualidades, que obedecem às leis de afinidade e destinação para se reunirem, imprimindo a característica, as finalidades e as responsabilidades de um povo.

Sendo assim, os destinos de uma pessoa assomam-se aos de outras, definindo, enfim, toda uma nação e, por consequência, o orbe.

O psiquismo individual talha o psiquismo coletivo. E, ambos, criam um circuito de retroalimentação. Portanto, qualquer intenção de mudança efetiva de padrão vibratório no planeta deve levar em conta a necessidade de reforma íntima de cada um de nós. Formatar a paz mundial só é possível pacificando-se a si mesmo. A concórdia reinará e assegurará a felicidade coletiva quando esta virtude reger as relações individuais, começando pelo lar que nos acolhe as esperanças.

Como a lei de equilíbrio nos induz a buscar o apaziguamento e a complementação através do semelhante, obviamente instituímos as lideranças que necessitamos e merecemos. Portanto, não existe evento fortuito na distribuição de poderes entre os homens, mas sim a consequência direta de nossas escolhas e movimentações individuais se agregando na construção das coletividades. Certamente, cada criatura subordinada ao poder temporal participou ativamente da construção deste mesmo poder através de suas aspirações, suas intenções, suas ações no campo de ação a que se vincula.

Ora, se nos encontramos subordinados a alguma coordenação, ou regime administrativo ou político que nos desagrada, é o momento de procurarmos em nosso íntimo as características análogas àquilo que nos incomoda no todo, para empreendermos o esforço necessário à mudança de padrão em nós, formando assim um campo diferente de atração em todos os setores de nossa vida.

Certamente que fazendo um exame profundo e cuidadoso, encontraremos em nós os princípios sutis ou escandalosos de tudo o que desejamos modificar na sociedade, pois não poderia ser diferente, já que somos filhos de um Deus de misericordiosa justiça.

Não digo que não devamos estar atentos às injunções sociais que nos cercam, empreendendo o melhor esforço de nossa parte para modificar o clima social com nossa ação consciente e ativa. Todo ser consciente é um ser político. Apenas chamamos a atenção para nosso próprio clima mental e afirmamos que todo esforço externo deve se conjugar com um esforço interno de mudança, para que o resultado que desejamos alcançar seja adequado e duradouro.

Porque não atentamos para isso, nossos gritos de justiça e equidade não passam de lamentos infantis e hipócritas, reproduzindo a analogia evangélica do homem que vê o argueiro no olho do outro, mas não vê a trave no próprio olho[5].

Jesus nos advertiu com tanta firmeza em seu Evangelho! Recordemo-nos de suas máximas, no capítulo 15 do Evangelho de Mateus[6], de forma a nos afastarmos da posição desconcertante de alvos desse discurso do Senhor. Uma vez tocados pelo justo sentimento de renovação, que solicita-nos a atuação corajosa e visionária em sociedade de forma a mudar os paradigmas que estão em desacordo com a Soberana Lei, empreendamos a mesma força que nos impulsiona aos movimentos sociais ao nosso reajuste íntimo com esta mesma Lei de Justiça e Amor que rege o universo, corrigindo em nós as controvérsias que nos mantém distantes do modelo ideal que traçamos para nossos semelhantes, principalmente aqueles que detêm nas mãos as posições de poder, pois é lícito que nos recordemos da máxima evangélica que deve reger nossas atuações para com qualquer outro filho de Deus que seja alvo de nossos pensamentos, atuações ou intenções: Fazer aos homens o que queremos que os homens nos façam.[7]

* * *

---

[5] Mateus 7: 3-5.

[6] "Hipócritas, bem profetizou Isaías a vosso respeito, dizendo: Este povo se aproxima de mim com a sua boca e me honra com os seus lábios, mas o seu coração está longe de mim. Mas, em vão me adoram, ensinando doutrinas que são preceitos dos homens. E, chamando a si a multidão, disse-lhes: Ouvi, e entendei: O que contamina o homem não é o que entra na boca, mas o que sai da boca, isso é o que contamina o homem. Então, acercando-se dele os seus discípulos, disseram-lhe: Sabes que os fariseus, ouvindo essas palavras, se escandalizaram? Ele, porém, respondendo, disse: Toda a planta, que meu Pai celestial não plantou, será arrancada. Deixai-os; são cegos condutores de cegos. Ora, se um cego guiar outro cego, ambos cairão na cova." – Mateus 15:7-14.

[7] "Portanto, tudo o que vós quereis que os homens vos façam, fazei-lho também vós, porque esta é a lei e os profetas." – Mateus 7:12.

INÍCIO DO ANO de Nosso Senhor Jesus Cristo, de 1571.

Paris vivia dias agitados. No ano anterior, o contraditório rei Carlos IX finalmente ascendera verdadeiramente ao trono. Apesar de há dez anos haver se tornado rei oficialmente, com a morte de seu irmão, seu poder era limitado pela autoridade de Catarina de Médici, sua mãe.

Carlos casara-se com Elisabeth da Áustria em novembro último.

Era de personalidade invulgar, melindroso e irritadiço por vezes, justo e educado por outras, tido por alguns como fraco e dissimulado, de alguma forma sempre sujeito à influência poderosa da rainha-mãe, mesmo quando se dava a desmandos, tentando demonstrar autonomia.

A França contorcia-se entre a fortíssima pressão da Espanha que a obrigava a manter, mesmo à custa de sangue e guerra, a supremacia católica, cujos membros infiltrados dividiam a preço de ouro e ameaças as opiniões da nobreza; e a crescente força política dos protestantes, cujos membros poderosos se aproximavam cada vez mais do trono, tendo em Gaspard de Coligny, almirante, líder político e amigo íntimo do rei, a figura mais comentada e temida.

Pressões e exigências de todos os matizes cercavam o volúvel Carlos por todos os lados. Mas o rei às vezes parecia ignorar todos os apelos ao seu bom senso, gastando parte de seu tempo em suas diversões e caçadas, logrando demonstrar a todos os que com ele dividiam estes 'prazeres', as suas tendências cruéis e indiferentes.

Não era segredo para toda a França que o poder se concentrava nas mãos da invulgar figura de Catarina, mãe de Carlos IX.

Falava-se à boca pequena que desagradar o rei poderia provocar aborrecimentos e perigos, mas não cair nas graças da rainha-mãe era selar o próprio destino. E não seria tarefa fácil agradar aquela figura impactante, inteligente, desconfiada e dissimulada, que em todos via potenciais inimigos à sua descendência. Em ninguém confiava de fato, nem mesmo nos próprios filhos. Via em cada um deles a inapetência para o governo da França. A corte francesa era um infeliz ninho de intrigas, agitações, traições soezes e interesses mesquinhos, apesar da opulência e das mil regras e exigências que exibia para toda a Europa.

Pessoas desapareciam sem deixar rastros, porque haviam incorrido na infelicidade de se imiscuir em assuntos 'perigosos' para o trono. Alguns ousavam dizer que o próprio Louvre[8] servia de túmulo para várias mentes agitadas e insolentes. Mas até tais comentários eram perigosos.

A 'polícia' ou 'esquadrão volante' de Catarina tinha olhos e ouvidos por todos os lugares da França. Lindas e sedutoras jovens controlavam as informações, as intrigas e os rumores de todo o reino, obtendo o que desejavam dos corações levianos que por elas se arrastavam de desejos.

O ouro comprava consciências e temporárias fidelidades. O poder era exercido pelo jugo do terror.

Apesar de tudo isso, naqueles dias, alheia a toda essa agitação política e religiosa, uma linda moça, entretinha-se entre os carinhos do irmão e os cuidados de sua ama.

Tratava-se de Darchelle de N., irmã do oficial responsável pela guarda do Louvre, descendente de nobres oficiais de altíssima confiança da realeza.

Seu irmão, Leon de N., um belo jovem de seus 26 anos, dividia-se entre suas delicadas funções no Louvre, os cuidados com a adorada irmã caçula, e seu noivado com uma formosa dama da corte, Marie-Antonette, a quem amava com estremecimento.

Os dois irmãos eram órfãos de pais. A mãe, que jamais lograra saúde após o nascimento de Darchelle, morrera quando a pequena tinha menos de dois anos de idade. O pai havia perecido como herói em batalha, poucos anos depois da esposa.

Leon desdobrava-se para dar atenção à irmã, enchendo-a de mimos e fazendo seus mais pequeninos gostos.

Assim era que naquela manhã, no início de 1571, a Darchelle encontrava-se em seu quarto, na pequena mansão próxima ao Louvre que pertencia à família, junto de sua ama, Dama Lesoncé, que dela cuidava desde que nasceu, bem como de Leon. As duas divertiam-se com alguns preparativos para sua apresentação na sociedade, no baile que estava programado para o início da primavera e que contaria com a presença de nobres mui distintos.

---

[8] Refere-se ao Palácio do Louvre.

Ambas estavam sentadas na extensa cama de Darchelle, em meio a enfeites e tecidos, enquanto duas servas, próximas, aguardavam de pé.

– São muito belos! Não sei quais escolher. Veja estes enfeites. Acha que ficam bem em meus cabelos? Porque gostei destes. Mas estes outros também me parecem lindos. Não sei quais escolher.

– Estes daqui de esmeraldas parecem teus olhos. E veja também estes colares e brincos. São muito adequados. Certamente, hão de chamar a atenção de algum nobre rapaz, que há de se render à tua beleza!

O sorriso de Darchelle iluminou-se, enquanto ela encarava a dama. Leve rubor tomou suas faces alvas, evidenciando seus pensamentos.

– Haverá de ser belo como meu Leon, e também forte e valente como ele. Haverá de ser educado e bondoso!

– Sim, minha menina! Assim será.

– Darchelle! – uma voz masculina chamou-lhe da porta.

Era Leon que chegava sem se fazer anunciar. Ao vê-lo a moça ergueu-se da cama em um salto, deixando cair os enfeites, e pulando nos braços do rapaz, que beijou-a repetidas vezes na cabeça.

– Estás com saudades de mim? – perguntou o rapaz, enxugando as lágrimas que escorriam dos olhos de Darchelle.

De semblante contrariado, ela se agarrava em suas vestes.

– Há dias tu não voltas para casa. Só manda bilhetinhos!

– Me desculpe, minha querida. Minhas obrigações me detiveram no palácio. Não pude retornar ao lar para ver-te. E tu ainda não podes perambular pelo Louvre, antes de ser devidamente apresentada à sociedade.

– Pois bem! Em breve poderei ir ver-te quando eu quiser!

O irmão sorriu e mudou o assunto, intentando fazê-la cessar o pranto:

– E então? Que pensas das joias que mandei trazer para teu aniversário? Como eu havia te dito, pertenceram à nossa falecida mãe e agora pertencem a ti. Precisas escolher alguma para teu baile.

Soltando-se dele, a moça, antes acabrunhada, pareceu reviver a empolgação. Correu até a cama e pegou alguns enfeites. Colocava-os ao pescoço e nos lindos cabelos amendoados, que caíam desnastrados pelas costas, e fazia poses para mostrá-los ao rapaz, que se sentara em uma poltrona do quarto, sorridente.

Em certo momento, um servo adentrou discretamente o ambiente e entregou uma correspondência para Leon. Este a leu rapidamente, erguendo-se em seguida.

Aproximou-se da irmã e disse-lhe:

– Tu és a mais bela moça da França. E como te pareces com nossa falecida mãe. Quaisquer enfeites que escolher ficarão lindos!

O jovem ia se ausentar do aposento, quando a pequena se agarrou em seu braço, enlaçando-o depois pela cintura, de olhos nublados:

– Onde vais? Acabaste de chegar!

– Preciso resolver alguns assuntos, *ma chérie*. Mas não te preocupes que não me demoro.

– Foi o que falaste há três dias!

– Não, querida. Volto em poucas horas. Não chores! Veja bem, hoje pretendo te levar comigo para visitar Marie-Antonette. Se choras assim, vais ficar com os olhos inchados e não poderei levar-te. Vamos, vamos!

Acalmando-se ante a perspectiva do passeio, Darchelle descolou-se do irmão e recebeu um carinhoso ósculo sobre os olhos avermelhados de pranto. Beijou a mão do irmão e voltou aos enfeites da mãe que estavam sobre a cama.

Dama Lesoncé aproximou-se, tomando-a nos braços e acariciando seus lindos cabelos.

– Façamos a *toillete*. Deves estar arrumada para saíres com teu irmão. Vamos ali escolher um belo vestido e enfeites.

Darchelle sorriu. Ergueu-se para que as servas a despissem, para iniciar a higiene.

Sua ama a observou, pensativa, dizendo com influxo de carinho:

– Tu estás tão parecida com tua mãe... Pareces mesmo uma cópia de minha saudosa senhora.

– Fala-me novamente sobre ela, ama!

– Ah, sua mãe era lindíssima, assim como tu. Teus olhos, teu rosto e teus cabelos são como os dela. A conheci quando acabava de se casar com teu pai. Que belo casal!

Ajeitando os cabelos de Darchelle, tendo esta se assentado em uma confortável poltrona, disse em tom baixo:

– Sabias que teu pai duelou pela mão de tua mãe?

Os olhos se encheram de brilho.

– Não! Não sabia! É verdade isso?

– Pois sim! Acaso eu mentiria?

– Conta-me, boa ama! Conta-me!

– Pois bem. Teu pai e tua mãe enamoraram-se desde o momento em que se viram pela primeira vez. Teu pai preparou-se para pedir-lhe em casamento perante o futuro sogro, mas este o informou que o casamento já havia sido contratado, desde o nascimento, com uma família amiga do Norte. Que não poderia desonrar o compromisso. Acontece que o pretenso noivo de tua mãe era um devasso, jogador inveterado, que arruinou a própria família com os desatinos que cometia. Um dia, na corte, o tal noivo chegado recentemente a Paris, bêbado como era de seu costume, lançou ironias ao rival, que no caso era teu pai, pois sabia que a noiva o amava. Os dois entraram em discussão e teu pai o desafiou para um duelo, pois a dignidade dele havia sido ferida em público. Contrataram padrinhos e testemunhas. Foi acordado que quem vencesse o duelo poderia reivindicar a tua mãe em noivado e que o duelo seria até a morte ou a humilhação. Assim foi que, dentro de uma semana, encontraram-se no campo acordado diante de uma pequena multidão de testemunhas. Teu pai já era oficial por aquela época. Mas o rival também era conhecido pelo excelente adestramento nas armas...

A dama fez pequena pausa para medir o interesse da interlocutora.

– O que houve então, ama? O que houve? Continue...

Sorrindo, a senhora acariciou o rosto de Darchelle e continuou:

– Ora, tu o sabes! Pois tu não és um fruto do casamento de teu pai e tua mãe? Teu pai venceu o duelo!

– Ele matou o rival?

– Não. Ele não o matou. Feriu-o superficialmente, após humilhá-lo perante as testemunhas. Cuspiu-lhe ao rosto e disse que ele não era digno de sujar sua espada.

– E depois?

– Depois, o ex-noivo de sua mãe voltou para o Norte, deixando Paris para sempre. Dizem que saiu da França, envergonhado, juntamente com a família. Teu pai casou-se com tua mãe, afinal.

– Mas, minha ama, se o opositor era adestrado nas armas, como pôde ser humilhado por meu pai?

– Bem, tua mãe me contou que a ama dela na época, que acompanhou o duelo, disse que ele estava visivelmente embriagado. Talvez tenha subestimado o talento de teu pai ou fosse só um desequilibrado nas libações, afinal.

Darchelle sorriu. Com o olhar brilhante, procurou o retrato pintado de seu pai, que estava pendurado no quarto juntamente com o de sua mãe. Imaginou mil histórias fantásticas sobre o heroísmo de seu pai e o amor ardente dele e de sua mãe.

Suspirou profundamente, tomada de excitação pela história.

Queria ter o coração arrebatado de amor, como sua mãe. Queria também ser a personagem de fantástico romance, como o que imaginava haver sido o de sua bela genitora.

Foi assim que se distraiu das horas, até que seu irmão voltou ao palácio para conduzi-la ao passeio até a casa da futura cunhada, onde almoçariam.

A mansão da família de Marie-Antonette não distava muito do lar dos de N. Em poucos minutos, a carruagem de Leon parava na porta, onde dois serviçais ajudaram Darchelle a descer.

Poucos degraus conduziam os convidados até a porta da construção, onde um senhor rotundo e muito bem vestido, de densos bigodes tão negros quanto os próprios olhos, o aguardava. Tratava-se do marquês Jean-Paul Collinet. Ao seu lado, a formosa e jovem esposa, a marquesa Anne-Marie.

Os de N. foram carinhosamente recebidos e beijados.

No salão principal, onde se acomodaram, por uma escada larga, desceu graciosamente a figura de Marie-Antonette, a noiva de Leon.

A moça era de uma beleza invulgar. Longos cabelos negros emolduravam seu rosto pequeno, em um penteado que deixava pender lindos cachos que caíam pelos ombros e pelas costas. No alto da cabeça, um pequeno enfeite trazia preso em si um agrave com uma linda e robusta ametista, da mesma cor que seu volumoso vestido.

Seu talhe delicado e bem formado era evidenciado por uma larga fita que se prendia em sua cintura, formando um grande laço na parte de trás do vestido.

Ao ver Leon, seus olhos negros se iluminaram e suas faces ficaram rubras.

O rapaz se ergueu e foi recebê-la, beijando-lhe delicadamente a mão, onde uma fina luva de camurça protegia-lhe a pele.

Também Darchelle cumprimentou-a, alegremente. Regozijavam-se de ser ternas amigas desde que o irmão firmou o compromisso de noivado.

Após uma refeição farta e muita conversa com o senhor barão sobre política e outros tantos assuntos, Leon pediu permissão para caminhar um pouco com a noiva no extenso jardim da propriedade.

Recebendo a permissão, tomou a mão de Marie-Antonette e, trazendo consigo a irmã, desceu as escadas na porta frontal e encaminharam-se para o jardim.

Apesar do frio, ainda assim era uma visão agradável.

Leon deu um forte assovio e esperou. Dois grandes cães vieram correndo. Ele sabia que eles distrairiam sua irmã e assim poderia ter alguma privacidade com a noiva.

Não demorou para que Darchelle corresse atrás dos inquietos animais, deixando o casal um pouco para trás.

– Estás especialmente linda hoje, minha senhora! – disse Leon olhando nos olhos da noiva, que corou de satisfação ao ouvir a voz melíflua do noivo. – Estou ansioso pelo nosso enlace!

Marie-Antonette observou-o. Orgulhava-se muitíssimo dele. Era um garboso e bondoso rapaz. Alto, de sedosos cabelos castanhos cortados como convinha a um homem de armas da época, grandes olhos verdes e um sorriso amplo, emoldurado por uma barba não muito espessa. Tinha a compleição de um oficial bem treinado, mas as maneiras garbosas de um nobre. Era respeitado pelos homens de sua idade, não só pela destreza com as armas, mas também pelos pendores de coração. Havia assumido para si desde muito cedo os cuidados com a casa, com a riqueza da família e com a irmã, que ficara órfã muito cedo.

Por inclinação, decidiu-se ao serviço das armas, trazendo consigo o legado do nome de seus antepassados.

O rei o tinha em altíssima consideração e confiança.

Até mesmo a rainha jamais tivera a mínima queixa de seus serviços.

O rapaz parou a marcha por um instante e ajeitou a capa de sua noiva, que estava ligeiramente torta.

Conversaram amenidades. Trocaram juras e consentimentos quando desfrutaram de alguma privacidade.

Depois se meteram em brincadeiras com os cães, juntamente com Darchelle, pelos caminhos do jardim.

Não demorou e retornaram à mansão. O tempo não permitia excursões muito longas.

Ao adentrarem o ambiente, conduzindo-se para o salão principal, notaram que o marquês recebia outras visitas.

Dois homens lá estavam. Um deles, o gentil conde Armando de M., que era conhecido por Leon e muito estimado por ele, tanto quanto seu irmão, Raul de M., que era de seu círculo mais íntimo. O outro foi apresentado como Étienne de L., um rapaz jovem, de mediana estatura, cabelos castanhos claros que viriam ao ombro se não estivessem presos, cavanhaque não espesso, rosto afinado e olhos muito claros.

Leon cumprimentou gentilmente o conde e simpatizou grandemente com o outro jovem, que o acompanhava. Armando apresentava-o como um primo, vindo do Vale do Reno para Paris. Havia morado certo tempo na Alemanha, frequentando a corte, pois possuía parentes que eram da nobreza daquele país.

As duas moças foram apresentadas para os cavalheiros.

O rapaz renano foi tomado de estranha comoção quando beijou a mão de Darchelle. A moça, metida em um volumoso vestido verde com detalhes dourados, parecia para ele uma visão celestial. O rosto delicado, os lábios de cor carmim em contraste com a pele muito alva, o porte delicado, os olhos esverdeados e profundos... tudo lhe impressionava enormemente.

Étienne a custo refreou as impressões de que se vira tomado e cuidou para não encará-la, evitando qualquer constrangimento entre cavalheiros.

Darchelle também sentiu-se inquieta ao fitar o garboso rapaz. Alguma coisa nele a impressionava, embora não soubesse exatamente o que seria.

Ele revelava-se grandemente inteligente e culto. Seus olhos claros emoldurados por longos cílios eram intrigantes e belos. Sua voz tinha um encantador timbre aveludado que evidenciava doçura em seu sotaque carregado, característico do Vale do Reno.

Os dois visitantes não se demoraram muito. A visita fora a negócios. Portanto, após a agradável reunião, despediram-se amavelmente dos anfitriões.

Qual não fora a surpresa de Leon, quando o futuro sogro teceu alguns comentários insidiosos a respeito dos dois homens que haviam estado em seu lar.

É que ambos eram protestantes, os chamados huguenotes. Já Jean-Paul era praticamente um fanático político-religioso, e deixava claro em seus comentários o que pensava sobre o poder que os adversários vinham adquirindo com o tempo.

O rapaz surpreendia-se desagradavelmente. Não apreciava qualquer tipo de extremismo, em qualquer que fosse o assunto. Mesmo porque, o conde de M. era notoriamente respeitável e gentil. E Étienne, seu primo, parecia ser um jovem honrado e bem-nascido.

Leon evitou qualquer retórica, reservando-se ao direito de ouvir apenas, não passando desapercebido ao inteligente marquês suas impressões.

Não tardou a partir. Alegando responsabilidades e negócios, despediu-se da família sob os protestos da noiva, que percebeu que ele não estava mais agindo com tanta naturalidade.

Na carruagem, notou a irmã um tanto absorta em pensamentos e trouxe-a ao peito para acariciá-la.

— Estás desgostosa de eu não haver me demorado mais em casa de Marie-Antonette?

— Não. Quero mesmo voltar ao lar, para pensar no vestido de meu baile, Leon.

O rapaz sorriu.

– Boas falas. Gosto de ver-te empolgada.

Ela pensou um pouco e falou, tentando disfarçar as próprias impressões:

– Tu pretendes convidar o conde de M. para o baile, Leon?

– Imagino que sim.

– Convidarás também o primo dele, que é recém-chegado em Paris? Acredito que seria educado de tua parte oferecer tal ensejo para que ele trave novos conhecimentos...

Leon a olhou, intrigado. Tentava compreender as intenções da irmã, com aquela lembrança. Após alguns minutos de observação, falou sem afetação:

– Sim, seria educado de minha parte. Farei assim, sem dúvidas.

Darchelle voltou a fitar o exterior, com um sorriso enigmático nos lábios.

– Acaso estás simpática ao jovem primo do conde, minha cara irmã?

Ruborizada, encarou o irmão contrafeita, afastando-se dele.

Conhecendo-a bem, Leon não insistiu mais no assunto. Apenas riu--se e puxou-a novamente para si, acariciando seus cabelos, enquanto cantarolava alguma coisa.

2
O GRANDE BAILE

"Invejais os gozos dos que vos parecem os felizes do mundo.
Sabeis, porventura, o que lhes está reservado?"
O livro dos espíritos, questão 926

ERA O MÊS de maio. A primavera estendia a sua beleza por todas as coisas, enquanto o tempo amenizava-se para saudar o verão, que estava próximo.

Naquela tarde, no pequeno hotel dos de N., Darchelle estava em seu aposento, aprontando-se para o grande baile, empolgadíssima. Seu irmão a cobria de mimos, por conta de seu aniversário. Presentes chegavam a todo momento. Hábeis costureiras davam os últimos retoques em seu vestido luxuoso, enquanto madame Lesoncé aprontava a menina, arrumando o lindo enfeite de esmeraldas em seus cabelos.

Uma serva a ajudava a colocar a complicada armação de seu vestido. A operação ia a meio, quando Leon entrou o quarto, sorridente.

Como era de se esperar, ela deixou o que fazia e correu ao seu encontro, abraçando-o.

— Estás de roupas de toucador, ainda? Já devias estar pronta!

— Ainda tenho tempo!

— Tu também devias estar vestido adequadamente.

Darchelle riu-se muito do que acabava de dizer, divertindo também o irmão.

— Não sou como tu. Apronto-me em questão de momentos. Estarei elegantemente trajado quando te levar ao salão de baile.

— Vais vestir tua vestimenta de honra? Vais?

— Vou sim! E me armar como um cavalheiro, para conduzir-te com pompa e glória!

A pequena bateu palmas de contentamento. Retornou correndo à posição anterior, pedindo a serva que recomeçasse o trabalho.

— Vai-te daqui, Leon! Tenho que me aprontar e tu também tens.

Lançando-lhe um beijo pelo ar, ela o viu saindo do aposento, sorridente.

Os últimos retoques foram feitos. O lindíssimo vestido de tecidos vaporosos, branco com adornos dourados e rosas caía-lhe como um traje de deusa. A vastíssima saia parecia bailar quando ela caminhava.

Dama Lesoncé colocou-lhe aos cabelos com flores, que contrastavam lindamente com o enfeite e com o castanho de suas madeixas, e afastou-se para vê-la.

Não pôde segurar as lágrimas.

— Estás um sonho, de tão linda!

Sem que ambas suspeitassem, dois vultos aproximaram-se de Darchelle, abraçando-a suavemente. Tratava-se de uma linda e jovem mulher que em tudo se parecia com a moça, trajada com um lindo vestido vaporoso e iluminado, de tonalidade quase irreconhecível ao espectro de visão humana, e um homem de meia-idade, com o semblante um pouco entristecido, trajando uniforme de armas do alto escalão do exército francês. Eram, em espírito, o pai e a mãe de Darchelle na última encarnação.

Ambos beijaram a cabeleira da filha, emocionados, causando nela um aceleramento cardíaco e um sentimento profundo e desconhecido que lhe arrancou duas lágrimas, mas que a moça atribuiu às emoções do dia.

Madame Lesoncé abraçou cuidadosamente a moça, para não desarrumá-la. Tomada também pela emotividade desconhecida, refletia de repente em como gostaria que sua boa senhora, mãe de Darchelle, ali estivesse para vê-la. Certamente iria emocionar-se também. Queria também que o nobre e respeitoso Charles de N., seu pai, estivesse ali para conduzi-la ao baile. Não que seu menino – como chamava Leon – não o fizesse com toda a galhardia necessária.

Sem os carinhos da mãezinha, sem a proteção de seu pai, criada apenas com seu irmão, que também era tão jovem, Darchelle tornara-se carente, excessivamente tempestuosa e impetuosa para uma dama tão nova. Era-lhe penoso, como ama e acompanhante, fazê-la aderir às delicadezas femininas, já que o alvo de toda a sua admiração era o irmão mais velho. Sua empolgação com vestes e joias era muito superficial, não durando mais que alguns minutos. Somente quando recebera do irmão as joias que pertenceram a mãe passou a esmerar-se em querer usá-las, para parecer-se com a falecida Leonor. A partir daquele dia poderia usá-las sempre.

Mas Darchelle amava os cavalos, os constantes jogos em que acompanhava o irmão. Gostava de correr pelos imensos jardins da propriedade, brincando com os cães e com as avezinhas, colhendo morangos e rosas.

Sua educação nos moldes da corte fora penosa. Sua personalidade era excessivamente rebelde a qualquer tipo de convenção social. Sabia portar-se, mas sem jamais perder o atrevimento e a altivez de suas expressões. Nem para o irmão, a quem idolatrava acima de todos os afetos, costumava baixar o cenho, com humildade. Tinha respostas para tudo.

Os dois vultos lhe anotavam os pensamentos, com muita atenção. Visivelmente pesaroso, Charles de N. deixava toda a emoção tomar-lhe conta, recebendo da esposa, que estava equilibrada, apesar da intensa emotividade, a assistência carinhosa.

Madame prosseguiu nas reflexões.

Não havia grandes altercações no lar dos de N. Leon idolatrava a irmã e a mimava em todos os momentos. Orgulhava-se da sua inteligência, esmeradamente educada conforme lhe aprouve como homem da casa. Não regateou mestres, aulas artísticas, cursos ou qualquer formação que lograsse desenvolver as habilidades intelectuais. Pensava ser esse o único modo de protegê-la dos abusos de seu tempo, pois a argúcia era, sem dúvidas, a melhor defesa e a melhor arma de uma mulher daquela época. Cabia-lhe robustecer os recursos íntimos de sua querida parente. Por isso mesmo até algum conhecimento no manejo do punhal e da espada ele permitiu lhe fossem administrados.

Afinal, Darchelle tinha somente a ele como guardião de sua honra. Não possuíam mais a proteção carinhosa de seu pai e de sua mãe.

Mal contendo o sorriso, Darchelle dirigiu-se à porta do aposento. O irmão esperava-lhe do lado de fora.

A ama foi tratar de outras providências, deixando no aposento em penumbra os dois seres espirituais, que se abraçaram ternamente:

– O que será de nossa filhinha, minha querida? Grandes desafios aguardam-na mais adiante. E ela não pode contar com nossa proteção. Nosso Leon é tão jovem e inexperiente! O que será deles? Ah, como fui imprevidente, minha Leonor! Depois que tu me deixaste, desgostei da vida e entreguei-me às armas, esquecido de que dois corações que amo profundamente ficariam à mercê do mundo! Eu devia tê-los defendido a todo custo, sopitando a minha dor e vivido somente para a felicidade deles. Eu não imaginava quantos perigos os aguardavam. Mas, ah! Que egoísta e irresponsável eu fui!

Caindo em pranto convulsivo, recebeu afagos carinhosos na cabeleira negra, deixando-se debruçar em seu colo como uma criança indefesa.

– Meu querido Charles! Não te desesperes! Não faltará de Deus o amparo para nossos filhinhos. Não te culpes tanto. Nós dois sabemos que tais desafios estão na pauta de serviços que cabem aos nossos rebentos, e não os poderemos arredar somente à custa do imenso amor que lhes votamos.

– Mas, querida, se eu tivesse resistido um pouco mais, teria completado o tempo justo de minha vida na Terra. No entanto, aqui estou, como o filho pródigo da parábola de Jesus, que desperdiçou os preciosos bens que o pai lhe legou.

– Recordemos que na parábola, o pai recebe o filho de braços abertos, restituindo-lhe toda a riqueza da comunhão de amor[9]...

---

[9] Mateus 13:1-9, Marcos 4:3-9 e Lucas 8:4-8.

– Mas e nossos filhinhos? Como poderemos ajudá-los?

– Confiando em Deus, meu querido. Oh, meu caro Charles, compreendo tuas preocupações com nossos rebentos, porque também são as minhas. Mas, não devemos nos deixar abater. Antes, devemos trabalhar em prol de nossos amados, até o limite de nossas forças. Oremos juntos para que o céu nos socorra!

Em atitude genuflexa, a senhora ergueu ao alto os olhos brilhantes, enquanto apoiava nos ombros a cabeça do companheiro abatido, que lhe acompanhava a prece simples.

Naquele momento, entrou no ambiente outra entidade espiritual, que iluminou todo o aposento com a luz azul claro que emanava de seu ser.

Era um homem maduro, de fisionomia respeitável e gentil. Suas feições exalavam uma bondade cativante e acolhedora.

Trajava uma túnica luminescente, como se feita de minúsculas estrelas e gazes indefiníveis.

No primeiro momento, não foi notado pelos outros dois espíritos. Mas, após algum esforço, pôde ser percebido, fazendo com que seus interlocutores o reconhecessem, emocionados.

Ajuntou ambos em um só amplexo de ternura, beijando-lhes as frontes preocupadas, auscultando-lhes assim as apreensões, após o que, disse com uma voz firme e carinhosa, ao mesmo tempo:

– Meus filhos queridos, por que vossos pensamentos me revelam angústias e preocupações incompatíveis com a vera crença na bondade infinita do Pai?

Envergonhado, mas sentindo-se acolhido o suficiente para falar, Charles ergueu a cabeça que repousava no peito da venerável entidade e disse em tom melancólico:

– Meu pai, hoje, recolhendo os frutos de minha atitude egoística e irracional, sofro muito. Vejo os filhinhos às vésperas de grandes aferições. E junto deles eu não estou, devido à minha inconformação, que fez por onde abreviar o meu tempo na Terra.

Espalmando a mão sobre o cardíaco de Charles, o senhor concentrou-se por poucos segundos, arrancando fundos suspiros de seu interlocutor, que cessou o pranto convulsivo, acalmando-se.

– Sim, meu caro. Compreendo as súplicas e as reflexões evocadas pelo amor que sentes pelos filhinhos. Vejo também que gastas tuas energias recapitulando as atitudes de outrora, entre arrependimento e remorso. Não seria esse movimento vicioso e repetitivo de autoacusação um ato de fuga sistemática da reparação que é devida à Lei Magnânima, que harmoniza a tudo e a todos? Acaso não estás te colocando em uma posição que cabe apenas a Deus, nosso Pai e Criador? Não é Ele, que é soberanamente justo e bom, que tem a precisão absoluta de todas as coisas? Ora, uma vez que reconhecemos nossos desenganos, o próximo passo deverá sempre ser o da humildade, para que a Providência Divina possa agir em nossa vida sem encontrar aí os embargos de nossa rebeldia e de nossas pretensões de justiceiros, que acabam por impor para nossa vida dores desnecessárias. As reparações e a rearmonização que são administradas por Deus são sempre mais adequadas que aquelas provenientes de nossa precipitação. Quanto aos filhinhos, não serão eles antes de tudo, filhos de Deus? Acaso te consideras mais cuidadoso que o próprio Criador, onipotente? E o teu amor? Onde estás empreendendo essa força, que é a mais poderosa de todo o universo? Desperdiças tais energias, afogando-as com lágrimas de inércia e teimosia. Ora, se amais vossos filhos, direciona tal poder ao bem deles, confiante em Deus e em ti mesmo.

Desprendendo-se dos pais de Darchelle, o espírito caminhou um pouco pelo aposento, até parar em frente a um lindo retrato pintado da menina ao lado do irmão, que ficava em um vão entre duas janelas. Tocou-o, iluminando a figura com a luz que provinha de si.

– Aqueles que amamos necessitam também caminhar em direção ao Pai. O nosso amor não pode poupá-los das experiências justas para as aferições que lhes são necessárias. O trabalho de depuração precisa seguir o curso adequado, para que possamos todos, um dia, unirmo-nos em similaridade de ideais, em bem-aventurança eterna.

Aproximando-se dele, Leonor também olhou para o retrato à sua frente, suspirando profundamente. Disse então, em tom melancólico:

– Quando percebemos as inclinações de nossos queridos, adivinhamos dores que poderiam ser afastadas do caminho com uma simples adesão a melhores pensamentos...

Voltando-se para ela, a nobre entidade deixou notar que seus olhos iluminavam-se com a emoção.

– Sim. Mas devemos admitir que se tais dores estão sendo atraídas sistematicamente pelas mentalidades dos filhinhos, essas mesmas dores serão o melhor material educativo para o reajuste por que tanto ansiamos para eles. Não as podemos julgar desnecessárias. Serão necessárias enquanto veementemente solicitadas. Jesus vem tendo para conosco a suprema paciência há tantos séculos em que oscilamos entre o bem e o mal, indecisos e confusos. Não nos deixa faltar oportunidades e amparo. Em gratidão a ele, tenhamos por nossa vez alguma paciência com aqueles que amamos e ainda perseveram na retaguarda do avanço moral. Permaneçamos vigilantes para que, quando solicitarem, encontrem nossa mão estendida e preparada.

Novamente se reuniram os três espíritos em um abraço. Erguendo ao alto a fronte iluminada, o senhor maduro sussurrou uma pequena súplica e os três desapareceram do ambiente, que voltou à penumbra em que estava após a saída da ama de Darchelle.

Acompanhemos a jovem, que saiu do aposento para encontrar-se com o irmão. No amplo corredor de acesso aos dormitórios, ambos se olharam, surpresos. Leon não esperava ver a irmã tão linda. Ela também julgava que jamais o vira tão belo.

Ele tirou das dobras da veste uma pequena caixa, de onde retirou um lindo anel adornado de uma pedra azul muito brilhante.

– É para ti, minha irmã! Trata-se de uma relíquia que pertenceu a nossos antepassados. Nossa avó o deu a nossa mãe quando ela estava com tua idade. Quisera eu que ela mesma te presenteasse com este anel. Mas, infelizmente, não a temos mais conosco. Sendo assim, eu me honro de te responsabilizar por esse legado de nossa família. Quando tiveres uma filha, passarás para ela da mesma maneira!

Ela recebeu no dedo o lindo anel, sem nada dizer. Ainda guardava a emoção que sentira minutos antes, sem, contudo, atinar a causa.

Pousou a sua mão na mão do irmão e dirigiu-se até o salão, onde foi anunciada conforme os protocolos.

Tomando do alaúde, pois o primogênito dos de N. era também hábil instrumentista e compositor, Leon se posicionou em frente aos músicos contratados para tocar a peça longamente ensaiada com sua irmã. Graciosamente adornada de flores, a linda moça iniciou sua performance, cantando para os convidados uma toada de notas altas, deixando que sua voz de rouxinol tomasse o ambiente, encantando a todos.

Sua interpretação era grandiosa. Com as mãos enlaçadas na altura do colo, Darchelle fechava os olhinhos verdes, enquanto segurava as notas mais longas. Parecia uma visão celestial. Naquele local em estratégico, as inúmeras luzes ambientes, provindas dos vários candelabros e pendentes, refletiam-se em suas joias de família e transformavam-na em uma pequena e brilhante fada.

Conforme ia ganhando confiança em si mesma e em sua voz, ela ia se deixando emocionar pela cantiga, traduzindo pelas cordas vocais todas as ânsias de sua alma sensível.

Ao repercutir o último verso, ligeiramente corada e arfando de emoção, a menina silenciou, ante o aplauso efusivo dos convidados. Alguns enxugavam discretas lágrimas. Outros, admiravam-se, cheios de pretensões para com a linda descendente de Charles de N.

Começaram as danças. O primeiro a levá-la pela mão foi justamente Leon, após ser congratulado pelo próprio talento e pelo talento da irmã.

Seguiram-se danças com os tios e parentes próximos. Após, com os convidados.

À certa altura, aproximou-se de Darchelle um rapaz de cabelos castanhos claros e olhos iluminados, que a reverenciou educadamente.

– Me concederia a dança, *mademoiselle*?

Ao observá-lo, ela sentiu o coração descompassando-se. Tratava-se de Étienne, o rapaz que conhecera em visita na casa de sua futura cunhada. Estava impecavelmente trajado, com um casaco de brocado com detalhes em granada, enriquecido de lindas pedras.

Disfarçando a própria emoção, Darchelle meneou a cabeça em sinal positivo, deixando-se levar pelo jovem cavalheiro. Ao tocarem as mãos frias pelas emoções, ambos enrubesceram levemente, olhando-se e sorrindo.

Os minutos escoaram testemunhando sorrisos e algumas palavras trocadas pelo casal, que se dava ao gosto de compartilhar outras tantas danças, ao longo da noite.

Leon observava, atento, a visível preferência da irmã pelo par.

Ele simpatizara bastante com o rapaz renano desde o primeiro dia que o vira em casa de seu futuro sogro. Encontrou-se com ele outras vezes e consolidaram a afinidade, tanto no que diz respeito ao gosto e o talento nos instrumentos, que descobriram ter em comum, quanto pelas ideias sobre questões morais. Era, sem dúvidas, um gentil homem, muito bem--educado e com sólida formação moral.

Era protestante, mas ao contrário de vários membros desta religião que Leon conhecera, antes mais preocupados com o jogo mesquinho de politicagem e com lucros advindos de supremacia e poder, Étienne era sóbrio de conceitos, generoso e nada dado a extremismos.

Mas o fato é que era um membro das Igrejas reformadas. Leon conhecia a antipatia da rainha-mãe por aquela religião e seu temor pelo poder crescente do partido, muito embora o rei parecesse muitíssimo simpático e condescendente com a diversidade religiosa, a ponto de ignorar sistematicamente a pressão da Espanha e da própria mãe.

O oficial do Louvre, baseado em tudo que testemunhava pelos corredores do palácio, entendia que era temerário estabelecer alianças familiares com os protestantes, por mais ricos e nobres fossem.

Por isso, muito embora considerasse que o nobre colega instrumentista seria alguém à altura de cortejar sua amada irmã em todos os aspectos, Leon rendia-se à inquietação.

Por outro lado, sua nobreza de caráter chamava-o à honradez e à coragem, colocando acima de tais apreensões a felicidade da irmã e a boa impressão obtida ao observar as expansões do casal.

"Acalma-te, Leon! Somente dançaram e tu já cogitas compromissos. Observando os olhares que trocam entre si e os sorrisos fáceis, adivinho nascer ali desses sentimentos que embalam os sonhos das damas, certamente. Mas há que se aguardar o tempo passar... Devo me acalmar... Quisera que meu pai aqui estivesse para opinar em tais assuntos, pois admito que possuía a temperança necessária a todas as graves decisões."

Ante tantas cogitações e indecisões, o rapaz sorveu uma golada do vinho que estava em sua mão, tentando afugentar para longe qualquer vaticínio angustiante.

Neste momento, aproximou-se dele um rapaz de cabelos e olhos negros, talvez um pouco mais novo que ele.

– Excelente baile, meu senhor! – disse erguendo a taça de vinho, cumprimentando o anfitrião.

– Ramon!, meu caro, não me chames aqui de senhor! Nesta noite sou apenas teu anfitrião e não teu superior! Apenas Leon! – respondeu sorrindo.

– Certo. Devo cumprimentá-lo por teu talento ao alaúde. Não imaginava que possuías tão grande destreza como instrumentista.

– Bondade tua, meu caro!

– Também cumprimento-o por tua irmã. É tão talentosa quanto bela.

– Sim! Sim! – respondeu com um sorriso distraído.

– Desculpe-me perguntar, mas quem seria o cavalheiro que dança com ela agora?

Encarando-o, Leon sondou-lhe as feições. Estranhou a pergunta.

– Trata-se de Étienne de L., primo do conde Armando de M.

– Acaso esse rapaz não seria um huguenote[10]? – perguntou com o olhar indecifrável.

Leon desgostou-se profundamente da pergunta e do termo pejorativo. Disfarçando o desgosto com um sorriso, falou, enquanto preparava--se para se afastar.

– Meu caro Ramon, ainda não vasculhei as preferências políticas e religiosas de meus convidados!

Meneando a cabeça, retirou-se e buscou seus sogros, mandando servir mais vinhos. A partir daquele momento, passou a observar o rapaz, que era soldado de seu regime sob seu comando no Louvre e constatou que a observação dele devia-se ao súbito interesse que visivelmente nutria por Darchelle.

– Meu Deus! Mal a apresentei, e já percebo sementes de disputa! – pensou deixando-se sorrir.

---

[10] Termo que designava os protestantes na França.

Seguiram-se os festejos, com atrações artísticas, danças e vinho.

Findo o pomposo baile, encontraremos Darchelle no quarto com sua ama, despindo-se do lindo vestido, tomada de grande excitação.

– Tudo tão lindo, minha ama! Tão lindo!

– Sim, querida! Tu estavas especialmente maravilhosa cantando hoje. Tua voz emocionou a todos os convidados. Hoje em dia é tão raro o talento no canto. Aposto que amanhã comentarão em todo Louvre sobre tua beleza e tua voz.

– Tu viste como Leon estava lindo?

– Sim! Estava sim! Meu menino estava um lindo cavalheiro.

– Tu viste que belas damas e moços? Que lindos vestidos e que lindos trajes...

– Ah, mas nenhum tão belo quanto o teu, minha flor!

De olhos iluminados e sorrindo muito, Darchelle foi até a cama e jogou-se ao colo da ama, que cuidadosamente ajeitava o vestido para o guardar. Falou em um sussurro emocionado:

– Tu viste o cavalheiro de traje de brocado e granada que me tomou para as danças, minha ama?

– Como não? Um belo cavalheiro renano, pelo que sei. Pelo que eu soube, é parente dos condes de M. e descende de nobres franceses e alemães. Não pude deixar de notar que dançaram várias músicas...

– Sim! Esse mesmo!

– Também não pude deixar de notar a maneira com que ela o olhava...

Levantando-se e colocando as duas mãos espalmadas no peito arfante, de olhos fechados, Darchelle suspirou. Depois abriu os olhos e um grande sorriso, de faces coradas.

A dama continuou:

– Não deixei de notar também que ele não tinha olhos para nenhuma outra moça do baile, a não ser para ti!

Ajoelhando-se aos pés da ama e segurando suas mãos com emoção, Darchelle disse:

– Oh, sim? É certo o que dizes, minha ama? Acaso estás gracejando comigo?

– Ora, ora. Pois eu me dou a mentiras e chistes? É o que eu digo:

ele não tirou os olhos de ti, mesmo quando não estavam dançando. O brilho que eu vi nos olhos desse moço, eu só os vi nos olhos de outro homem, até hoje.

– Quem seria?

– Teu pai. Também tinha esse brilho quando olhava para tua mãe...

Abraçando-se as pernas da ama e sacudindo todo o corpo, Darchelle nem notou que o irmão entrou no quarto.

– Estás satisfeita, minha irmã? – ele perguntou sorridente.

Erguendo-se de chofre, a moça jogou-se nos braços do irmão, beijando-o inúmeras vezes.

– Ah, meu irmão, tu és o melhor irmão do mundo! Foi tudo lindo! Obrigada!

– Deves descansar agora. Se não dormires direito, amanhecerás com os olhos escuros e inchados. Desejas isso?

– Não, não!

– Pois bem! Vim apenas para cumprimentar-te mais uma vez por teu aniversário e beijá-la, para que tenhas bons sonhos.

Beijando a irmã e a ama, o rapaz retirou-se.

Darchelle se deixou ficar mais algum tempo comentando cada pormenor de seu baile com a boa ama, que tentava acalmar sua empolgação para que dormisse. Por fim, mandou vir um pequeno preparado que a deixasse sonolenta e velou por ela até que a visse completamente entregue ao sono.

3
Passados familiares

"Pelo simples fato de duvidar da vida futura, o homem dirige todos os seus pensamentos para a vida terrestre. Sem nenhuma certeza quanto ao porvir, dá tudo ao presente. Nenhum bem divisando mais precioso do que os da Terra, torna-se qual a criança que nada mais vê além de seus brinquedos. E não há o que não faça para conseguir os únicos bens que se lhe afiguram reais. A perda do menor deles lhe ocasiona causticante pesar; um engano, uma decepção, uma ambição insatisfeita, uma injustiça de que seja vítima, o orgulho ou a vaidade feridos são outros tantos tormentos, que lhe transformam a existência numa perene angústia, infligindo-se ele, desse modo, a si próprio, verdadeira tortura de todos os instantes."
O evangelho segundo o espiritismo, capítulo 2, item 5

Quando o conhecimento da imortalidade estiver devidamente consolidado para a humanidade encarnada, através do desenvolvimento das ciências, modificar-se-ão os panoramas psíquicos de todo o orbe.

O conjunto de crenças em vigência deverá se reestruturar, ascender a melhores patamares, mais condizentes com as realidades que serão desvendadas pelo esforço intelectivo.

A filosofia, impulsionada pelas comprovações irrefutáveis, estabelecerá paradigmas inovadores e outros alvos de interesse, reformulando as grandes questões que inquietam as mentalidades dinâmicas.

O que hoje compreendemos como sofrimentos e angústias, modificar-se-á radicalmente. Os destinos humanos sofrerão graves mudanças de rota e finalidade.

Tudo porque o homem se perceberá como resultado de si mesmo. Sua vida ganhará a conotação de continuidade, que o auxiliará a refletir melhor cada ato de sua vontade.

Mesmo hoje, no advento do Consolador, tendo a doutrina espírita a nos iluminar as inteligências sobre as questões mais graves dos destinos do ser, através da compreensão arrazoada da Lei de Deus que está expressa no Evangelho, nós somos obrigados a admitir que ainda não está consolidada a vivência de acordo com as consequências morais dos ensinamentos revelados pelas inteligências superiores que regeram a codificação.

Embora expressando convicção nos discursos sobre a imortalidade, a vida futura, a reencarnação, muitos de nós ainda vivem atrelados aos imediatismos próprios daqueles que desconhecem esses fundamentos.

A realidade espiritual, embora muito comentada, estudada e até defendida ardorosamente, é pouco vivenciada e compreendida no que diz respeito aos seus resultados naturais em nossa vida.

Uma vez não compreendendo as finalidades superiores das diretrizes morais da Lei de Evolução coletiva, e desejando reajustar o mundo e viver no Evangelho, gastamos largas energias endereçando aos outros os nossos discursos doutrinários, deixando de perceber em nosso âmago as contradições que não permitem possa o Evangelho viver em nós, no reajuste íntimo que nos cabe.

Quão felizes nos tornaremos, meus caros irmãos, quando percebermos que possuímos o poder de modificar nossa trajetória para o Pai, através de condições mentais mais harmoniosas e serenas.

Que bastará a humildade de permitir que a Magnânima Providência trabalhe todas as circunstâncias e nos conduza aos reajustes com a Lei, libertando-nos dos sentimentos inferiores que talharam em nós ao longo dos milênios o pretenso controle de todos os destinos ao nosso redor, como se fôssemos procuradores instituídos de uma justiça que não nos cabe aos recursos limitados de observação.

Que se nos permitirmos caminhar pelas avenidas pavimentadas pelas mãos bondosas e amorosas de Deus, nossa viagem para o Alto poderá se dar sem as pedras e obstáculos dos atalhos que deliberadamente construímos paralelos ao caminho adequado.

Quantos de nós vimos desperdiçando preciosas energias em construções quiméricas de pó e vento?

É da Lei que devolvamos os elementos utilizados indevidamente ao meio ao qual pertencem, e que refaçamos as experiências da maneira adequada a partir dos alicerces, para alcançarmos o equilíbrio evolutivo.

Assim é que vimos, a largos espaços de tempo, fazendo, desfazendo e refazendo nossas experiências, no constante aprendizado que nos é obrigatório.

Assim é que se consolidará em nós o avanço a melhores patamares espirituais, quando dermos o consentimento do coração e da razão à Lei que já conhecemos, através da resignação e da obediência.

* * *

DEIXEMOS O ANO de 1571 com as alegrias na casa dos de N., e retornemos no tempo cerca de 30 anos antes.

Havia em Paris uma nobre família, constituída por Albert Rofner, sua esposa e sua única filha.

Albert era descendente de muito antigos nobres austríacos, que se radicaram na França, na região de Lorraine, desde mais de um século antes. Sua descendência viveu durante décadas em Liechtenstein, de onde saíram no passado devido aos conflitos locais.

A esposa de Albert era francesa e deu-lhe apenas uma filha, Leonor.

Havia pouco mais de um ano que a pequena família vivia em Paris.

Apesar do aparente luxo de sua descendência, a verdade é que Albert era um nobre falido. Saíra de Lorraine não porque quisesse desfrutar da opulência de Paris, mas porque fora em busca de amigos poderosos que o pudessem favorecer junto à corte francesa, para que conseguisse manter o padrão social de sua família.

Albert era um jogador inveterado. Perdera largas somas no vício. Perdera inclusive a própria filha, a quem teve a ousadia de apostar quando nenhum outro tesouro possuía.

Em Paris, conseguiu o auxílio de amizades muito leais que soubera cultivar quando tinha os cofres cheios.

Com a venda de suas posses ao norte, saldara parte das dívidas contraídas, mas não pudera resgatar a que fizera com a própria filha, pois quantia nenhuma foi aceita para desfazer o negócio.

Ela houvera sido literalmente comprada por uma família de Lorraine, cujo patriarca desejou-a para seu filho mais velho, Luis-Michel de L.

Sem posses importantes e nem títulos, mas muito hábil na arte da versúcia nos jogos, Luis-Oliver de L., o patriarca, consumia-se de desvelos pelo único filho, já que ficara viúvo desde o nascimento do menino. Amava-o com arrebatamentos. Sabia que o filho havia se apaixonado perdidamente por Rofner, encantado com a beleza invulgar de Leonor.

O casamento foi acordado como um negócio e não pretendia desfazê-lo.

Falido, senhor Rofner mudou-se com toda a família para Paris, sabendo que Luis-Michel iria buscar a noiva cerca de um ano depois, para casarem-se e voltarem para Lorraine.

Em vista disso, a pobre esposa de Rofner, ofendida no imo da alma pelo vulgar marido, adoecera e definhava a olhos vistos, vendo o desespero da filha que não desejava consorciar-se com o pretendente.

Uma vez habituados a Paris, a vida seguia seu curso, com poucas melhoras de senhora Rofner, mas com bastante distração para o leviano Albert e para a jovem Leonor.

Esta acabou conhecendo e enamorando-se de um oficial do exército francês, chamado Charles de N., rico, de família respeitável e nobre.

Albert desde cedo permitiu que a casa fosse frequentada pelo rapaz, fazendo vistas grossas para o notório interesse deste por sua filha, escondendo premeditadamente o noivado contraído anteriormente. Esquivava-se a cada vez que percebia que o 'quase genro' procuraria fazer o pedido oficial de noivado, mantendo aquela situação inadequada por longos meses.

Leonor, por sua vez, jovem e distraída com o amor apaixonado que sentia pelo rapaz, deixava-se cortejar sem nada falar também, conforme as ordens do pai.

Acontece que um dia chegou em Paris o indesejado noivo de Leonor. Chegara com títulos comprados e algum patrimônio. Em honra da moça, que amava com todos os estremecimentos do coração, houvera ajuntado o suficiente para ser considerado um homem digno e de poucas posses, enchendo de orgulho o pai.

Luis-Michel era reconhecido pelo talento com as armas, sendo considerado em seu vilarejo e muitas léguas ao redor, o melhor espadachim de seu tempo.

Chegou em Paris e procurou a família da noiva, para acertar todas as coisas.

Deixou-se encantar com Paris e suas distrações.

Todos escondiam dele o inusitado romance de Leonor com Charles, até que ambos descobriram-se reivindicando a mesma donzela.

Ante a infeliz situação, Albert confessou para Charles o noivado da filha, segundo ele contraído desde a infância dela, com a importante família de Luis-Michel.

O oficial angustiou-se enormemente. Também Leonor caía doente e desesperada, ante a perspectiva de perder o namorado que tanto amava.

Mas Albert também não desejava o genro para quem perdera a posse da filha. Considerava-o indigno de sua herdeira, já que tinha títulos comprados e terras que não perfaziam um grande tesouro. Preferia mil vezes a Charles, nobre de nascimento, reconhecido e rico.

Foi assim que chamou o oficial em particular, em uma tarde sinistra, e confessou para este que a filha adoecia e definhava com a perspectiva de casar-se com Luis-Michel. Com gosto viu que Charles angustiava-se a cada palavra, imaginando que colocariam juntos um plano para exterminar o indesejado obstáculo.

Mas Charles era de uma família honrada. Não tardou em advertir ao sogro, que vestia-se do papel de pai zeloso e desesperado, que não se daria a tal emenda ultrajante, sendo antes homem o bastante para reconhecer que nada teria a fazer no caso.

Decepcionado, Albert deliberou pensar em outra solução. Alegou que, mesmo diante do compromisso da filha, não gostaria de perder a amizade dele, Charles, em sua casa.

Assim foi que, passo a passo e insídia em insídia, foi delineando situações em que Luis-Michel e Charles se encontravam por acaso, fomentando a discórdia entre eles.

Sabia que o futuro genro era dado às libações e mais de uma vez o embebedou, atiçando-o ao adversário. Até que em sua casa, em presença de vários outros homens, Luis-Michel, excedendo-se novamente nos alcoólicos, acabou por ofender gravemente a honra de Charles, obrigando-o a chamá-lo para um duelo.

Estipularam-se os padrinhos. Fizeram as contratações.

Albert pensava na fama de Luis-Michel de excelente espadachim. Haveria que interferir para não correr o risco de ele eliminar o adversário.

Como ele se negasse a sorver alcoólicos no dia do duelo, Albert traiçoeiramente batizou um refresco oferecido com um preparado que o entorpeceria e o inutilizaria para o combate. Certamente seria trucidado na luta.

No dia combinado, Leonor agitava-se em todos os instantes. Amava Charles, mas sabia da fama de Michel. Na verdade, não desejava que nenhum dos dois rapazes morresse.

Luis-Michel, poucos minutos antes de iniciar a luta, sentiu os efeitos do elixir. Entendeu, desde esse momento, que fora atraiçoado pelo futuro sogro e ressentiu-se. Mas não poderia voltar atrás. Apresentou-se ainda assim.

A luta deu-se. Embora muito habilidoso e esforçando-se o máximo que podia, não foi um adversário para Charles.

Este verificou que o noivo de Leonor estava alterado. A plateia também falava que ele estava bêbado. Que considerava-se excessivamente bom comparando-se ao adversário e que não tivera nem o decoro de manter-se sóbrio.

A certo momento, derrubou-o, aproximando-se para finalizar a luta.

Mas Charles não era um homem sem honra. Não queria abater um adversário que não era capaz de defender-se. Assim foi que o humilhou perante as testemunhas, marcando-o no braço o N., de seu nome de família, cuspindo-o ao rosto e dizendo que tirassem-no dali.

Humilhado, dopado, Luis-Michel foi levado à casa que alugava em Paris, por residência. Cuidou do ferimento e foi à procura do sogro, pedir satisfações.

Este, sem qualquer escrúpulo, disse ao ex-genro que não fora ele o traidor. Foi Leonor quem batizou seu refresco, pois desejava que ele morresse para ceder o lugar ao novo noivo.

– Meu caro Luis, eu sou um homem de palavra. Por mim tu estarias agora mesmo casado com minha filha. Mas ela é caprichosa e armou toda essa confusão, mantendo em segredo um namoro com esse rapaz que acaba de conseguir os direitos sobre ela, nesse duelo infeliz. Não me tome como mau. Mas devo ceder à situação. Leonor confessou-me hoje tudo isso e a mim só cabe pedir-lhe desculpas por tantos transtornos. Felizmente conservaste tua vida. Tua juventude te favorece. Volta ao teu pai e às tuas terras, meu caro, e seja feliz.

Horrorizado e ferido no mais íntimo sentimento, Luis-Michel saiu sem ao menos despedir-se do sogro. Ao sair da propriedade, cruzou-se com Leonor, que entrava. Esta, vendo-o, encaminhou-se para ele, sinceramente compungida por toda aquela situação:

– Meu caro amigo, fico grata a Deus ver-te de pé e com saúde. Sinto muitíssimo por tudo isso!

Lançando-lhe um olhar de mais profundo ódio, o rapaz aditou friamente:

– Senhora, lamento saber que causei-lhe tantas preocupações. Devo dizer-te que não mais as terá por causa de minha pessoa. Espero esteja satisfeita pelo resultado de tua pérfida e vergonhosa conduta. Passar bem!

Sem ao menos menear a cabeça, o rapaz saiu da propriedade a galope rápido.

Leonor ficou completamente atônita.

Mas antes fosse assim, sem maiores tragédias. No fundo, sentia-se feliz, porque não houve mortes ou implicações graves do ocorrido. Sua consciência ardia por conta de haver cedido ao pai e mentido por tanto tempo para Luis. Mas tudo estava resolvido.

Foi assim que noivou e casou-se com Charles de N., iniciando uma vida de alegrias ao lado do escolhido. Brevemente, segurava nos braços o primeiro rebento de seu amor.

Albert exultava de felicidade. Por conta do novo genro, conseguira voltar à vida sem restrições e de luxo, que julgava merecer.

Mas deixemos essas alegrias seguirem seu curso e acompanhemos Luis-Michel.

No lar de Luis-Olivier, chegou um filho totalmente modificado. Não era mais o bondoso e gentil rapaz que se conhecia em todos os arredores. Não tinha mais o olhar infantil e o sorriso inocente que todos os que o conheciam amavam.

Porque ele não era amado por Leonor, nada mais importava. O ódio contumaz que imaginava que a linda menina sentia por ele o transformara em um ser taciturno, de semblante carregado, quase mudo e desinteressado de tudo.

Contou ao pai sua humilhação e sua dor.

Em vão o carinhoso genitor mobilizou os próprios recursos para resgatar daquele estado de espírito o pobre filho.

Apresentou para ele um plano de vingança, que o desinteressou. Nada poderia fazê-lo amado pela escolhida do coração, e isso, para ele, era suficiente para desinteressar-se da vida.

Luis-Olivier buscou entretenimentos, amigos, damas, professores, tudo que seus recursos pudessem comprar. Esmerou-se em adquirir mais recursos com sua 'habilidade'. Chamou o filho para uma viagem, em que pudesse esquecer de todas as mágoas e compreender que sua juventude poderia atrair outras damas tão belas quanto a insidiosa Leonor. Que o mundo abria-lhe os braços e seu pai, seu pobre e desesperado pai, o socorreria em todas as situações. Moveria céus e terras para que ele fosse feliz. Mas que ele reagisse. Não matasse de desgosto o sofrido pai, que somente a ele tinha por tesouro de vida.

Mas nada comovia Michel. Nada restabelecia os pendores de sua alma. Desleixado da própria apresentação, entregue às libações sem qualquer equilíbrio, envergonhava a si mesmo e ao pai pelas tavernas e pelos lupanares, afundando-se na degradação e no vício.

Um dia resolveu evadir-se da vida, que considerava insuportável.

Pobre Luis-Olivier. Qual não foi seu desespero ao ver o filho morto.

Luis-Olivier quase enlouqueceu. Desesperou-se ao extremo. Adoeceu. Blasfemou. Mentalmente se culpava por não ter regressado ao lar um pouco mais cedo ou por não ter vigiado o filho com mais cuidado, colocando em seu encalço algum empregado.

Ressentiu-se com Deus, culpabilizando-o, equivocadamente, como se ele fosse o responsável por tirar-lhe a única alegria na vida. Por que ele não foi socorrido com alguma intuição do fato, de forma que chegasse a tempo de salvar-lhe a vida?

Depois da revolta, outro equívoco, pois apenas uma força o manteve lúcido e vivo: queria vingar-se. Queria destruir a descendência daquela que desprezara seu único filho. Nutria a ideia infeliz de que Leonor deveria pagar pelo crime de lançar seu filhinho ao opróbrio.

A ideia fixa se instalou em sua mente. Conjugada com a paciência que demarcava seu caráter, ele não se importava em demorar anos arquitetando o plano que deveria ser infalível.

Passava os dias pensando como deveria agir. A casa dos de N. era quase impenetrável. O prestígio do nome e da riqueza fazia-os protegidos.

Olivier vendeu todos os seus bens e rumou para Paris. Durante alguns anos, observou pacientemente o casal de N. Viu o nascimento do primogênito e a alegria do casal. Mas todas as circunstâncias eram desfavoráveis a uma retaliação. Haveria de lhe infligir dor parecida ao que ele vivenciava. Em sua mente, jamais haveria dor pior que a de perder o próprio filho. Sim, esse seria a sofrimento máximo.

A mortalidade infantil era altíssima na França. Olivier não desejava retirar dos braços da mãe o filho ainda em idade de perigo. Queria que ela o viesse a amar como ele amou seu Michel, afinal de certo modo todos os pais, sejam da nobreza ou entre a plebe, até certa idade mantinham a apreensão de ver o filho morto, devido à dificuldade de manutenção de vida daquela época.

Doente de revolta, o infeliz patriarca queria tirar Leon do casal quando este tivesse a mesma idade de seu Michel. Sim. Ele poderia esperar, pois considerava que sua dor era a mais pungente de todas as dores. Queria reproduzi-la nos inimigos.

Assim foi que resolveu viajar para conseguir conhecimentos, recursos que lhe fossem válidos para seu único objetivo de vida: trucidar a felicidade de Leonor.

Voltou a Paris muitos anos depois e descobriu que era tarde: Leonor havia morrido. Também seu marido havia morrido.

A sua descendência era constituída de uma pequena menina e de Leon, quase um rapaz.

Olivier desesperou-se. Gastou grande tempo entre a revolta e a ânsia de alguma coisa fazer.

Até que um dia, observando os filhos de seus adversários, viu Darchelle. A menina, apesar de muito nova, era a cópia exata de Leonor.

Tomado de loucura e obsedado pela ideia, resolveu vingar-se na filha dos de N. Sim! Ela era seu novo alvo.

Fixou-se em Paris, sem chamar muita atenção, gastando seu tempo observando os dois irmãos desenvolverem-se, sem os pais.

O fato é que alguns anos depois de fixar-se em Paris, conheceu um rapazinho que mudou seus dias. Por meio de intricados manejos do destino, esse rapaz, órfão de pais, faminto e desvalido, acabou batendo-lhe à porta em uma noite de inverno. Ao vê-lo, Olivier quase teve uma síncope. Parecia-se muitíssimo com seu Michel, quando este era um risonho adolescente em Lorraine. Tomado de sentimentos controversos, Olivier o acolheu e dele cuidou até que se tornasse saudável e operoso.

Os desvelos para com o rapaz foram tão grandes que em breve havia entre eles estreita ligação e intimidade.

Seu nome era Ramon. Tornara-se infinitamente grato à bondade de Olivier. Considerava-o seu próprio pai. Jurava que o protegeria na velhice, com a ternura de um filho submisso.

A mente de Olivier rodopiava ante doentias sugestões.

Gastou seus recursos ajudando o rapaz a adquirir a profissão das armas, que ele amava tanto quanto o seu falecido filho adorado.

Através do jogo, adquirira grandes contatos entre os poderosos de Paris, que acabavam por dever-lhe fortunas e favores.

Assim foi que conseguiu colocar Ramon na guarda do Louvre, sob o comando de Leon de N., filho da odiosa Leonor.

Luis-Olivier ia envelhecendo. Somente a doentia ideia tomava sua existência.

Naturalmente desgastado por conta da ideia fixa e do envelhecimento do corpo, acabou por adoecer, em 1570. Seu Ramon já era praticamente um homem formado.

O pobre órfão enlouquecia de preocupação com o pai adotivo, por quem era fascinado. Desdobrava-se entre os cuidados do enfermo e a profissão nas armas.

Em uma madrugada de vigília, sentindo que suas horas eram contadas, Olivier chamou para si o filho adotivo, para ter a conversa decisiva:

– Meu caro Ramon, estou perecendo. Precisamos acertar todas as coisas, para que este teu pai morra em paz.

– Meu pai, meu pai! Não digas tal coisa! Tu vais viver!

– Não, filho! Soam minhas últimas horas. Por isso preciso contar-te toda a verdade, pois desejo que tu te comprometas em resgatar a honra de meu nome, que doravante será também teu nome.

Em algumas palavras, Olivier contou todo o drama de sua vida ao filho adotivo, que ouvia assustado. Não escondeu nenhum detalhe.

– Meu caro filho, já tratei perante a lei os documentos que fazem de ti meu herdeiro e meu filho perante nossas leis. Herdarás também os títulos de nobreza que adquiri a preço de ouro para que meu falecido Michel fosse honrado na corte. Portanto, minha morte transformar-te-á na mão vingadora que há de cobrar aos algozes de meu destino a alta conta de sofrimentos que me infringiram. Desejo que tu te vingues da menina dos de N., como eu jamais pude vingar-me de Leonor, a ladra de minha felicidade.

– Mas, meu pai! Tudo o que dizes é demasiadamente grave. Pelo que entendi, a ex-noiva de teu falecido filho achou a corrigenda da Lei nos sofrimentos que a doença provocou, levando-a, inclusive à morte.

– Ramon! Não te faças ingrato com teu pai, neste leito de morte! Eu clamo por tuas obrigações de filho! Quando precisaste de mãos operosas para salvarem-te do caminho de sofrimento a que estavas destinado, fui eu a mão amiga em tua vida. Não economizei recursos íntimos para fazer de ti um homem e meu próprio filho. Não podes agora, quando uma só coisa te solicito, virar para mim a face ingrata!

O doente, em exasperação, foi tomado de uma crise de tosse, culminando em uma hemoptise grave.

Assustado, Ramon o socorreu. Sua cabeça girava. Em sua frente o único pai que conhecera na vida, cobrando que ele levantasse a mão vingadora contra uma família que ofendeu o inolvidável filho falecido.

Ciúmes o tomaram. O paizinho desde cedo arquitetara tudo aquilo. Seria ele somente parte de um obsessivo plano de vingança? Talvez o paizinho jamais o houvera amado.

Mas que fazer? A verdade é que ele amava o pai e a ele devia tudo. Sempre o obedecera sem qualquer questionamento. Mas dele não tinha nada o que reclamar, pois recebera o carinho que é reservado a um filho.

Agora descobria que este mesmo paizinho guardara dentro de si uma mágoa de vida inteira, que certamente o consumia nestes últimos minutos.

Deveria também odiar esta família que tanto sofrimento legara ao seu querido pai adotivo.

Deveria ser homem e honrar aquele que lhe dera um nome e uma vida.

Trocando as compressas para aliviar a febre do enfermo, Ramon falou com inflexão de extremado carinho na voz:

– Não te agastes assim, meu pai. Tens aqui um filho que saberá obedecer-te. Cumprirei qualquer ordem tua. Gastarei minha vida para honrar o amor que te tenho.

Sorrindo, Olivier acariciou o pobre Ramon, olhando-o nos olhos.

Delineou o plano. Ele deveria infiltrar-se na família dos de N. Deveria ganhar a confiança de Leon e da menina. Deveria chegar a posição de membro da família, quem sabe esposo da herdeira de Leonor. Assim, munido da confiança de um parente, exterminaria um por um dos que restavam dos de N.

Mas tal extermínio não poderia ser mero assassínio. Haveriam que ser espoliados de todas as coisas, de todas as alegrias.

Ramon ouvia horrorizado. Jamais adivinhara tamanho ódio no coração de seu pai.

Porque o rapaz ouvia em silêncio e estupefação, Olivier chegou ao final do relato e pediu que o jovem se aproximasse mais de seu leito.

Ajoelhando-se próximo à cabeceira da cama, Ramon acariciou a cabeleira do pai, que retribuiu o gesto acariciando o rosto de seu filho:

– Tu és tão parecido com meu Michel!

Uma lágrima escorreu dos olhos do rapaz, que imaginou se não seria esse o motivo de haver ter sido tão bem tratado pelo pai. Talvez o que Olivier amava era a eterna lembrança do falecido filho, estampada na fisionomia de Ramon. Mas nada disse. Apenas abaixou o semblante.

– Se não fossem tantos ódios a me cravarem o coração, meu caro Ramon, eu poderia amar-te como amei Michel e certamente saciar as saudades que me consomem. É pena...

A confirmação fez com que fundos suspiros saíssem do peito de Ramon.

Olhando o pai com angústia, procurou nele alguma esmola de amor, e disse com voz embargada:

– Meu pai, eu o amo!

Olivier, acariciou novamente o filho adotivo e entreabriu os lábios. Talvez queria emitir uma frase de amor, para aplacar a carência de Ramon, que aguardava ansioso. Mas a única coisa que disse em um sussurro rouco, foi:

– Vingue meu Michel e a mim!

E não disse mais nada. Entrou em agonia até que veio a perecer na manhã seguinte.

Ramon cuidou das exéquias do pai, com todo o zelo e carinho.

Firmou-se no propósito de cumprir a ordem, custasse o que custasse.

Assim foi que aproximou-se de Leon, que era seu superior no trabalho, conseguindo inclusive frequentar às vezes sua casa. Mas não havia tido oportunidade de ver Darchelle, a não ser de longe.

Houve então o baile a que nos reportamos anteriormente.

Ramon estava presente. Intentava conhecer mais de perto a vítima de suas ânsias vingadoras.

No início oficial dos festejos, viu que Leon conduzia uma linda moça para o centro do salão de baile. Era Darchelle.

Ao contrário do que supunha ou desejava, Ramon foi tomado por sentimentos dos mais intensos e desencontrados quando viu a moça tão de perto. Seu coração descompassou-se e desesperada paixão brotou em seu peito carente de afetos. Ouvi-la cantar foi como ser arrebatado ao paraíso.

Dançou com ela algumas danças. Achou-a maravilhosa. Deixou-se cativar por seu sorriso e pela profundidade de seus olhos. Tudo nela era encanto e harmonia.

Mas notou que outra figura também deixava-se tomar de impressões profundas pela pequena. Observou os olhares insistentes de Étienne para Darchelle e mordeu-se de ciúmes, quando percebeu que ela correspondia às impressões do rapaz renano.

Pobre Ramon, que era intenso e intempestivo. Em uma única noite apaixonou-se por uma moça, e passou a desgostar-se profundamente de um rapaz.

Nestes desequilibrados sentimentos, depois do baile, foi para casa com a cabeça escaldante, tentando concatenar as ideias para melhor se movimentar naquilo que o interessava.

Sob o zimbório estrelado daquela noite, ergueu as potencialidades ao éter, lembrando-se do pai, clamando por sua presença ao seu lado, de forma que conseguisse os intentos!

Não pôde conciliar o sono. Todo ele era inexplicável agitação e angústia.

A custo dormiu algumas horas, refazendo o corpo das desencontradas emoções daquele dia.

4
Declaração de amor

> "Duas pessoas que se encontram, experimentam, pelo contato desses fluidos, a impressão sensitiva, impressão que pode ser agradável ou desagradável; os fluidos tendem a confundir-se ou a repelir-se, segundo sua natureza semelhante ou dessemelhante."
> *O que é o espiritismo*, capítulo 3, questão 125

Final da primavera de 1571.

Em uma tarde aprazível, um rapaz jovem, trajado com um casaco cinza claro de veludo ornado com algumas pedras e chapéu onde reluzia um valioso agrave e penas, caminha resolutamente em direção a uma mansão, não muito distante do Louvre.

Tratava-se de Étienne, que desde maio esmerava-se com cuidado na apresentação pessoal.

Vinha a pé. Gostava de caminhar pelas ruas de Paris logo após a chuva, como era o caso daquele dia.

À sua direita estava o Palácio Real. À sua esquerda, a imponente Saint-Germain, para onde olhou, respeitoso.

O rapaz era protestante de formação, pois a família seguia as diretrizes luteranas, primeiro na própria Alemanha, depois fixando-se no Vale do Reno, na França.

Ele fora educado conforme as regras sociais de sua ascendência alemã, apesar de sua família ter grande tradição na nobreza, tanto da França como da Alemanha, por muitos de seus ascendentes ligados a ambos os tronos. Acontece que seus pais eram primos que se casaram, unindo as duas tradições de seus antepassados.

Recebera uma educação religiosa rígida e ao mesmo tempo carinhosa de sua mãe, consolidando os pendores morais que o caracterizavam.

Sob o patrocínio de seu pai, fizera excursões por toda a Europa para aprimorar os recursos intelectuais e artísticos, dos quais dava mostra desde cedo.

Assim, possuía o talento musical esmeradamente cultivado, bem como o intelecto bem administrado, diferenciando-o de muitos jovens de sua idade.

Não se deixara corromper pelas paixões da juventude até aquele momento, gastando o seu tempo aprimorando os próprios conhecimentos em todas as suas áreas de interesse.

Não era dado aos extremismos de qualquer natureza. Nas tradições de estudos das Escrituras Sagradas a que se dera desde cedo, apesar das proibições de todos os tipos, aprendera que o respeito ao próximo era a base de uma formação moral adequada com o Evangelho, que tanto amava estudar.

Para poder ler e interpretar as 'letras santas', em suas viagens, procurara meios de aprender o grego, já que a Sorbonne proibira o ensino desta língua em seus recintos. Conseguir uma cópia do livro sagrado também não era tarefa das mais fáceis. Mas o rapaz possuía a Bíblia. Na verdade, possuía duas: uma delas herdara de seus avós. Era uma tradução para o alemão, feita pelo próprio Lutero. Esta era seu tesouro, tanto pela carinhosa lembrança de seus avós, com quem conviveu durante toda a infância, como pelas riquezas de conhecimento que esse livro lhe concedeu, nos cultos familiares que levavam a efeito no velho castelo de sua família, no Vale do Reno.

Seus avós, durante toda a vida, exemplificaram a mais nobre fraternidade cristã, sendo conhecidos pelo socorro que prestavam a quem os procurasse. Protegeram vários desafortunados com seu ouro, e muitos desesperados acharam acolhimento sob a proteção de suas paredes.

Quando ainda muito jovem, Étienne foi encorajado a ensinar as crianças, filhas dos servos do castelo, as primeiras letras e algum conhecimento musical, o que o rapazinho fazia com muito gosto.

Também seus pais, embora mais comedidos na benemerência que os ascendentes, eram considerados caridosos e muito honrados por todos os que com eles conviviam.

Por tudo isso, o rapaz renano observou Saint-Germain em atitude respeitosa, admirando-lhe a beleza.

Pensou que Leon e Darchelle eram católicos por tradição familiar. Leon era da guarda do Louvre, possuía a confiança do próprio rei.

Leon era uma alma nobre. Jamais o abordara quanto a religião. Recebera-o em casa sem constrangimentos e o tratava muitíssimo bem.

As relações eram verdadeiramente amistosas, desde o baile de Darchelle. Gastavam horas conversando sobre todos os assuntos, às vezes degustando um bom vinho ou entretendo-se com a música, gosto e talento que tinham em comum.

Naquele dia fora convidado a jantar na casa dos de N., onde Leon não somente o receberia, mas também alguns outros amigos.

Uma ideia lhe tomava a mente por todo o tempo, desde que recebera o gentil convite: não mais esconderia o amor que vinha nutrindo desde a primeira vez que vira Darchelle, na casa do marquês Jean-Paul.

Estava verdadeiramente impressionado como jamais ficara antes por nenhuma jovem.

Quando retornou de suas viagens para o lar, convivendo de novo com os pais, o mancebo foi convidado a pensar sobre a possibilidade de casamento.

Algumas das moças mais virtuosas e belas de seus arredores foram cogitadas para um noivado, mas o rapaz não permitiu se firmasse qualquer compromisso, para desgosto de seu pai. Dizia que apenas se casaria caso se achasse com o coração verdadeiramente arrebatado.

Sem animar-se com os gostos da juventude da época, os genitores insistiram que ele passasse algum tempo em Paris junto a alguns primos na tentativa de fazê-lo encantar-se-ia por alguma moça.

Os prognósticos foram positivamente cumpridos. Étienne apaixonara-se. Darchelle acordara no moço os mais ternos sonhos de amor e ventura. Queria casar-se, ter muitos filhinhos e ser feliz!

Naquele dia, declarar-se-ia a Darchelle, para ouvir-lhe o parecer sobre seus intensos sentimentos. Adivinhava nos lindos olhos da moça um amor similar ao seu. Nos poucos momentos de maior aproximação, via-a corando ao perceber-se observada e flagrara mais de uma vez um terno sorriso de consentimento em seus lindos lábios.

Sim, ela também o amaria, de certo.

Se ela consentisse, chamaria Leon para uma conversa decisiva, e pediria a sua mão. Casando-se com ela, a levaria para as margens do Reno, onde viveriam felizes com os filhinhos e os pais.

Leon logo se casaria, portanto, não haveria motivos para negar-lhe a honra.

Havia, certamente, uma silenciosa pressão política que separava católicos de protestantes. Mas Étienne não poderia crer que Leon participasse mentalmente de tais climas.

Sim! Pediria a mão de Darchelle e seria feliz. Afastar-se-ia de Paris, onde regurgitavam essas insídias abafadas. Nada ali lhe interessava. Sob a proteção da vida simples do campo, constituiria seu lar.

Pensando tudo isso, o rapaz caminhava com um sorriso no rosto, que se estabelecera com os ternos pensamentos.

Escreveu à sua mãe e seu pai, falara do arrebatamento que sentia por Darchelle. Confessava que estava irremediavelmente rendido de amor. Falava que pretendia contratar o noivado e o casamento e pedia aos pais a liberdade de fazê-lo sem a presença dos genitores. Que confiassem nele, pois havia escolhido a melhor e mais bela das moças para amar.

Recebera, dias antes, a resposta comovida dos pais, que o abençoavam. Diziam que estavam ansiosos para conhecer a futura nora e arrematavam dizendo que nenhuma família atrever-se-ia a recusá-lo como pretendente. Que ele se acalmasse e fosse confiante buscar sua escolhida.

Perdidos em suas alegres cogitações, o moço francês chegou à porta da mansão dos de N. Foi carinhosamente recebido por Leon. Cumprimentou outros jovens e senhores do conhecimento pessoal do anfitrião, mas em ninguém prestava verdadeiramente atenção. Seus olhos claros buscavam uma única figura: Darchelle.

Com muito gosto viu-a chegar ao salão, conduzida por seu irmão.

Estava linda, em um vestido de corpete azul, adornado de arminho em torno do decote.

Ao vê-lo, ela ficou levemente rubra, o que o rapaz percebeu, regozijando-se da impressão que causara.

Para sua alegria, sentou-se próximo a ela na mesa de refeições. Portanto, pôde fazer gentilezas e trocar com ela algumas palavras e olhares.

Após a refeição, Étienne foi convidado a tocar, enquanto Darchelle cantava uma linda balada.

Emocionado, o moço teve que se conter para não errar as notas, arrebatado pelo encantamento.

Depois foram todos conduzidos a um outro salão, onde vinhos e licores iam ser servidos. Houve então a oportunidade de o casal se aproximar e iniciar uma conversa.

A moça encantava-se, ouvindo a voz aveludada de seu interlocutor, e apreciava muito seu sotaque renano. Olhava-o com um brilho especial nos olhos, enquanto discorriam sobre vários assuntos.

Étienne era respeitoso e gentil como nenhum outro jovem que conhecera. Mas excessivamente tímido. Ela aguardava dele alguma atitude desde que com ele dançara no baile. Às vezes estava certa de que ele se declararia e falaria com Leon, buscando o compromisso. Mas depois parecia retrair-se. Parecia esquivar-se de falar-lhe mais intimamente.

Muitas vezes surpreendeu-o olhando-a com visível paixão nos olhos. Mas ele baixava o olhar, envergonhado e não tocava em assunto nenhum.

Essa atitude criava mais interesse ainda em seu coração de moça sonhadora. Às vezes chorava, imaginando que o rapaz na verdade não se interessava por ela. Às vezes sorria apenas de lembrar do timbre de sua voz.

Mas naquela noite ele parecia mais disposto a confessar seu sentimento. Era visível sua emoção quando beijou-lhe a mão, no início da noite. Permanecera de olhos fixos nela, sem esquivar-se envergonhado. Acompanhou-a ao instrumento e agora a procurava para conversarem.

Em certo momento, o rosto de Étienne ficou vermelho e suarento. Parecia emocionado.

Ao vê-lo assim, o coração de Darchelle disparou no peito.

– Senhora, desejo falar-lhe de alguma coisa muito importante hoje, se me permite o atrevimento...

– Pois fale, senhor! Ouvirei com grande atenção... – respondeu a menina trêmula.

– Podemos caminhar?

– Certamente.

Levando-a para um lugar mais restrito do grande salão, o rapaz procurou olhá-la nos olhos. Sua voz ficou ligeiramente trêmula, evidenciando seu estado íntimo.

– Lembro-me, senhora, de quando a vi pela primeira vez, na casa do marquês...

– Sim! Também me lembro do senhor...

Com as mãos trêmulas e geladas, ele pegou a mão de Darchelle, de olhar quase aflito. Dando mais uma breve pausa onde reunia forças para falar, o moço renano desabafou desajeitado:

– Pois desde este momento, devo confessar-te, não consigo parar de pensar na senhora. Estou tomado por um sentimento intenso demais para calar-me e desejo saber se a senhora comunga comigo de tal preferência, de modo que, com tua concessão, eu vá até teu irmão e peça a permissão para cortejá-la...

Darchelle ficou ligeiramente pálida pela emoção. Seu coração batia de tal forma, que teve a impressão de que todos poderiam ouvir.

– Então, senhora? – perguntou o rapaz aflito, após a longa pausa.

Quando entreabriu os lábios para falar, uma voz forte aproximou-se, chamando-a:

– *Mademoiselle* Darchelle! Eu a estava procurando!

Como que acordada de um sonho, ela olhou para a direção de onde vinha a voz, visivelmente constrangida, retirando a mão que Étienne segurava.

Tratava-se de Ramon.

Chegava atrevidamente perto do casal que conversava.

O fato é que ele estava vigiando os dois desde o jantar, e não suportava a perspectiva de trocarem confidências. Quando viu que o adversário pegou a mão de Darchelle, sentiu-se queimando de ciúmes e indignação, o que fez com que ele tomasse a deseducada atitude de interrompê-los.

Foi encarado pelos dois. Étienne observava-o, desconcertado. Teve ímpetos de chamar-lhe aos brios, pela inoportuna atitude, mas conteve--se, em respeito aos anfitriões.

Darchelle apenas meneou a cabeça em saudação, pedindo-lhe explicação. Ramon se desconcertou. Não havia premeditado o que dizer, pois a atitude foi impulsiva. Após tartamudear um pouco enquanto pensava, disse enfim:

– Minha senhora, quero convidar-te a assistir comigo os ofícios religiosos de Saint-Germain, pois bem sei que és boa católica. Peço a honra de escoltar-te até o teu lugar preferido perto do altar.

Medindo o despropósito daquele convite, mas intentando livrar-se do incômodo, Darchelle falou, com educação:

– Eu a concedo. Agradeço a gentileza.

Ramon encarou Étienne, vitorioso. Viu que ele ficou desconcertado, e perguntou-lhe, atrevidamente:

– O senhor participa dos ofícios de Saint-Germain, *monsieur?*

– Não, senhor. Sou luterano – respondeu, inquieto.

– Oh, sim! É verdade. É pena que não poderás nos acompanhar...

Após breve pausa de constrangimentos, voltou a falar com o adversário:

– Do que falavam quando cheguei? Gostaria de participar também da conversa.

Com o rosto rubro, Étienne mediu o despropósito de tudo aquilo e olhou para Darchelle, que estava totalmente constrangida, mas em silêncio. Respirou fundo e decidiu-se em ir embora, para não cometer nenhuma falta de educação. Disse então a Ramon, ignorando-lhe a pergunta anterior:

– Preciso retirar-me, se não se importa, *monsieur. Mademoiselle...* – pegou a mão de Darchelle e beijou-a, despedindo-se também dela.

A menina encheu-se de irritação. A emoção foi tão forte que quase teve um delíquio. Seus olhos nublaram-se.

Queria chamar de volta Étienne e desfeitear Ramon em público, mas não podia. Era totalmente inadequado. Por isso, ela o seguiu com os olhos, enquanto ele se dirigia a Leon, para despedir-se e retirar-se.

A custo percebeu que Ramon falava com ela.

– O que me diz, senhora?

Porque viu que a menina permanecia confusa, olhando-o, repetiu a pergunta feita anteriormente:

– Posso buscá-la amanhã com minha carruagem?

– Não é necessário, senhor. Irei junto com meu irmão. Ver-nos-emos na igreja. Passar bem!

Cumprimentando-o com um meneio de cabeça, Darchelle se retirou visivelmente irritada. Dirigiu-se a Leon e pediu para se recolher, alegando indisposição.

Certamente o rapaz notou os olhos nublados da irmã e o desgosto estampado em sua fisionomia, mas não se opôs. Apenas disse que passaria no quarto mais tarde para vê-la.

Assim foi que Darchelle chegou ao quarto, acompanhada de sua ama, e jogou-se na cama em pranto convulsivo.

– O que houve, minha querida? O que aconteceu? Estavas tão alegre... O que a aborreceu?

– Eu odeio senhor Ramon! Odeio-o!

– Mas, por quê? Ele parece um bom moço e demonstra interessar-se muito de ti.

– Eu não o quero! Eu o desprezo! Não gosto da maneira como me olha, quando Leon não está vendo. Não gosto da bajulação que ele tem com meu irmão. Jamais o apreciei.

– Querida, cessa o pranto, por favor, e me diz o que houve...

– Eu estava conversando com o senhor Étienne, ama. Oh, ele declarava-se para mim. Disse que me ama desde que nos conhecemos. Tu sabes há quanto tempo tenho esperado por estas palavras, pois comungo do mesmo sentimento. Então esse desprezível homem se aproximou e interrompeu a conversa, para pedir que eu o acompanhasse à missa amanhã. Porque eu tinha pressa de me livrar dele, aquiesci rapidamente, mas ele não se foi. Ao contrário. Ficou e foi desrespeitoso e irônico com senhor Étienne, que se retirou. Minha atitude precipitada de aceitar o convite deve ter incentivado senhor Ramon e desgostado o senhor Étienne bastante. Temo que ele não volte mais. Acho que o perdi...

– Acalma-te. Se ele a ama, vai retornar...

– Tu não entendes! Ele é excessivamente tímido e muito honrado. Não é um atrevido como esse detestável soldado. Tu sabes há quanto tempo aguardo que ele se aproxime de mim? Oh, eu nem cheguei a confessar-lhe a afeição que sinto... Talvez ele pense que eu não o amo e prefira a Ramon...

Abraçando-se à ama, Darchelle deixou que sua revolta esvaísse em forma de lágrimas, até adormecer.

Quando Leon foi procurá-la, encontrou-a dormindo e não a acordou. Reparou seu aspecto abatido e velou por ela por alguns momentos, preocupado, até retirar-se para os próprios aposentos.

No outro dia, buscando-a para os ofícios matinais de Saint-Germain, encontrou-a prostrada no leito.

– O que tens, minha irmã? Estás doente? Tens os olhos inchados. Choraste? Estás desgostosa com alguma coisa?

– Mal-estar, Leon. Não desejo sair da cama hoje.

– Conta-me o que houve, por favor. Sei que algum desgosto a fez retirar-se do salão ontem. O que aconteceu?

– Nada. Deixa-me, por favor, pois desejo descansar.

Acabrunhado, o mancebo saiu para a rua. Encaminhou-se para a Saint-Germain de pensamento enevoado. Preocupava-se muitíssimo com Darchelle. Temia pela fragilidade de seus nervos.

Ao descer da carruagem, em frente à igreja, foi abordado por Ramon.

– Onde está tua irmã, meu senhor?

– Por que perguntas, Ramon?

– Ela concedeu-me a honra de acompanhá-la até o lugar que toma próximo ao altar.

Leon o encarou por alguns momentos, até que Ramon sentiu-se constrangido. Depois falou brevemente:

– Ela está adoentada. Não virá aos ofícios hoje.

Retirou-se em seguida.

As faces de Ramon queimaram de indignação. Entrou na igreja com o pensamento totalmente distraído dos ofícios. A ideia fixa o atordoava: Darchelle. Queria-a por qualquer preço. Não a perderia para um huguenote!

Há algum tempo procurava se aproximar da moça, mas ela parecia que era indiferente aos seus intentos. Também estava visível a preferência pela companhia do huguenote intrometido. O próprio Leon não fazia objeções quanto às atenções da irmã.

Até ali, Étienne figurava-se para ele um rapaz tímido e um pouco desajeitado com mulheres, o que o acalmou por algum tempo. Mas, na noite anterior, tivera o atrevimento de tocar nas mãos delicadas de Darchelle e provavelmente declarara-se para ela, contrariando suas suposições.

Era preciso arredar o obstáculo aos seus intentos.

Se tivesse o amor de Darchelle, se a possuísse, esqueceria inclusive o juramento que fizera ao pai no leito de morte. Por ela pouparia a família de N. de desgostos. Jamais a machucaria, se ela consentisse em pertencer-lhe para sempre.

Na verdade, tinha o real desejo de fazê-la feliz. Não tinha grandes posses, mas vivia dignamente e exercia sua profissão com muita honradez. O próprio Leon, seu superior, dissera mais de uma vez que o rapaz tinha suficiente talento para crescer na carreira das armas. Que se dependesse dele, teria recomendações para contratar um corpo de guarda, ajudando-o, inclusive, na compra deste.

Ele era um rapaz de gostos módicos. Não prodigalizava os recursos com as diversões abundantes da época. Ao contrário, era muito equilibrado de costumes e de conduta. Portanto, tinha economias guardadas, tanto da herança de seu pai adotivo, como do soldo que recebia por seus serviços. Não faltaria muito para comprar um regimento e a patente.

Seu coração era carente de afetos de todos os tipos. O único que conheceu foi o amor de seu falecido pai, que nos últimos instantes o ferira tão profundamente confessando que tudo fizera por causa de seu amor pelo filho extinto há tantos anos.

Ramon queria amar e ser amado. Queria uma descendência onde poderia extravasar toda a sua capacidade de dedicação, sua lealdade e seu amor. Ansiava, por isso, com todas as forças de sua alma, pois era dado a arrebatamentos de todos os tipos.

Quando viu Darchelle pela primeira vez, concentrou na moça todas as suas ânsias mais íntimas, deixando-se mergulhar na mais aguda ideia fixa.

Ainda na atualidade vemos ainda muitos dos que caminham sobre a Terra, também aguilhoados por carências e dores de todos os matizes. Trazem em si dificuldades análogas a estas que aqui narramos. Tantos corações que mergulham nos desequilíbrios das sensações, em busca dos sentimentos que possam saciar a carência que os consomem por dentro. Tantas mentes que se deixam entorpecer em ideias fixas e ilusões, aprisionando-se em idealizações impossíveis de serem realizadas, pois exigem do outro aquilo que o outro não possui para doar.

Adormecem em fantasias e utopias, para acordarem mais tarde dos próprios delírios, desiludidos e decepcionados, culpando a todos pelos sofrimentos atrozes que buscaram para si mesmos. A realidade que há muito evitaram, muitas vezes ignorando as alertivas da própria consciência, dos amigos e da vida, se lhes defronta cruelmente, mostrando o tempo perdido nos devaneios do ego.

Daí advém uma triste tendência hodierna de culpar o outro por todos os nossos desenganos, esquecendo-nos da vigilância íntima que nos cabia em todos os passos.

Quantas vezes, assim, nos perdemos nos ódios e desavenças, conquistando ainda mais desequilíbrios para nossos passos futuros e estagnando nossas possibilidades de caminhar para o alto.

Quem nos dera, meus caros irmãos, assumíssemos o papel ativo que temos nas tramas de nosso próprio destino. Quem nos dera não olvidássemos os chamamentos cariciosos da própria consciência, pedindo-nos raciocínios mais claros e menos apaixonados. Evitaríamos, decerto, uma percentagem muito grande de aflições, que não se tratam de provações ou expiações do passado, embora assim as classifiquemos. Tal quinhão de nossas dores deve-se às más decisões que tomamos em momentos de distração dos sentidos, à falta de critério avaliativo das circunstâncias, à ausência de decoro moral mediante os desafios da vida, à omissão do dever de fazer ao outro somente o que gostaríamos que o outro nos fizesse – conforme o Evangelho[11], à falha na vigilância e na disciplina de proceder, ao relaxamento do respeito que devemos aos outros...

Mas eis que a dor, alavanca divina para nosso progresso, nos vem educando no passar das eras. De experiência em experiência, os caminhos que escolhemos a esmo não estão fora da proteção do Pai celestial, que cuida carinhosamente de Seus filhos aturdidos. A mão divina, muito gentilmente, vem nos auxiliando a retificar nosso proceder através das vivências múltiplas que a bondosa prodigalidade do Pai nos concede. Ao mesmo tempo, a nossa consciência, repositório das divinas diretrizes, vai se expandindo aos poucos, clareando nossas potencialidades para nós mesmos, na eterna viagem que fazemos em nosso universo íntimo.

A imperfeição, na verdade, é como um espesso véu que cobre um foco de luz e que aos poucos é levantado, deixando escapar para o infinito a luz que estava aglutinada, e deixando ver toda a luz que está ao redor.

De réstia em réstia, vamos percebendo o resplandecer infinito da chama divina que queima em nós mesmos para sempre, conforme a divina vontade.

Sim! Chegará o dia em que nossa sede e nossa fome de justiça e amor cessarão para sempre, porque encontraremos o manancial divino dentro de nós mesmos.

---

[11] Lucas 6:31.

5
Triângulo amoroso

> "Filho meu, não te esqueças da minha lei, e o teu coração guarde os meus mandamentos. Porque eles aumentarão os teus dias e te acrescentarão anos de vida e paz. Não te desamparem a benignidade e a fidelidade; ata-as ao teu pescoço; escreve-as na tábua do teu coração. E acharás graça e bom entendimento aos olhos de Deus e do homem. Confia no Senhor de todo o teu coração, e não te estribes no teu próprio entendimento. Reconhece-o em todos os teus caminhos, e ele endireitará as tuas veredas."
>
> Provérbios 3:1-6

ÉTIENNE SAIU DA mansão dos de N. visivelmente transtornado.

Ao cumprimentar Leon, este notou a contrariedade em seus olhos e o questionou. Mas ele esquivou-se como pôde, despedindo-se com muito carinho do amigo.

Ao descer as escadarias, ainda tinha o rosto avermelhado e os ombros totalmente tensos.

Caminhou resolutamente até o portão e pensou em tomar uma viatura[12], para chegar em casa. Mas desejava caminhar, por isso continuou. Ao virar a esquina, parou repentinamente. Tinha os olhos nublados. Desejava voltar atrás e falar com Darchelle.

Chegou a virar-se na direção oposta e dar alguns passos, mas estacou novamente, tomando o caminho original, desgostoso.

Não poderia voltar. Não haveria o que dizer. A moça desfeiteou-o visivelmente. Demorou em responder e quando o outro cavalheiro aproximou-se grosseiramente, a ele Darchelle concedeu acompanhá-la até a igreja.

Pensando no desconhecido, Étienne sentiu o estômago contorcer-se, de irritação. Novamente virou-se para o caminho que levaria à mansão dos de N., desejando buscar explicações da inconveniência cometida.

Poucos passos e parou, passando nervosamente a mão na cabeça, retirando a touca que a enfeitava.

– O que pensas fazer, Étienne? Perdeste totalmente o juízo? Se acaso esse mancebo disser que interrompeu o colóquio porque já trocou confidências com aquela dama e queria livrá-la de inoportuno pretendente, como tu? – falou para si mesmo em voz alta.

Virou-se novamente e seguiu o caminho para casa, deixando que uma lágrima escorresse de seus olhos.

Já vira o mesmo cavalheiro mais de uma vez abordando sua eleita. Certamente era um pretendente à mão de Darchelle, e ele, Étienne, com sua cegueira de amor, não havia notado as inclinações da donzela para com o rapaz. Iludira-se que era correspondido.

Nenhum homem cometeria tal deselegância se não estivesse calcado em razões muito sólidas, como por exemplo as promessas de amor da linda moça. Sim! Certamente o atrevido soldado agia em defesa de um compromisso!

Também pudera! Muito tempo demorou para declarar-se para a moça, confiando em um amor que apenas desconfiava existir. Fora um covarde! Que esperava? Que uma moça tão bela e cheia de pendores

---

[12] Espécie de carruagem do período.

aguardaria por sua eterna indecisão? Certamente ela o considerava um desinteressado, isso sim!

O outro rapaz, pensando por esse lado, fora até caridoso para com ele, Étienne, poupando-o de ouvir da linda jovem que suas pretensões sobre ela estavam equivocadas. Fizera-lhe um favor, afinal.

Talvez o desconhecido intentasse pedir Darchelle em casamento aquela mesma noite. Sim, ele que fora mais corajoso e perseverante! Certamente merecia a dama, que era a criatura mais extraordinária que já conhecera.

Naqueles tempos de tantas indecisões políticas, também não seria temerário que a irmã de um oficial da realeza se comprometesse com um luterano? As várias dissensões entre os dois partidos não evidenciavam o perigo de tais relações? Crer que as preferências reais para o líder do partido serem suficientes para garantir a paz naqueles tempos de instabilidade não seria praticamente ingenuidade?

Respirando profundamente e passando a mão na testa suarenta, Étienne parou ao perceber que passava novamente em frente à Saint-Germain. Ali, no dia seguinte, outro cavalheiro levaria Darchelle pela mão, para assistir os ofícios católicos.

Ressentiu-se grandemente dos próprios pensamentos. Profunda mágoa tomou seu coração e o rapaz suspirou.

Haveria que respeitar as circunstâncias.

Obviamente que tinha grandes vantagens sociais sobre o adversário. Era descendente de nobres e servidores da pátria. Tinha fortuna consolidada e tradição de família. Mas não usaria disso para se interpor sobre o destino. Conformar-se-ia com a situação.

Evitaria visitas à mansão dos de N. Afastar-se-ia honradamente de seus objetivos. Não foi educado para afrontar a vontade de uma donzela.

Enxugando outra lágrima, continuou a caminhar para casa. Perdeu-se em tantos pensamentos que mal notou o trajeto. Chegando ao portão, foi recebido pelo seu leal criado de quarto, um jovem alemão chamado Theodor, a quem estimava muito.

– Senhor, aguardei que chegasse, para servi-lo.

– Não te disse que estavas dispensado, meu caro Theodor? Por que te deste ao trabalho?

– Fiquei preocupado contigo, senhor. Não quiseste a carruagem. Julguei que chegarias exausto. Ademais, gostaria muito de saber as novidades, já que o senhor saiu daqui com intenções tão ousadas!

Étienne sorriu para o criado, afagando-lhe a cabeleira loura, carinhosamente.

– As coisas nem sempre se dão conforme nossa vontade, meu caro Theodor!

No quarto, ajudando-o a se despir, Theodor reparou os olhos tristes do seu senhor. Tinha receios de perguntar o que houve, então silenciou enquanto pôde. Mas, uma vez colocando-o confortável no leito, não se aguentou mais e perguntou:

– Meu senhor, o que houve? Pensei que chegarias em casa cheio de alegrias e boas novas. No entanto, vejo que o senhor se acabrunha a todo momento.

Olhando-o, com os olhos nublados, o rapaz renano respondeu:

– Eu elegi uma donzela que, por sua vez, elegeu outro cavalheiro, Theodor. Então, fui obrigado a declinar de meus intentos de hoje...

– Mas, senhor, que outro cavalheiro em Paris poderia ombrear com a tua nobreza e o teu caráter? Certamente o senhor está enganado!

– Agradeço tua gentileza, meu caro. Mas o fato é que devo esquecer...

– Não posso crer que o senhor desista assim tão facilmente. O senhor confessou-me que ama a tal donzela.

– E por isso mesmo não me permito ser obstáculo à sua felicidade.

– Mas senhor...

– Theodor não te aflijas. Peço que encerremos o assunto, para que eu descanse um pouco das emoções deste dia. Se queres me ajudar, providencia um de seus famosos chás para repouso. Eu aceitarei de bom grado, pois anseio descansar a mente e o corpo.

Curvando-se educadamente, o criado saiu do aposento para providenciar o preparado.

Aproveitando a solidão, Étienne levantou-se e caminhou até a janela do quarto, buscando ver o firmamento. Não era uma noite clara. Chuvas atemporais ameaçavam o clima ameno.

Mesmo assim, a imensidão do céu o confortou. Buscou a Bíblia de seus antepassados e abriu-a para consolar-se. Leu com muito cuidado o capítulo 3 do Livro dos Provérbios, fixando os sábios ensinamentos que oportunamente recebia de suas letras.

Sentiu que os ânimos se acalmavam. Pensou em voltar para o aconchego do lar, sob a proteção dos campos e da família honrada. O trabalho digno e a vida simples o salvariam de qualquer desesperação. Lá, conforme o exemplo dos saudosos avós e dos genitores, entregar-se-ia também às atividades de benemerência, que tanto distinguiam sua família. De certo, se ergueria nas asas da prece e da utilidade. O bom ânimo retornaria com a atividade.

Deliberou então liquidar alguns negócios e serviços que o retinham em Paris, para voltar para o Vale do Reno!

Pensando nisso, deitou-se novamente, depois de guardar cuidadosamente o livro sagrado.

Em breve Theodor voltava com o seu preparado calmante, que ele tomou, agradecido.

Não demorou, adormeceu. Teve um aflitivo sonho em que podia ouvir dentro da sua mansão o choro e o chamado de Darchelle. Ela clamava pelo seu nome, angustiada. Procurando socorrê-la, ele seguia o som até chegar em algum aposento, que estava vazio. Ouvia novamente o clamor e se encaminhava a outro aposento, que estava também vazio. Intentou ir até a mansão dos de N., mas não encontrava a saída de sua casa.

Acordou na manhã seguinte suarento. Aproveitaria o domingo para deliberar algumas coisas, pois intentava sair de Paris no mais tardar em três semanas.

Escreveu uma missiva para seus pais, informando da resolução de voltar ao lar. Comunicou que, infelizmente, não tinha boas novas quanto à sua intenção de noivado. Ao explicar brevemente os motivos, não pôde conter uma lágrima furtiva.

Lacrou a missiva com cera e marcou com seu anel, endereçando-a e enfiando-a em uma pequena bolsa de couro, que levou até o servo.

– Theodor, guarde por favor esta carta e a entregue no final da próxima semana para um encarregado que contratei para levar algumas coisas para meus pais. Ele sairá de Paris na sexta-feira próxima.

– Sim, meu senhor. Correspondência para vossa mãe?

– Sim, Theodor. Estou informando aos meus pais que deixaremos Paris em duas ou três semanas, para voltar ao lar. Que tu fiques também de sobreaviso a esse respeito.

– Sim, meu senhor! – disse, retirando-se, de semblante anuviado.

Pelo restante do dia, Étienne expediu algumas correspondências e colocou em ordem alguns papeis. Após o almoço, decidiu visitar o primo que tão bem o acolhera em Paris, para informar-lhe a intenção.

Por insistência do nobre e gentil casal, ficou para o jantar, saindo de lá e dirigindo-se diretamente para casa.

Na semana seguinte, procurou esquivar-se de encontrar com Leon. Desejava recolher-se aos seus afazeres e até a corte evitou frequentar.

Isso despertou grande curiosidade do jovem oficial do Louvre, que estava tomado de impressões sobre a estranha noite em que se viram pela última vez.

Percebendo as inclinações da irmã e de Étienne, e sabendo da natureza tímida do moço renano, desejou facilitar um entendimento entre ambos, cobrado pela própria consciência. Não queria desgostar Darchelle e não desejava ser intransigente apenas por questões políticas e religiosas. Afinal, o mais recente amigo sempre dera mostras do mais alto cabedal moral, e com ele sentia-se afinizar grandemente. Certamente temia as injunções sociais que conhecia a fundo, devido à liberdade de trânsito no Louvre e a confiança do rei.

Na verdade, até seu futuro sogro manifestara-se discretamente sobre a proximidade que percebia entre os dois jovens. Seu parecer era negativo. Isso muito desgostou a Leon, como homem e chefe de família, mas ele se calou, legando à consciência as decisões a respeito.

E sua consciência aditou, decisiva: a honradez e a nobreza de caráter devem se sobrepor a quaisquer injunções sociais, religiosas ou políticas. Étienne era um rapaz inofensivo.

Naquele fatídico jantar, vira-o sair visivelmente contrariado. Darchelle pediu para se recolher, aborrecida com alguma coisa. No dia seguinte, Ramon pergunta pela irmã e insiste em frequentar seu lar com mais assiduidade.

Ele percebera também que Darchelle esquivava-se de qualquer aproximação com Ramon.

Mais de uma vez perguntou o que havia, mas ela não lhe falou. Estava sempre adoecida, desde o jantar. Já não tinha os sorrisos de antes e falava menos que o normal. Nem mesmo as visitas à Marie-Antonette, sua futura cunhada que ela adorava, a animava.

As coisas iam por esse caminho até que, aproximando-se o final de semana, Leon e Étienne se encontraram em um clube, após o almoço.

Sem fazer-se de rogado, Leon tomou o partido de aproximar-se de Étienne e abordá-lo, ao que o rapaz correspondeu amistosamente, embora se pudesse ler em seus olhos um certo constrangimento.

– Meu amigo, não sou homem de floreios. Portanto gostaria de perguntar-te diretamente o que está havendo. Tu sabes como aprecio tuas visitas ao meu lar e como gosto de nossas conversas e nossos entretenimentos. Desde aquele jantar, embora eu tentasse, não consegui avistá-lo. Sei que saíste de minha casa transtornado. Peço que me contes o motivo, pois pressinto que tem alguma conexão com o adoecimento de minha irmã, na mesma noite.

Arregalando os olhos, Étienne o encarou, preocupado:

– Tua irmã está doente?

– Sim. Perdeu o ânimo e a coloração desde o fatídico jantar. Não me parece mais alegre como sempre foi.

– Mas a que isso se atribui?

– Não sei dizer. Sei que não me parece coincidência todos estes fatos.

Respirando fundo, Leon levou a destra até o ombro de seu interlocutor, por perceber que este ficara angustiado.

– Meu amigo, gostaria que me confessasse que contrariedade te afastou de nossa amizade. Acaso incorremos em alguma desconsideração para com tua pessoa?

– Leon, não pense assim. Embora nos conheçamos há poucos meses, eu o tenho em altíssima consideração. Peço desculpas se minha atitude retraída pareceu desprezo à tua amizade. Acontece que tenho estado muito ocupado, pois pretendo retornar ao lar paterno, em muito breve tempo. Quanto a tua irmã, estou surpreso com tua narrativa. Surpreso e muito desgostoso com o sofrimento de *mademoiselle*. Mas sinceramente não sei avaliar o motivo disso.

– Vais embora? Não posso crer, meu caro Étienne. Não ias me contar?

– Sim. Ia me despedir adequadamente.

– Mas por que vais deixar Paris? O que o desgostou tanto assim aqui? Imaginei que gostavas de minha irmã...

Ante a abordagem certeira, Étienne corou e baixou os olhos.

Leon sorriu, batendo-lhe no ombro.

– Pelo que vejo, ainda gostas... Se é assim, qual seria o motivo de abandonares as intenções que eu adivinhava haver em ti?

– Creio que o coração de tua irmã pertence a outro...

– Não posso crer. Estou mesmo convencido do contrário. Mas penso que seria uma boa medida tu perguntares a ela para certificar-se da veracidade de tua crença, não achas?

Totalmente desconcertado, Étienne não soube o que responder. Vendo-o tão constrangido, Leon falou-lhe com inflexão de amizade na voz:

– Façamos assim, meu nobre amigo: eu te convido para ires até minha residência. Deixarei que troques impressões com minha irmã, para saber o parecer verdadeiro dela a esse respeito. Aí então tu podes ou não confirmar tua volta para casa de teus pais. O que pensas?

– Mas, Leon, se ela me repelir?

– Então tu voltas para tua casa. Não tens nada a perder.

Após uma pausa mais longa, Leon continuou:

– Étienne, minha irmã é meu tesouro. Vejo-a doente desde a última vez que te viu. A felicidade dela é assunto primordial para mim. Tu sabes que somos órfãos há muitos anos. Minha irmã não teve a energia de meu pai e o carinho de minha mãe para auxiliá-la em todos os transes da vida de uma mocinha. Ela tem somente a mim. Eu jamais contrariaria a felicidade dela, seja como for. Desde o início eu tenho te observado e adivinho que tu sintas por ela um amor tão empenhado quanto o meu. E vejo que ela não está feliz com tua ausência. Sendo assim, quero fazer a minha parte para garantir que as coisas se deem da melhor forma possível. Mas, se tudo isso que te exponho não é verdade, se na verdade tu não te inclinas para ela como eu suponho, eu peço me esclareças e eu respeitarei.

Com o rosto ainda rubro e um sorriso nos lábios, Étienne falou, resoluto:

– Anseio com todas as minhas forças por chamar-te meu irmão. Não só pela consideração por ti que já confessei, como também porque acalento o sonho de ter do céu a imensa honra de ser amado por tua irmã. Se me afastei, foi porque imaginei que estava sendo inconveniente e desrespeitoso com a vontade dela, que para mim é também muito importante. Mas se é como dizes, peço desculpas pelos desgostos que minha interpretação das coisas tenham causado. Sim, desejo ver tua irmã e obter dela a resposta decisiva que mudaria meu destino. E para mim é uma honra ver que tu, de alguma maneira, aprova minhas intenções para com ela.

– Façamos assim: assuntos de minha profissão vão me reter no Louvre por alguns dias. Passando este sábado, no próximo, darei um jantar, onde pretendo anunciar a data de meu casamento. Que isso fique entre nós, pois nem minha noiva sabe sobre isso. Deves guardar segredo disso. Mas eu te convido para estares lá. Poderás, então, falar com Darchelle. Aceitas?

– Claro! Atenderei com prazer.

– Aguardo-te então. Traje-se esmeradamente. As moças apreciam os bons trajes, tu sabes! – disse sorrindo.

Apertaram-se as mãos, com alegria.

Étienne retirou-se com o ânimo totalmente alterado. Correu ao lar, pois naquele mesmo dia, ao final da tarde, seria expedida a carta para sua mãe. Era preciso impedir e avisar o criado.

Com muito entusiasmo chamou Theodor e deu ordens para que a carta não fosse enviada, tirando do servo um enorme sorriso. Não comentou muito o assunto. Disse apenas que a esperança havia brotado novamente em seu coração.

Leon foi até o lar, no intuito de expedir algumas ordens e ver a irmã, antes de ir para o Louvre.

Encaminhou-se para o aposento íntimo de Darchelle e a encontrou assentada, lendo um livro. Estava abatida, com os olhos evidenciando uma noite mal dormida.

Abraçaram-se, carinhosos, e Leon a informou que ficaria no Louvre por três dias.

– Mas todo esse tempo sem voltar para casa?

– Sim. Mas tu podes ir ter comigo em uma dessas tardes, se quiseres. Basta mandar me avisarem.

– Talvez eu vá...

– Por que a indecisão? Não eras tu mesma que ansiavas pela liberdade de frequentar o Louvre?

– Não me sinto muito animada por agora.

– Pois bem. Que bom tocaste no assunto, pois há dias desejo falar-te. Quero que me digas o que a acabrunha desta maneira. Bem se vê que não dormes direito e tens chorado pelos cantos. Eu exijo que me digas, como teu irmão.

– Não desejo falar no assunto, Leon. Não insistas!

– Tu não deves fazer assim. Sou teu irmão e me impressiono com teu estado. Temo por ti.

– Estou em segurança...

Após alguma pausa e no intuito de avaliar as reações da irmã, disse:

– Hoje estive com Ramon. Ele deseja vim visitar-te, pois eu disse que tu estavas adoentada.

– Não desejo receber visitas...

– Achas razoável desfeitear um pedido educado e preocupado de um cavalheiro?

Olhando-o, contrafeita, Darchelle falou:

– Pois bem. Diga ao cavalheiro que assim que eu estiver melhor disposta, recebo-o contigo.

Depois de outra pausa, Leon ergueu-se para deixar o aposento. Falou enquanto despedia-se com um beijo:

– É uma pena que não estejas disposta a receber visitas. Hoje também encontrei com Étienne. Ele intentava vir se despedir de todos nós, antes de deixar Paris.

Os olhos de Darchelle abriram-se desmesuradamente. Seu coração bateu fortemente. Tentando disfarçar, ela perguntou em tom baixo:

– O senhor Étienne vai deixar Paris?

– Sim.

– Por que seria?

– Algum desgosto. Não me deu detalhes.

Leon caminhou até o umbral da porta e virou-se mais uma vez para a irmã. Sentindo-se comovido com a tristeza que testemunhou em seus olhos, disse-lhe, carinhoso:

– Façamos assim, minha irmã. De qualquer maneira deixarei ordens para que te sirvam e preparem a carruagem para saíres, caso te sintas muito solitária em casa. Poderás ir ver-me ou visitar Marie-Antonette. Vou passar pela residência do marquês agora e avisarei que poderás visitá-la. Se fores me ver, leva um servo para que ele me ache no Louvre e irei ver-te na mesma hora. Está bem?

– Sim.

Vendo que se acendeu um sorriso no rosto de Darchelle, Leon enviou-lhe um ósculo e retirou-se de vez.

Leon saiu sorrindo do quarto. Pensou consigo: "É como eu imaginava. Ela está inclinada a Étienne. Amanhã, quando for me ver, eu aviso que ele virá jantar conosco. É bom que fique apreensiva por algumas horas, imaginando que ele vai deixar Paris, de forma que se decida de uma vez entre os dois pretendentes."

Deixou o lar e encaminhou-se para a residência do marquês, seu futuro sogro. Foi recebido com a mesma simpatia de sempre e recebeu a autorização de trocar poucas palavras com sua noiva.

– Minha querida, pedi a Darchelle que venha visitar-te, caso se sinta solitária. Peço que a recebas com carinho.

– Claro, meu querido. Sabes que gosto muito de tua irmã e somos amigas.

– Sim. Ela está bastante abatida e preocupo-me com ela. Se puderes, ajude-a a distrair-se e alegrar-se.

– Não te preocupes, meu noivo. Cuidarei bem de tua irmã, pois em breve será minha irmã também.

Leon sorriu e beijou-lhe novamente as mãozinhas, despedindo-se.

Retirou-se para o pátio externo e montou no cavalo.

Ao encaminhar-se para o Louvre, a figura de Ramon veio à mente do oficial.

"Pobre Ramon. Percebo que ele tem verdadeiro sentimento por minha irmã e é um bom rapaz. Embora ela não o trate com qualquer desconsideração, creio mesmo que ela escolherá nosso Étienne. Espero que isso não o desgoste muito, pois trata-se de um rapaz bastante intenso em tudo, como percebo no trato diário. Mas é jovem e muito apresentável. Há de encontrar uma moça que o cure da decepção com Darchelle".

Com estes pensamentos, Leon adentrou em suas funções no Louvre, sem preocupar-se mais com a conclusão dos fatos.

Ele desconhecia totalmente todas as injunções da situação, principalmente com relação a Ramon. Desconhecia também a ideia fixa que chegava às raias da fascinação, com relação à Darchelle.

Não imaginava que a mente do belo e corajoso soldado encontrava-se enfermiça de tanto transitar em apenas uma direção e um objetivo: ter Darchelle a qualquer custo.

Não sabia também da história que prendia o destino de ambos, do infeliz proceder de seu falecido avô materno. Tampouco sabia da trapaça no duelo, ou dos resultados disso para um jovem infeliz, que acabou por suicidar-se e selar para sempre a felicidade de seu dedicado pai.

Tanto ele como Darchelle sabiam desta história apenas aquilo que a boa ama madame Lesoncé contava.

Por isso, era-lhe impossível medir as consequências de todas as ações nesse caso.

Pensava apenas em deixar a irmã ser fiel ao próprio coração, que era como ele mesmo acreditava deveriam ser os casamentos.

Em breve iria se casar também. Já vinha adiando a conclusão de seus planos nesse sentido, por preocupar-se muito com o destino da irmã. Preferia esperar para ver as inclinações desta a respeito de formar também a própria família antes de selar seu destino.

Se por um lado inquietava-se com o fato de ela enamorar-se por um luterano, por outro sentia que Étienne era uma alma leal e dedicada, e possuía todos os pendores necessários para proteger e fazer feliz sua amada Darchelle.

Para seu caráter reto seria quase impossível imaginar o clima mental insidioso de Ramon, porque, em verdade, só enxergamos no outro aquilo que vive em nós e só identificamos aquilo que conhecemos com autoridade.

Sabendo disso, somos também obrigados a admitir que falar do outro é falar de nós mesmos. A crítica seria, portanto, um aviso sonoro daquilo que nos falta. A intolerância demarcaria nossas maiores necessidades como espírito, e a irritação contaria sobre as fragilidades de nossas convicções.

Da mesma maneira, se usamos de misericórdia, mesmo que à custa de muito esforço, estamos comprando ingressos para o espetáculo de nossa vitória futura. A fraternidade nos matricula nos cursos superiores da caridade e a compreensão nos franqueia a entrada nas instalações da harmonia. A perseverança no bem constrói em nós os alicerces fortificados da paz e a coragem da fé protege-nos das emboscadas do medo paralisante. A bondade nos garante segurança e a paciência nos eleva ao amor.

Sabendo dessas coisas, não nos seria mais proveitoso gastar nossos melhores esforços em aclimatar nosso pensar e nosso agir às amenidades do Evangelho?

Ora, todo esforço de reconciliação com a Casa Paterna recebe do Pai os melhores investimentos. Não aprendemos isso com a Parábola do Filho Pródigo[13]? Acaso não atentamos para o fato de que o Pai, a partir do ato de 'levantar-se' do filho, patrocina-o com sua proteção e seu amor, indo mesmo correndo ao seu encontro para cobrir-lhe de beijos e dádivas?

Se pensarmos seriamente nisso, nossos receios desvanecerão pela lógica do raciocínio, pois o raciocínio deverá ser sempre a rédea que ajuda a conduzir os sentimentos. Consequentemente, nossas apreensões acalmar-se-ão sob o impacto da verdade: Deus, nosso Pai, está conosco e por cada um de nós zela perfeitamente. O destino final é sempre a vitória e a felicidade. Qualquer injunção inquietante é apenas pedregulho no caminho, incapaz de reter a marcha do progresso.

Não poderíamos falar nessas coisas sem nos lembrar do Apóstolo Paulo, que sabiamente anotou em sua Epístola aos Romanos[14]: "Se Deus é por nós, quem será contra nós?"

---

[13] Lucas 15:11-32.

[14] Capítulo 8, versículo 31.

6
Encontro urgente

> "Alegra-te, jovem, na tua mocidade, e recreie-se o teu coração nos dias da tua mocidade, e anda pelos caminhos do teu coração, e pela vista dos teus olhos; sabe, porém, que por todas estas coisas te trará Deus a juízo. Afasta, pois, a ira do teu coração, e remove da tua carne o mal, porque a adolescência e a juventude são vaidade"
> Eclesiastes 11:9-10

As concepções de felicidade e infelicidade, no mundo, são das mais controversas. Não só no que diz respeito à diferença de características íntimas entre as pessoas, ou com relação ao com que cada um se identifica, nas experiências vividas, mas até no que se refere às concepções de uma mesma criatura.

Em nossos trabalhos de auxílio como espíritos livres da matéria, muitas vezes nos defrontamos com algum irmão encarnado que lança ao céu súplicas pungentes, rogando a Deus que conceda isso ou aquilo para tornar-se venturoso, e que, não raro, somente algumas horas depois troca suas rogativas, infelicitado com as concessões pedidas por ele mesmo, tornando a alegar-se infeliz mediante o atendimento solícito da Providência aos seus queixumes.

É bastante comum acompanharmos irmãos queridos que mudam de ideia de um para o outro dia sobre aquilo que poderia alegrá-los, no cumprimento dos deveres.

É que a mentalidade inexperiente está, muita vez, com a visão justa obscurecida pelo imediatismo. E o imediatismo não possui critério para buscar a felicidade, mas tão somente a satisfação das carências emocionais. Tais necessidades normalmente são criadas pela rebeldia e pela precipitação com as quais nos movimentamos dentro das Leis de Amor que nos regem.

Nos descuramos da calma que devemos cultivar em todos os momentos de nossa vida, para que floresçam as flores perenes da paciência, cujo perfume harmonioso pode nos garantir a verdadeira felicidade.

Estamos sempre confundindo prazer com satisfação, felicidade com recreação. E nos movimentamos excessivamente para garantir que não fixaremos a realidade dura que está reservada aos distraídos do acatamento próprio: é preciso refazer a trajetória de desenganos e ilusões e buscar novamente o caminho do equilíbrio e do discernimento, à custa de termos que pisar nas pedras de nossa rebeldia, que vimos lançando atrás de nossos passos. E como estamos descalços, pois não nos calçamos de temperança e vigilância, havemos de ferir nossos pés no retorno à correção.

Por isso vivemos no mundo muitas vezes entregues a grandes oscilações de opinião e de humor. Nossa inconstância fala de nossa fragilidade emocional e nossa infantilidade espiritual.

Qualquer brisa de circunstância é suficiente para produzir verdadeiras tempestades íntimas em nosso coração. Qualquer pequena distração é suficiente para desertarmos de nossas responsabilidades, relegando para o amanhã aquilo que seria inadiável para nosso soerguimento.

Vivemos assim, entre risos escandalosos e lágrimas pungentes, como crianças excessivamente temperamentais. Mas o caminho do meio, a que se referiu com tanta sabedoria Sidarta Gautama, o caminho do equilíbrio, aos poucos vai se mostrando o mais adequado e o mais apropriado, conforme a dor nos vai libertando de nossa cegueira secular[15]. Calmamente esta ferramenta da Providência Divina nos vai ajustando a melhores procederes.

De experiência em experiência, abandonamos os exageros e imprimimos serenidade em nossas manifestações, convencendo-nos de que a felicidade é uma questão de adesão íntima à Lei de Amor.

O senso de responsabilidade se vai estruturando e o descuido com as consequências de nossos atos vai deixando de existir, para dar lugar à consciência desperta e a consciência de si mesmo.

Consolida-se o amor fraternal e a empatia vai se tornando um automatismo, garantindo-nos a adequação ao cumprimento do mandamento de amor que rege todo o universo.

Aí sim, não mais atrelados aos mecanismos viciosos de nossos conflitos de falta de respeito ao próximo, tornar-nos-emos felizes, pois romperemos o ciclo milenar dos reajustes com a Lei a que nos vinculamos por não cumprir a Divina Máxima: Amarás ao teu próximo como a ti mesmo.[16]

* * *

Após o irmão sair de seus aposentos, Darchelle sobressaltou-se. Seu coração batia descompassado e sua mente estava em turbilhões.

Étienne iria embora. Ficara realmente ofendido com a situação infeliz daquele jantar. A inconveniência de Ramon tinha criado uma situação embaraçosa e ela, Darchelle, não soube agir da melhor maneira. Precipitara-se e errara drasticamente. Deveria tê-lo chamado de volta, quando ele se despediu. Deveria ter desfeiteado claramente Ramon, para que ele soubesse que seu amor lhe pertencia.

Chamou madame Lesoncé, inquieta, chorosa. Contou-lhe o ocorrido e deixou-se consolar pela boa ama, que acariciou seus cabelos e beijou sua face.

---

[15] Siddhartha Gautama (563-483 a.C.).

[16] "Amarás o teu próximo como a ti mesmo" – Mateus 22:39.

– Não seria melhor confessar a teu irmão o que sentes por esse rapaz, minha filha? Acaso ele não terá uma boa solução para o caso?

– Leon não poderá se ausentar do Louvre por três dias, ama. Até lá, pode ser tarde demais. Preciso de uma solução imediata.

– Mas o que poderias fazer?

– Procurarei *monsieur* Étienne. Irei até ele e me explicarei claramente. Falarei sobre meu amor por ele e ele entenderá.

– Minha querida, não convém. Uma dama não deve procurar um cavalheiro. O que poderás fazer? Vais até a casa dele, por acaso? Teu irmão saberá e tu estarás seriamente encrencada.

– Faço qualquer coisa! Qualquer coisa. O que não posso é deixar que ele se vá sem fazer nada. Eu o amo! Sim! O amo com todas as minhas forças e não poderei viver sem ele – disse desabando em convulsivo pranto.

De repente, ergueu a cabeça de olhos brilhantes, como quem acabava de ter uma ideia.

– Ama, por favor, manda vir um servo. Vou enviar uma missiva para minha futura cunhada. Manda preparar a carruagem e me arrume uma pequena maleta. Não ficarei em casa hoje. Irei passar a noite com Marie-Antonette, pois me sinto adoentada e solitária. Quero ter a companhia dela. Traga-me papel e uma pena.

– O que estás pensando, minha menina?

– Que minha futura cunhada poderá me ajudar. Somos amigas.

Com as duas mãos no rosto, a serva empalideceu ligeiramente, mostrando-se muito apreensiva.

– Santo Deus! O que vais fazer, Darchelle? Teus olhos me segredam perigosos planos!

Com outra disposição, a menina ergueu-se, com um sorriso no rosto.

– Prepara-me uma capa espessa, que seja discreta e me faça parecer uma serva.

E porque a dama ficou por algum tempo estática, ela falou mais alto, batendo as mãos:

– Vamos, vamos, ama querida! Tenho pressa! Vamos!

Com as providências tomadas, conforme seus planos, Darchelle enviou uma pequena missiva lacrada para Marie-Antonette e recebeu a resposta imediatamente, que trazia também a anuência da senhora marquesa.

Trocou-se, escolhendo um vestido simples, evidenciando sua palidez. Expediu ordens aos servos e partiu para a casa de Marie-Antonette.

Lá chegando, foi recepcionada por mãe e filha, que muito se impressionaram com seu abatimento. Na mesma hora foi acomodada no aposento ao lado do de Marie-Antonette, com todo o carinho e cercada de mimos.

Em breve ficaram a sós as duas jovens, sendo que Darchelle estava recolhida no confortável leito, pois alegava sentir um grande mal-estar.

Questionada pela futura cunhada sobre o seu abatimento, a moça a colocou a par de todos os insucessos de sua história de amor em apaixonados relatos, terminando a narrativa com sinceras lágrimas de angústia.

– Preciso que me ajudes, Marie. Preciso ir ver *monsieur* Étienne! Preciso me explicar antes que ele se vá de Paris e nunca mais eu o veja. Sinto do fundo do coração que não posso viver sem ele.

– Acalma-te, minha Darchelle! Isso tudo é tão grave. Mas como eu poderia te ajudar? Não consigo atinar em uma solução...

– Pois veja: estou aqui adoentada, em tua casa. Tu mandas André me acompanhar e saio à noite, indo ao encontro de *monsieur*. Trouxe uma capa rústica para me disfarçar. Se tu me ajudares, consigo ir e voltar sem chamar atenção.

– Mas Darchelle, isso é muito temerário. Santo Deus! Se teu irmão descobre, desfaz o noivado comigo! Se meu pai descobre, nem sei o que pode fazer.

– Não, Marie. Ouça. Se tu deres ordens ao André, eu sei que ele te será leal. Acompanhar-me-á e ajudar-me-á a despistar a segurança de tua casa. Irei à procura de *monsieur* Étienne e volto antes que qualquer pessoa de tua família perceba. Meu irmão não descobrirá. Ninguém descobrirá. Basta que André, no tempo que nos resta hoje, procure saber onde estará o senhor Étienne mais tarde.

Pensando e hesitando, Marie-Antonette começou a andar pelo quarto, esfregando as mãos. Era quase impossível não atender a cunhada, que era resoluta e impositiva. Mas e seu Leon? Se descobrisse, não a iria perdoar. Darchelle parecia não medir consequências. Mas se negasse ajuda, a menina poderia fazer tudo por conta própria e acabar incriminando-a, de qualquer jeito.

O servo André realmente era de sua inteira confiança. Era servo em sua casa desde antes de ela nascer e se apegara à menina desde que essa era apenas um bebê. A ela atendia sem hesitação, com dedicação e lealdade.

Temendo por todas as coisas, Marie-Antonette mandou chamar André, que apresentou-se, prestimoso.

Logo Darchelle assumira o comando das providências e encarregava o leal servo de saber, com descrição, onde estaria Étienne na noite daquele dia. Marcou com ele também um horário seguro para deixarem o palácio, por volta das oito da noite, pois senhor e senhora marquesa receberiam convidados para o jantar naquela noite, e naquele horário estariam entretidos com a recepção e a ceia.

Marie-Antonette aconselhou Darchelle que não se demorasse, pois poderia acontecer de sua mãe desejar vê-la antes de se recolher.

– Já tratei de dizer à tua mãe que me encontro muitíssimo cansada e quero me recolher o quanto antes. Ela já me garantiu que enviará a ceia mais cedo, para que eu possa dormir. Creio que ela não irá me importunar, se me julga muito abatida e necessitada de refazimento.

O servo saiu para cumprir as ordens e novamente as duas moças ficaram a sós.

– Como te ausentarás dos aposentos, Darchelle?

– Pelos avarandados. Vou aproveitar a árvore que fica de frente e descer até o pátio, onde André me aguardará.

– Tu és louca! E se caíres? Se te pegam, não sei o que acontecerá...

– Não temas. Nada ocorrerá. Tenho costume de escalar as varandas de minha própria casa, o que sempre deixou Leon louco.

Ambas riram-se.

Eram moças muito diferentes. Marie-Antonette era delicada, gentil e temerosa. Darchelle era intrépida e temperamental. Apesar disso, eram boas amigas. Marie-Antonette esforçava-se bastante para se dar bem com a cunhada., desejando agradar o noivo.

Assim, mesmo tomada de temor, aquiesceu ao plano arriscado que se desenrolaria naquela mesma noite.

Antes de cumprir seus deveres de filha dos anfitriões, a moça passou ainda mais uma vez nos aposentos onde estava a querida hóspede, já devidamente recolhida, alegando indisposição. Reiterou suas recomendações de cuidado e descrição.

Enquanto isso, depois de receber uma substanciosa sopa levada pela bondosa marquesa, Darchelle aguardava a hora aprazada.

Quando finalmente percebeu que iniciava-se a luxuosa recepção do casal, ergueu-se com cuidado e vestiu-se, com alguma dificuldade.

Colocou o pesado e rústico manto, e caminhou até a saída para o balcão. Abriu a porta com muito cuidado e afastou o reposteiro, para passar. Valeu-se de uma gigantesca árvore que lançava seus galhos para alguns dos balcões dos quartos daquela ala, inclusive o dela.

Em breve, Darchelle pisava ao chão do pátio, onde olhou de um para outro lado. A escuridão não ajudava a perceber onde estaria André. Por isso, caminhou-se em direção ao jardim frontal da mansão, buscando o portão de saída.

Em certo momento, André aproximou-se e tocou-lhe os ombros, assustando-a.

– Desculpe-me, senhora. Não a quis assustar. Mas não devemos sair pelo portão frontal. Usaremos um pequeno portão lateral da propriedade.

A moça obedeceu, confiante. Quando atravessaram o pórtico, ela perguntou, resoluta:

– André, diga-me onde encontro o senhor Étienne de L.

– Senhora, ele está hoje em uma reunião religiosa, que já se iniciou. Posso levá-la até lá, pois eu mesmo frequento estes cultos. Pelo horário, não demoram muito a terminar. Devemos ser discretos. Peço que a senhora não descubra a cabeça e mantenha-se o mais silenciosa possível, para que ninguém a note.

Darchelle acenou positivamente, em silêncio.

Seguiu o servo sem dizer uma única palavra. Passaram em frente ao Louvre e à Saint-Germain. Desceram uma rua estreita, viraram à direita e pararam em frente a um modesto edifício. As luzes indicavam que havia pessoas reunidas naquele lugar.

Subiram uma escada e entraram para um salão de medidas não muito avantajadas, assentando-se nas cadeiras próximas à entrada.

Eram comuns reuniões políticas em salões daquele tipo à época. Com o crescimento dos huguenotes na cidade, também não eram raros os cultos, que acabavam por desdobrarem-se entre religião e política.

A sala não era luxuosa, apesar de ser confortável e possuir bons assentos. Não havia mais que 20 ou 30 pessoas acomodadas, ouvindo um orador que discorria sobre o Evangelho. Pareciam pertencer à classe burguesa, apesar da presença de um ou outro nobre vindo de fora de Paris.

Darchelle e André assentaram-se em cadeiras que ficavam próximas à saída e não foram notados por ninguém, além do orador, que prosseguiu seu discurso.

Não demorou para que encerrassem os trabalhos do dia e todos se levantassem para cumprimentar o orador e uns aos outros.

Até então, Darchelle não vira Étienne. Por isso permaneceu em seu lugar, discreta e silenciosa, ao lado de André, que também aguardava.

De repente, ela o viu. Conversava alegremente com o orador, como se fossem amigos íntimos.

Seu coração sobressaltou-se. Como percebia que o rapaz despedia-se das pessoas, resolveu levantar-se e sair, aguardando-o do lado de fora do edifício.

Esperou um pouco.

De repente, pela porta da construção, viu-o sair. Aguardou que ele desse alguns passos definindo a direção e o seguiu, intentando aproximar-se discretamente, acompanhada por André.

– Senhor! Senhor de L.! – falou em voz sussurrante, tentando acompanhar os passos rápidos do rapaz renano, antes que ele tomasse alguma viatura.

Ao ouvir aquela voz, ele estacou imediatamente, virando-se brus-camente para sua direção, de olhos arregalados. Viu que a voz vi-nha de uma pequena figura encapuzada, vestindo uma capa rústica, acompanhada por um jovem que ele certamente conhecia, dos cul-tos hebdomadários.

Examinou-a, em silêncio, aguardando.

– Senhor! Preciso falar-te.

Intrigado, Étienne aproximou-se mais e retirou com toda a delicadeza o capuz de sua interlocutora. Seu coração descompassou-se ainda mais e todo o seu corpo esfriou quando finalmente comprovou sua suspeita de quem o estaria chamando.

Colocou novamente o capuz na moça, falando com a voz trêmula de susto.

– Senhora, o que fazes aqui? O que houve? Onde está teu irmão?

– Senhor, desculpe-me. É que preciso falar-te com urgência.

Olhando de um para outro lado, para verificar se chamavam aten-ção, o rapaz hesitou. Depois tomou sua mão, e a conduziu afoitamen-te até a própria casa, que não ficava longe. Não sabia exatamente o que fazer. Certamente não era aconselhável levar uma donzela ao próprio lar. Isso a comprometeria e o comprometeria também. Mas ali na rua, não poderia conversar com a moça. E sua mansão estava próxima e era segura.

Adentrou o portão, sendo recebido pelo servo, que surpreendeu-se em ver seu senhor de mão dada com uma moça, seguido por um cavalheiro.

André postou-se à entrada da casa, juntamente com Theodor, que continuava parado, sem saber muito o que fazer.

Étienne entrou, após fazer um aceno para o servo, impedindo-o de o seguir, conduzindo a moça até uma sala. Estava trêmulo e pálido.

Assentando Darchelle em uma cadeira, sentou-se em outra em fren-te, sem nada dizer, aguardando que ela se manifestasse.

– Senhor, perdoe-me o susto. Não intento desgostá-lo.

– Peço, minha senhora, que por favor me explique o que fazia na rua, a uma hora destas. O que aconteceu? Mandarei um servo encontrar teu irmão imediatamente e avisá-lo...

– Não! Por favor não! Ele não sabe que eu saí de casa. Ninguém sabe.

Após uma pequena pausa em que percebia que Étienne ficava cada vez mais pálido, a moça ergueu-se, obrigando-o a erguer-se também. Falou então de chofre, pois não sabia como adentrar o assunto.

– Eu soube que o senhor vai deixar Paris. Eu precisava falar-te. Sei bem que nosso último encontro, em minha casa, deixou impressões muito ruins no senhor, a meu respeito. Fomos deseducadamente interrompidos quando falávamos de coisas tão importantes. E eu temo o que o senhor tenha compreendido mal tudo o que houve.

– *Mademoiselle*, tu não devias ter vindo até aqui! Não devias ter deixado o lar sem falar com teu irmão. Devias menos ainda arriscar-te desse jeito, a uma hora destas, em uma rua!

– Senhor, ouça-me! Eu não poderia deixar que tu saísses de Paris sem antes falar-te.

– Mas senhora, devias ter enviado um mensageiro! Eu a atenderia com presteza.

– O senhor não retornou mais ao meu lar, para visitar-nos. Imaginei que não me atenderia. Não sei o que o senhor vem pensando de mim...

Colocando as duas mãos sobre a face, a moça caiu em pranto convulsivo, deixando Étienne totalmente atordoado. Sem atinar o que fazer, o rapaz aproximou-se e a abraçou, em um impulso quase incontrolável.

– Não chores, senhora. Fere a minha alma ver-te assim. Não chores mais!

– Oh, senhor, por favor, não deixes Paris. Eu não pude dizer-te do amor que te endereço. Eu não pude. Eu imploro que não deixes Paris! Fui tola por não desfeitear *monsieur* Ramon naquela noite. Se eu o tivesse desfeiteado, o senhor compreenderia que o amo e não me deixaria!

Afastando-se um pouco, Étienne encarou a moça, com um sorriso, olhando-a nos olhos. Segurou então o rostinho avermelhado de Darchelle e só conseguiu dizer, em tom melífluo:

– Senhora, não digas mais nada!

– Mas o senhor precisa saber...

– Tudo quanto precisava saber, a senhora acaba de me revelar. Eu não deixarei Paris, a não ser que a leve comigo!

Impulsivo, beijou-a delicadamente, fazendo-a acalmar-se.

– Também a amo! E acabaste de me tornar o homem mais feliz do mundo. Mas a verdade é que eu já havia desistido de sair da cidade. Antes de deliberar a esse respeito, eu pretendia ouvir-te, a conselho de teu próprio irmão. Sou convidado para um jantar em tua casa dentro de alguns dias, onde iria abordar novamente o assunto com a senhora. Mas eis que tu me apareces aqui hoje...

Darchelle chorava, mas agora de contentamento. Abraçaram-se, tomados de emoção.

Em dado momento, parecendo acordar para a realidade, o rapaz afastou-se de olhos preocupados.

– Minha senhora, não convém que estejas aqui. Nada disso convém. Vou levar-te para casa e tentarei explicar para teu irmão o ocorrido. Temo que ele entenda que eu não tenha me comportado como um cavalheiro e negue-me o direito de casar contigo.

– Não venho de casa, senhor. Estou em casa de minha futura cunhada. Ela ajudou-me a levar a termo o plano de vir tentar encontrar-te.

– Santo Deus! Quanta temeridade! Não devias ter feito isto! Vou levar-te agora mesmo para lá. Vejamos como me explicarei para os marqueses.

– Não, senhor, por favor. Ninguém sabe que eu saí. Se fizeres assim, colocarás em risco o noivado de meu irmão, pois ele não perdoará a noiva por haver me ajudado. Marie também poderá ser severamente punida por seu pai. Veja, venho acompanhada de um servo de confiança. Voltarei agora para lá e ninguém saberá de nosso encontro.

– Isso não pode ser. Seria muita desonra de minha parte!

– Se o senhor me levar, certamente meu irmão não consentirá com nosso noivado. Por favor, deixe-me fazer como planejei, de forma que não nos comprometamos e comprometamos também a outros!

Pensando um pouco, o rapaz aditou:

– Mas preciso saber que chegarás em segurança. Posso disfarçar-me e acompanhá-la até a casa.

– Não, senhor. Chamarás atenção desnecessária. André está comigo e me acompanhará. Pedirei que ele volte e informe ao senhor o sucesso de meu retorno, assim que eu me recolher ao aposento.

Respirando profundamente, o rapaz asserenou-se e sorriu:

– Como és decidida, minha querida! Santo Deus! Darchelle, espero que depois de se tornar minha esposa, abandone tais aventuras que arriscam tanto tua vida e tua honra, e acalme esta tua alma tempestuosa!

Ouvindo o próprio nome dito com tanta intimidade, a moça estremeceu de alegria, e respondeu beijando-lhe a mão:

– Senhor, tornar-me tua esposa é a única alegria que almejo da vida. Nada mais quero. Prometo que serei uma esposa dedicada e obediente!

– Chama-me Étienne, minha querida! Praticamente somos noivos, não é verdade?

Osculando-lhe as mãozinhas com ternura, disse-lhe:

– Agora deves ir. Pede a André me avisar quando estiveres em segurança. Espera-me em breves dias em teu lar, pois teu irmão dará um jantar e eu pedirei tua mão publicamente. Seremos felizes! Em breve, após o cumprimento do tempo de noivado, levar-te-ei comigo para a casa de meus pais, onde teremos nossos filhinhos e nossa ventura. Vá, querida, e sonhe comigo, pois eu sonharei contigo.

Darchelle, retirando das dobras do manto um pequeno lenço bordado por ela mesma, entregou-o para Étienne, com as mãos trêmulas.

O rapaz recolheu a dádiva e a beijou, despedindo-se da futura noiva.

André ainda aguardava na porta. Quando a moça saiu, ambos caminharam resolutamente, procurando serem discretos. Já não havia mais tanto movimento nas ruas, portanto foi fácil o trajeto. A capa de Darchelle fazia-a parecer uma serva e não uma dama da corte.

Não demorou, entraram na mansão pelo mesmo portão lateral.

André a auxiliou a subir na árvore, de onde ela alcançaria o balcão de seu aposento. Sem qualquer intercorrência, em breve ela se livrava do espesso manto e do vestido, metendo-se novamente nos trajes de dormir e na cama, tomada de empolgação.

André retornou à mansão de Étienne, para avisá-lo. Ele ainda estava na sala, aguardando seu retorno com as notícias. Até então, mal escutara Theodor, questionando quem era a dama que entrara em casa, naquela noite.

Uma vez retirando-se o servidor dos marqueses, o rapaz renano chamou a si o servo particular, com um largo sorriso no rosto.

– Theodor, meu caro Theodor! Ajuda-me! Preciso recolher-me. Vejamos se é possível conciliar o sono, estando com a alma tomada de tanta alegria!

– Senhor, que noite mais estranha! Esclarecei-me, por amor a Deus!

– Ah, Theodor! Estou amando e sendo amado! Eis tudo. Em breve casar-me-ei com a mais linda e corajosa moça de Paris!

– Senhor, mas eu bem vi que acaba de sair daqui uma moça. De quem se trata? É a serva da senhora por quem tanto suspiras?

– Como és atrevido, Theodor! Pois bem, eu explico. Não era uma serva. Tratava-se de *mademoiselle* Darchelle em pessoa, meu amigo. Acreditas que ela saiu de casa em surdina no intuito de vir falar-me, pois soube que eu iria embora de Paris? Acreditas?

– Não creio! Oh, não pode ser! Que loucura me dizes...

– Pois bem! Eu não minto. Não a achas resoluta?

– Mas senhor, será crível que uma moça aja assim? Não é muita loucura?

– Sim! Como é irreverente, minha futura noiva. Haverei de investir meu tempo em acalmar essa alma tempestuosa, não, Theodor? Mas até isso lhe cai bem, eu confesso. Ela me fascina. Jamais vi nenhum de seus predicados em outra moça.

– Temo pelo senhor! Imagine do que é capaz essa moça...

– Mas, Theodor, tu não vês? Ela veio porque me ama! Veio dizer-me isso, temendo que eu a deixasse. Sofria porque imaginou que eu houvesse desistido dela.

– Mas o senhor realmente desistiu. Até escreveu uma missiva para tua mãe e marcou o retorno ao lar paterno...

– Sim! Que tolo covarde eu fui, Theodor! Quase a perdi. Oh, quando penso nisso... Bem, mas o fato é que tudo se resolveu, não é mesmo? Na semana que vem irei pedir a mão de minha donzela! Seremos felizes, meu caro! Seremos muito felizes!

O servo sorriu ao ver a felicidade do amo, que de tempos em tempos levava ao nariz a prenda dada por sua amada. Alegrava-se com ele, mas no fundo inquietava-se com a atitude imprópria e louca de sua futura senhora. Temia pela felicidade de seu senhor. De que mais seria capaz a caprichosa menina?

Mas esquivou-se de falar de suas impressões para Étienne, que era só sorrisos e empolgação. Deixou que o rapaz contasse seus planos de felicidade e escrevesse nova missiva para a mãe, desta vez falando de sua ventura. Deixaria para remetê-la após o dia marcado para o jantar, quando seria oficialmente noivo de sua Darchelle.

7
A CARTA PERFUMADA

> "Aqui, as coisas são consideradas apenas do ponto de vista terreno. O espiritismo no-las faz ver de mais alto, mostrando serem os do Espírito e não os do corpo os verdadeiros laços de afeição; que aqueles laços não se quebram pela separação, nem mesmo pela morte do corpo; que se robustecem na vida espiritual, pela depuração do Espírito, verdade consoladora da qual grande força haurem as criaturas, para suportarem as vicissitudes da vida."
>
> *O evangelho segundo o espiritismo*, capítulo 23, item 6

No dia seguinte à aventura, Darchelle acordou corada e cheia de disposição, alegando que a sopa carinhosamente oferecida pela marquesa a curara do abatimento.

Deliberou ficar com a futura cunhada até o dia em que o irmão estaria liberado dos serviços. Por isso, a caminho de casa, foi até o Louvre para ver Leon, conforme combinado. Estava quase à hora do almoço. Mandou que um servo o avisasse de sua vinda e foi recebida pelo irmão, com um enorme sorriso.

Ao vê-la mais disposta, o rapaz exultou. Fora informado no primeiro momento da intenção de Darchelle de ficar com a cunhada, e aprovou alegremente.

Resolveram por almoçar juntos, depois do que se despediram, carinhosamente. Leon ainda havia que cumprir algumas horas de serviço, antes de voltar para casa.

Darchelle aproveitou para visitar algumas damas de acompanhamento da rainha Elisabeth que eram suas amigas, após o que, decidiu ir para casa.

Saindo do Louvre, um cavalheiro da guarda veio em sua direção. Não foi sem apreensão no coração que reconheceu Ramon, que sorria ao vê-la.

— *Mademoiselle*, que grande satisfação encontrá-la aqui, com saúde — disse-lhe, beijando sua mão.

— Agradecida, senhor.

— Soube que a senhorita estava adoentada e preocupei-me muito... Até solicitei a teu irmão me concedesse a honra de visitá-la.

— Pois sim. Estive doente, mas já estou melhorando. Agradeço tua preocupação.

— Isso muito me alegra! Assim terás disposição para honrar-me com um passeio, quando eu for visitá-la em tua mansão.

— Obrigada, senhor. Bem, se me escusares, preciso voltar ao lar.

— Faço questão de acompanhá-la, senhora, para garantir teu bem-estar e tua segurança.

— Não é preciso. Não desejo afastá-lo de teus deveres no palácio e nem dar-te um trabalho desnecessário.

— Em verdade, hoje já estou dispensado de minhas funções. E não é trabalho algum. Ao contrário. Será uma grande satisfação.

— Pois bem. Porém advirto-te que não poderei recebê-lo em casa, pois meu irmão está em serviço — respondeu a menina evidenciando o constrangimento.

— Sim. Aguardarei a presença dele em teu lar para visitá-la formalmente, se me permitires...

— O senhor é amigo de meu irmão. Portanto, não precisa de minha permissão para visitar minha residência – aditou com entonação firme, compreendendo a intenção de Ramon.

– Oh, senhora, embora o muito apreço que endereço ao teu irmão, desta vez não é a pessoa dele que detém meus interesses...

De faces ruborizadas, sem responder à insinuação, a moça encaminhou-se para a carruagem que a aguardava.

Solicitamente, Ramon a auxiliou-a a subir no veículo, dando-lhe a mão. Depois, montou no fogoso animal que lhe servia de montaria e acompanhou de perto o trajeto, buscando encontrar os olhos de Darchelle pela janelinha que dava vista para a rua. Mas em momento algum a moça ergueu o olhar para o dele.

Ao chegar em frente à mansão, Ramon apeou e auxiliou novamente a menina a descer, após o que beijou-lhe a mão com intensidade, constrangendo-a.

– Senhora, não me respondeste sobre a permissão para visitá-la formalmente...

– Como não? Já respondi que o senhor não precisa de permissão para visitar o meu lar, pois é amigo de meu irmão. Portanto, é bem-vindo. Agora devo entrar para descansar. Passar bem, *monsieur*.

Darchelle virou-se, sentindo o coração bater vigorosamente no peito. Seus olhos encheram-se de lágrimas e suas mãos esfriaram-se.

Ela sentia uma natural antipatia por Ramon, desde que o conhecera. Ele a deixava sem ação, coagida e temerosa. Alguma coisa nele a constrangia muito, mas ela não poderia adivinhar o que seria. Uma mistura de temor e repulsa, mas também uma estranha atração.

Se ele estava no ambiente, ela desgostava profundamente de sua presença. Se ele não estava, via-se curiosa quanto ao seu paradeiro, entre o temor e o constrangimento.

Não conseguia tratá-lo com sua natural irreverência. Apesar da agressividade de seu caráter, parecia temê-lo, e normalmente não conseguia reagir como gostaria, talvez estabelecendo um limite às suas investidas indiscretas.

Cada vez que ele a abordava, ela tinha um natural desejo de se afastar, de se ausentar de sua presença incômoda. A voz, a entonação das palavras, o jeito de andar, as maneiras educadas, que para ela pareciam forçadas, tudo nele a incomodava.

Ramon era um rapaz belo, inteligente e educado, mas em tudo ela via defeitos. Achava-o excessivamente vaidoso, pedante e um pouco exagerado, apesar de admitir que nada tinha contra Ramon, pois apesar de seu jeito notoriamente apaixonado por ela, em nada ele a havia desrespeitado. Somente seu atrevimento no dia do jantar, em que interrompeu uma conversa decisiva com Étienne, depunha contra seu comportamento de cavalheiro.

Quando entrou no lar, decidiu se desvencilhar das impressões ruins que trazia no íntimo e quis pensar apenas no futuro noivo.

Foi recepcionada por madame Lesoncé com o carinho de sempre.

A dama preparou-lhe um banho quente com ervas, regozijando-se por vê-la mais corada, mais disposta e com um lindo sorriso no rosto.

Não demorou para que Darchelle a colocasse a par da perigosa aventura, que contou de olhos brilhantes.

– Oh, santo Deus! Estás louca! Como pudeste te dar a um desatino desses? – disse preocupada, após o relato de Darchelle.

– Sim, eu fiz. E faria de novo mil vezes para poder ver Étienne de perto e sentir o perfume que dele exala. Ah, minha ama, ele é tão perfumado! – Darchelle dizia, enquanto dançava pelo quarto.

– Ora, que loucura! Avia-te! E que descarado esse cavalheiro, isso sim! Aproveitando-se de uma donzela indefesa! Se teu irmão sabe uma coisa destas...

– Oh, ama! Nem penses uma coisa dessas. E não fales dele assim. Pois que ele respeitou-me em todos os momentos, eu garanto. Além do mais, vai pedir minha mão a Leon, em alguns dias. Ele é o cavalheiro mais honrado de Paris!

– Pois bem! É bom que o faça, senão há de acertar contas comigo. Onde já se viu? Pois que assuma compromisso contigo! E tu, minha flor, hás de comportar-te como uma dama até que se noivem, ouviste? Não te darás mais a tais encrencas, pois não?

– Me comportarei, minha ama! Não temas! – disse a menina abraçando-se à ama, sorrindo, fazendo-a rodopiar em uma dança improvisada.

Mais tarde, chegava Leon em casa, após visitar rapidamente a noiva. No dia seguinte, almoçariam todos juntos em Sanctus Clodoaldus, hoje Saint-Cloud. Acontece que a família de Marie-Antonette possuía uma residência de grandes extensões na região, onde recepcionavam hóspedes para torneios, almoços requintados ao ar livre.

Assim foi que tiveram um domingo agradável, onde as duas jovenzinhas, Darchelle e Marie-Antonette davam-se a cochichos pelos cantos, comentando a aventura bem sucedida.

Ao verem-se sozinhas, mais isoladas de tantas pessoas, Marie entregou discretamente um envelope lacrado para a futura cunhada.

– Desde a primeira hora que intento entregar-te este envelope. O Senhor de L. entregou-o a André, pedindo que chegasse até tuas mãos – disse com um sorriso.

– Oh, *mon Dieu*! Oh, Marie! É uma missiva de meu Étienne! Oh, como estou feliz!

– Não a leias aqui, Darchelle! Ele a lacrou. Tu podes chamar atenção e tudo se perde. Lê em casa. Mandarei André em tua residência, amanhã cedo, com a desculpa de levar-te alguns quitutes que eu mesma fiz. Ele receberá de tua mão a resposta para a carta, entregando-a ao teu prometido. O que achas?

– Que és formidável! Tu és maravilhosa! Assim farei! Mas tu não te esqueças de me enviar André logo cedo! Quero responder ao meu noivo!!!

Assim foi que, após todo um dia de expectativa, a menina abriu o envelope perfumado, que abrigava a seguinte carta:

"Minha amada Darchelle! Só a pronúncia do teu nome tem o pendor de enlevar minha alma aos mais doces sonhos de felicidade. Perdoa-me o atrevimento de corresponder-me contigo. Mas é que eu já não suportava mais ficar sem notícias tuas. Eu reafirmo aqui minhas juras de amor e fidelidade e espero que também tu reafirmes para mim tuas intenções de seres eternamente minha. Em breve, querida, serás minha noiva para todo o sempre e seremos felizes com os filhinhos que hão de florescer no jardim de nosso amor. Tenho em minhas mãos o lencinho perfumado que me destes. Só ele para aplacar a imensa falta que me fazes. Amo-

-te! Amo-te! Amo-te! Hoje, um tanto mais que amava ontem. Do teu, Étienne de L."

O papel perfumado, a letra bordada do rapaz, o timbre de seu brasão de família, tudo impressionava Darchelle. Tudo era maravilhoso, perfeito. Sem conter-se, tomou de um papel e procurou escrever com o máximo de capricho possível. Respondeu-lhe as súplicas de amor com outras tantas, protestando de saudades e de ansiedade. Confidenciou-lhe um amor tão poderoso quanto o dele e terminou a carta jurando fidelidade eterna. Suas palavras eram mais intensas, mais trágicas que a do comedido futuro noivo. Eram delineadas pelo seu caráter vigoroso e por seus sentimentos tempestuosos, desenfreados. Por fim, perfumou a carta e lacrou-a, para entregar a André no dia seguinte, em segredo.

Assim se fez um constante correio entre ambos, que jamais foi interrompido. Em breve, expressões mais atrevidas, como 'minha donzela', 'meu terno cavalheiro', 'alma de minha alma', 'perfumada flor de Paris', enchiam as linhas apaixonadas da correspondência de ambos. Cada carta tinha o poder de arrancar suspiros e lágrimas de seus destinatários, que cada vez mais se impressionavam um com o outro.

Aproximava-se o dia tão esperado.

Durante a semana, Ramon deliberou visitar a residência dos de N., com o consentimento de Leon. Porém, sabendo das intenções de Étienne a respeito da irmã e da simpatia claramente manifesta desta por ele, o jovem oficial achou razoável não receber a visita do soldado com a frequência que este gostaria. Esquivou-se discretamente algumas vezes e, quando o recebeu, não forçou a irmã a recepcioná-lo, alegando que ela ainda estava convalescendo do mal-estar que a acometera antes.

Leon estava indeciso se devia ou não convidar Ramon para o jantar. Pensava se não seria melhor que o rapaz tomasse logo ciência do compromisso que certamente se firmaria em seu lar, pessoalmente. Talvez assim, diante do acontecido, ele mesmo deliberasse esquecer o sentimento por Darchelle, dando por encerrada essa história.

Quando aproximava-se o final de semana, antes de se decidir de vez, eis que Ramon aborda o superior, em uma visita que fazia em seu lar.

Darchelle acabava de pedir licença, retirando-se para os aposentos, com o consentimento de Leon.

– Meu caro Leon, gostaria de conversar um assunto bastante sério contigo, agora que tua irmã deixou a sala.

– Pois diga! Estou ouvindo.

– Se acaso não me fiz bastante claro quanto as minhas intenções, gostaria de inteirar-te delas, de forma que nos entendamos quanto ao futuro de *mademoiselle* Darchelle.

– Pois bem.

– Acontece, meu caro amigo, que amo tua irmã com todo meu coração. Queria receber de ti a concessão para cortejá-la e, em muito breve tempo, contratar o noivado – disse o rapaz com visível emoção na voz trêmula.

Encarando-o, por alguns momentos, em silêncio, Leon decidia-se sobre o que dizer como resposta a uma abordagem tão direta. Por fim, falou em tom muito amistoso.

– Meu caro Ramon, tu sabes o apreço que tenho por ti. Em nada me desagradaria conceder o que tu pedes, a não ser pelo fato de que para tal, eu precisaria também do parecer de minha irmã sobre o assunto.

– Pois bem! Creio que seja proveitoso que tu a questiones ainda agora sobre isso.

– Ramon, o que acontece é que existe um outro candidato à mão de minha irmã, que adiantou-se a ti, e que pretende sondar-lhe as intenções em breves dias, em um grande jantar que darei aqui em minha casa.

O rapaz ficou pálido. O sorriso tímido desvaneceu-se de seus lábios, agora crispados e trêmulos.

– Mas quem seria esse cavalheiro?

– Trata-se de *monsieur* Étienne de L., primo de nosso conde de M. Creio que conheças...

– Pois sim! Pois sim! Mas eu soube que esse senhor iria deixar Paris em breve. Me parece que frustrou-se com o desinteresse de tua irmã por ele. Será que deseja insistir? Será possível isso?

Observando o constrangimento do interlocutor, Leon pensou em como poderia ser direto, sem ferir as suscetibilidades do rapaz. Por fim, procurando a entonação mais respeitosa possível, disse-lhe enquanto pegava em seu ombro, amigavelmente:

– Sinto informar-te isso, Ramon, mas o caso é que parece que minha irmã tem uma grande inclinação sentimental por ele também...

Depois de encarar um pouco o superior, o rapaz voltou o rosto para o solo, com o olhar irritado, e sussurrou:

– Isso não é possível...

Caminhou um pouco pelo ambiente, evidenciando sua agitação.

Leon somente o observava, respeitoso.

Por fim, demonstrando a intenção de retirar-se, Ramon foi até seu anfitrião e despediu-se, educadamente.

– Ramon, espero que minhas palavras não o tenham ferido. Sinto muitíssimo por isso. Tenho um apreço muito grande por ti e creio que tu estás ciente disto. Mas não desejo nada além da felicidade de minha irmã. O que ela decidir, eu honrarei com muita alegria.

– Sim, eu entendo – disse o moço secamente.

Após alguns passos de saída, ele voltou-se a Leon e disse em tom calmo:

– Desculpe-me o atrevimento, mas eu poderia comparecer a esse jantar? Gostaria de acompanhar as decisões de *mademoiselle*, se não te importas. Guardo ainda esperanças...

– Oh, meu caro, atrevimento algum! Tu és muito bem-vindo em minha casa. Essas questões são inquietantes, sem dúvidas...

Ramon sorriu e ia se retirar, quando Leon o tocou no braço, dizendo em tom bastante firme:

– Só peço, Ramon, que estejas apto a respeitar as decisões de minha irmã e não a desejar mal, caso ela confirme a preferência por *monsieur* de L. Também sou homem, meu caro, e sei que o amor ferido pode nos devastar. Mas tu és jovem e um excelente homem de armas. Tens futuro. Caso as coisas não se deem conforme desejas, espero que prossigas tua vida com tranquilidade, podendo contar comigo para ajudar-te na ascensão militar, se desejares...

Meneando a cabeça respeitosamente, Ramon saiu em silêncio.

"Sinto muitíssimo por Ramon. É um bom rapaz. Espero que não se exaspere com o que conversamos" – pensou Leon vendo-o sair pela porta.

Mas confiando na juventude do rapaz e em sua disposição para a vida, não se preocupou mais com o assunto. Encontrara-se mais de uma vez com Étienne nos corredores do Louvre ou nos clubes sociais e pelo seu sorriso amplo e boa disposição, certamente ele já estava seguro quanto o amor de Darchelle por ele. Talvez se encontraram na corte e acabaram por trocar algumas impressões, ou mesmo por causa do conde Armando de M., que tinha em casa uma jovem hóspede, amiga de sua esposa do tempo em que estivera em convento, e agora era acompanhante da rainha, e com quem Darchelle passava a ter boas relações. Talvez, em uma dessas visitas, encontraram-se e trocaram olhares e algumas confidências...

Não sabia Leon da aventura, em que a irmã atrevidamente metera-se a procurar o rapaz, indo até a residência do mesmo.

Não sabia Leon, também, da inquietação íntima de Ramon, ao deixar sua residência. Não sabia que o rapaz estava trêmulo e desgostoso ao extremo, quando chegou à rua. E que os pensamentos que lhe acorreram passeavam entre a indignação e o ódio gratuito pelo adversário.

"Meu pai tinha razão. As mulheres desta família são malditas, e colocam a perder qualquer um que delas se aproximem. Mas esta menina não há de me desfeitear, pois custar-lhe-ão infindáveis desgostos e a própria vida! Não admitirei que me troque por um maldito huguenote! É o absurdo da desonra! Ou ela cede aos meus sentimentos, ou terá sobre a família a mão vingadora que prometi a meu pai erguer contra os de N."

Ramon estremecia a cada palavra mentalizada. Mal podia conter o turbilhão de emoção que sentia. Sentimentos dos mais desencontrados e até muito estranhos a ele mesmo estremeciam todo o seu corpo.

Mal sabia o rapaz que uma sombra invisível aos seus olhos humanos seguia-o de perto, abraçando-se a ele a cada pensamento de amargura.

Tratava-se do extinto pai adotivo, que jamais achara sossego após a morte do corpo físico. Acontece que acompanhava as intenções do filho, tomado de desgosto e revolta, pois percebia seu crescente sentimento pela descendente de Leonor.

Mais de uma vez o acompanhou em seus delírios de amor, vociferando aos quatro cantos a sua indignação à ingratidão de Ramon. Também testemunhou as peripécias dos sentimentos de Darchelle por Étienne e revoltou-se.

Por mais fosse conveniente o amor da moça pelo huguenote, pois iria desencadear no rapaz o ódio propiciador de seus intentos, feria-lhe a mágoa que provocavam em Ramon. Fazia-o recordar da dor provocada em seu extinto e amado filho, Luis-Michel, que sucumbiu ante a dor que a desonrosa família o fez sofrer.

Seus sentimentos eram indecisos e confusos. Às vezes era tomado por amor paternal e sentia que se Darchelle amasse seu Ramon, poderia perdoar toda a sua geração por ferir seu rebento, no passado. Mas quando se recordava que nem o decesso fisiológico permitiu que tivesse novamente nos braços o filhinho adorado, esquecia-se da propensão ao perdão, e esganiçava-se em odiosa rebeldia, em atitudes desesperadas e incompreensíveis. Outras vezes tornava-se furioso, percebendo que o filho esquecia-se da promessa feita no leito de morte, indiferente aos seus sentimentos, como se ele fosse apenas um joguete ao seu comando.

Vivia como um verdadeiro dementado, a seguir o filho e os de N. como podia.

Presenciou a ousadia da moça, indo atrás de Étienne escondida de todos, e decidiu que ela não era respeitável ou digna do amor de Ramon, já que este tornara-se sua descendência. Desde então, ocupara-se em segui-la constantemente, quando não estava vigiando os passos do filho adotivo.

Na verdade, Luis-Oliver era uma criatura infeliz. O fora em vida, e continuava a tradição a que se condenara, após a morte.

Gastou seus dias, após o suicídio de Luis-Michel, entre revoltas e desesperações, com o pensamento fixo na ideia da vingança e da desforra. Como não lhe foi possível concretizar os infelizes intentos durante a vida física, levou consigo a auto-obsessão para o pós-vida, tornando-se um réprobo do além.

Sua aparência denotava sua condição íntima. Descuidado de si mesmo, trajava uma de suas roupas habituais, conforme gravara em sua memória, mas estava desfazendo-se em andrajos e sujidades, pois sua mente fixada em monoideísmo não trabalhava em favor de mantê-lo alinhado ou limpo. Sua aparência trazia as marcas de sua doença na terra. O corpo emagrecido, excessivamente pálido, com manchas arroxeadas no rosto e em diversos pontos do corpo, a tosse que o atacava sempre que se descontrolava, terminando em hemoptise.[17] Também a dor nos pulmões e a falta de ar, além do abatimento corporal que chegava a prostrá-lo por dias, em algum canto esquecido da casa.

Sempre faminto e sedento, carregando em si tantos sofrimentos quanto era possível imaginar. Mas rejeitava todo socorro que lhe endereçavam os extintos parentes ou amigos solícitos. Só queria saber de vingar-se e encontrar Luis-Michel, que estava em piores condições que ele mesmo, sem que ele soubesse, no entanto.

Assim permanecia por sua própria vontade mal orientada.

Mas não poderemos dizer que figuras como nosso pobre Luis-Olivier são escassas, mesmo na superfície da Terra, vestindo corpo de carne. Somente podem disfarçar melhor a aparência, já que o corpo físico aceita melhor as interferências externas e resiste um pouco mais às impressões da mente em sua constituição. Muitas vezes escondidos sob vestes limpas e cheirosas, mas não deixam de ser andrajosos dos sentimentos, sofredores até o último grau por conta das inconformações que carregam no peito, ou das ideias fixas que os obsidiam.

E qual de nós, por um descuido, não poderemos cair em tais desorganizações mentais? Qual de nós está suficientemente seguro no terreno das virtudes consolidadas e das dificuldades vencidas, para não precisar gastar as energias mentais na observação vigilante de nós mesmos?

No Evangelho, além da receita eficiente à convalescência dos males íntimos que nos atormentam, está a profilaxia da paz. Suas diretrizes nos mostram que somente o trabalho perseverante no bem e o esforço de autoconhecimento nos vacinam contra tais adoecimentos da alma.

Empenhemo-nos em conhecê-lo e vivenciá-lo, em doses diárias compatíveis com nossa capacidade, e seremos felizes, conforme é possível no ambiente mental em que vivemos.

---

[17] Expectoração de sangue proveniente dos pulmões, traqueia e brônquios. (N.E.)

Esforcemo-nos para empregá-lo nas pequenas coisas de nossa vida, de forma efetiva e insistente, de maneira a nos prepararmos para as grandes aquisições íntimas, pois o Senhor nos ensinou que sendo fiéis no pouco, aprenderemos a nos tornar fieis também no muito.[18]

---

[18] "Quem é fiel no mínimo, também é fiel no muito; quem é injusto no mínimo, também é injusto no muito." – Lucas 16:10.

8
Dois casamentos

> "Se só aos mais dignos fosse concedida a faculdade de comunicar com os Espíritos, quem ousaria pretendê-la? Onde, ao demais, o limite entre a dignidade e a indignidade? A mediunidade é conferida sem distinção, a fim de que os Espíritos possam trazer a luz a todas as camadas, a todas as classes da sociedade, ao pobre como ao rico; aos retos, para os fortificar no bem, aos viciosos para os corrigir. Não são estes últimos os doentes que necessitam de médico? Por que Deus, que não quer a morte do pecador, o privaria do socorro que o pode arrancar ao lameiro? Os bons Espíritos lhe vêm em auxílio e seus conselhos, dados diretamente, são de natureza a impressioná-lo de modo mais vivo, do que se os recebesse indiretamente."
> *O evangelho segundo o espiritismo*, capítulo 24, item 12

Enfim, chegou o esperado dia.

Darchelle acordou cedo, agitada e feliz. Após o desjejum, gastou algumas horas em correrias com os cães pelos jardins da propriedade, até a hora do almoço.

As horas pareciam penosas, lentas. Até que chegou o momento de aprontar-se para receber os convidados. Empolgada, escolheu um lindo vestido de veludo carmim, de corpete bordado com pedrarias e fios dourados. Arrumou os lindos cabelos com um alto penteado que deixava cair seus cachos volumosos sobre os ombros parcialmente à mostra. No pescoço, colocou um camafeu de porcelana herdado da mãe, com uma pequena esfinge talhada no metal com seu rosto.

Estava excitada. Mal podia se aguentar, até que Leon a chamou para acompanhá-lo.

Os primeiros a chegarem foram os futuros sogros de Leon, que foram carinhosamente acomodados. Acompanhando-o, obviamente estava Marie-Antonette, lindamente trajada e ornada, que cumprimentou o noivo com olhos brilhantes.

Logo em seguida, para apreensão de Darchelle, aproximou-se Ramon, esmeradamente trajado e de semblante enigmático. Cumprimentou Leon cordialmente e beijou a mão de Darchelle sem afetação, muito embora a tenha reparado da cabeça aos pés quando a viu.

Não demorou para que chegasse Étienne. Ao ver o alvo de seus devaneios de amor, o rapaz sentiu o coração precipitar-se no peito. Um sorriso largo e indiscreto venceu todas as resistências clamadas pelo bom senso e instalou-se em seu rosto. Seus olhos brilhavam. Ao olhar para Leon e cumprimentá-lo, corou levemente ao recordar-se das missivas que trocara secretamente com a amada.

Estava trêmulo quando tomou da mão da menina, para oscular.

Todos foram conduzidos ao salão das refeições. Étienne foi acomodado ao lado de Darchelle.

Os dois não pararam de trocar olhares e sorrisos, deixando claro a todos quanto às intenções que os unia.

Puderam conversar um pouco durante a refeição e impressionaram negativamente o marquês Jean-Paul que procurava na mente uma forma de abordar o assunto mais tarde com o futuro genro. Para ele, parecia um inconveniente que um huguenote, ainda que nobre e de origem respeitável, se unisse à família compromissada com a sua. Não queria laços com esse tipo de gente – pensava desgostoso.

Leon percebeu os olhares do futuro sogro e previu que alguma conversa desagradável no futuro seria o fruto daquela situação. Mas resolveu não se importar. Via os olhinhos brilhantes da irmã e o sorriso largo em seu rosto, e isso o alegrava enormemente.

Após o jantar, todos foram conduzidos à uma sala adjacente para que provassem licores e ouvissem boa música.

Como não poderia deixar de ser, Jean-Paul se aproximou de Leon, para trocar impressões. O mancebo adiantando-se ao futuro sogro, e procurando desviar a conversa que adivinhava, falou em tom firme:

– Senhor, se me permitires, gostaria de abordar um assunto de muita importância.

– Pois sim! Diga, meu caro.

– Conforme a organização de minha carreira e de alguns assuntos de importância para meu patrimônio de família, gostaria de anunciar que desejo contrair as bodas com tua filha no espaço de um ano, com tua permissão.

Marie-Antonette empalideceu de emoção no mesmo momento. Levou as duas mãos no rosto, tomada por extrema satisfação pela surpresa, e deixou que lágrimas de alegria aljofrassem. A marquesa bondosamente abraçou a filha, compartilhando de sua alegria.

– Com que satisfação eu ouço tua decisão, meu caro. Muito me regozijo com tuas palavras, porém...

A pequena pausa do marquês teve o poder de atrair negativamente a atenção da filha, cuja expressão emocionada e feliz transmutara-se, subitamente, em preocupação e temor. Leon, no entanto, permanecia tranquilo. Não quebrou o pequeno silêncio que se fez, aguardando que seu interlocutor falasse.

– Temo pelas escolhas que possas fazer quanto ao futuro de tua irmã, já que seremos parentes em breve – continuou por fim, o marquês.

Mantendo o semblante impassível, o jovem oficial bebericou o licor com calma e retomou a fala em seguida, com a voz tranquila e baixa:

– Meu estimado amigo, não creio que em alguma coisa as escolhas de minha irmã possam deixá-lo apreensivo. Compreendo ser esse um assunto de interesse particular de minha família.

Novo silêncio imperou entre todos daquele pequeno grupo. Jean-Paul recolheu a fala direta e corajosa do futuro genro e encerrou as intenções de comentários, desgostoso.

Com um sorriso amistoso bailando no rosto, evidenciando simpatia, Leon retomou o primeiro assunto, objetivo:

– O que me dizes, meu caro marquês? Posso anunciar aos meus convidados a minha decisão?

Jean-Paul pigarreou um pouco, em uma atitude muito sua, e depois afirmou, categórico:

– Pois o faça! Já não era sem tempo que marcas a data. Este vem sendo um longo noivado!

Sem incomodar-se com o apontamento, o rapaz chamou a atenção dos convidados, propondo um brinde e anunciando seu casamento em um ano.

Darchelle recebeu a notícia com um iluminado sorriso. Trocou olhares com Marie, que tornara-se novamente desanuviada e feliz, juntamente com a mãe.

Étienne, nesse momento, tomou da mão de sua amada, e disse em um tom melífluo:

– Querida, permite-me ir agora mesmo pedir tua mão a Leon?

Ruborizada, a moça meneou levemente a cabeça, recebendo um beijo na mão.

Foi então que o rapaz renano encaminhou-se para seu anfitrião, chamando-o para um discreto entendimento. Após breves palavras, os dois se abraçaram, sorridentes. Leon chamou a irmã, pedindo que ela se postasse ao seu lado e ao lado de Étienne, e chamou novamente a atenção dos convidados, que o olharam, curiosos:

– Meus caros amigos, esta é uma noite de alegrias, pois tenho uma outra nova para participar-vos. Anuncio oficialmente que *monsieur* Étienne de L. acaba de pedir a mão de minha irmã em casamento. Então, daqui a um ano, para minha suprema felicidade, teremos nesta residência, não um, mas dois casamentos: o meu e o de minha irmã Darchelle! Brindemos meus caros! Brindemos!

Uma salva de palmas soou no ambiente, pelos diversos convidados.

Darchelle chorava de emoção, abraçada à futura cunhada. Depois postou-se ao lado do noivo esquecida de tudo e de todos, trocando olhares apaixonados com o rapaz, que não cabia em si de tanto regozijo.

Apenas em um recanto, o amor e a alegria celebrados pelos futuros cônjuges e os convidados não parecia ressoar. Nele estava de pé Ramon, de olhos injetados. Embora disfarçasse os sentimentos convulsionantes que lhe sacudiam o íntimo com um sorriso e também erguesse a taça participando do brinde proposto, era visível seu desgosto.

Procurou ser discreto, aproveitando o número de convidados que enchiam o salão, e retirou-se sem despedir-se. Saiu às ruas e dispensou a viatura para voltar ao lar. Estava transtornado. Queria andar para apaziguar o íntimo.

Todo ele era indignação e revolta. Embora de lábios silenciosos, em sua mente travava-se uma acalorada discussão, em que expunha argumentos e os contradizia, ficando cada vez mais agitado. Mal sabia o rapaz que as ideias que o assaltavam, como se fossem suas, proviam de outra mentalidade, que com ele caminhava pela rua, vociferando imprecações. Ramon não o via, pois era alguém cujo corpo de carne já não existia mais. Era seu pai adotivo, Luis-Olivier, que presenciara, juntamente com os convidados de Leon, o noivado da linda menina.

Pensamentos de conformação chegavam a se formular na mente de Ramon, como se ele recebesse também a assistência de forças voltadas ao bem e ao perdão. Mas eram repelidas vigorosamente com argumentos preconceituosos e orgulhosos, provindos tanto da mentalidade do rapaz quanto da infeliz entidade espiritual que com ele se conjugava.

Na verdade, a vaidade pessoal de Ramon por si só já dificultava a aceitação de recusas de qualquer espécie, como se fora uma criança mimada e rebelde. Sabia-se observado por outras moças e confiava na própria inteligência, portanto, não lhe era crível que Darchelle preferisse outro a ele mesmo, em sua visão distorcida das coisas. Além disso, era um homem de conceitos extremistas. Julgava que o próprio poder de discernir e compreender as coisas e as pessoas era maior do que realmente era. Por ser inseguro, via jogos mentais e manipulações em tudo. Muitas vezes interpretara as esquivas de Darchelle como algum interesse reprimido ou disfarçado, portanto a concretização daquele noivado foi um duro golpe em suas convicções.

Com tais predisposições, tornava-se uma antena apta a captar pensamentos análogos, e ineficiente para recolher as intenções de auxílio em seu favor, que certamente existiam e eram abundantes. Recolhia as disposições preconceituosas praticamente sem reservas, como se partissem do seu 'bom senso'. Fazia questão de lembrar o que supunha a inferioridade religiosa de seu adversário, esquecendo-se de qualquer qualidade que definia seu caráter.

Ao seu lado, seu pai adotivo. Parecia reviver em Ramon as infelicidades das décadas passadas, onde perdera o maior afeto de sua existência por conta de uma mulher que julgava pérfida. Em Darchelle via uma repetição de Leonor, e para ela deveria se voltar a mão vingadora de seu filho adotivo. Como não tinha a proteção do corpo de carne, o corpo espiritual, muito mais plástico e sujeito às interferências de suas energias mentais, recolhia-lhe as impressões dolorosamente, revivendo as minudências de seu sofrimento anterior de forma ainda mais pungente do que viveu na época. Não havia peias para sua imaginação excitada, que teimava em aumentar negativamente todos os detalhes dos acontecimentos, antevendo maldade e má intenção em todas as ações.

O filho, sem defesas íntimas para suas vibrações desconexas, contorcia-se em ódios.

Uma vez sozinho na rua, Ramon sentiu os pensamentos se confundirem e um delíquio quase o levou ao chão. Assustado com a perspectiva de estar na eminência de uma síncope, procurou alguma taverna, onde houvesse outras pessoas. Andando um pouco cambaleante, chegou a uma casa de diversões noturnas, aproximando-se do balcão de atendimento com a testa suarenta. Pediu uma bebida, no que foi atendido com presteza. O mal-estar ainda o afligia. Não se sentia senhor de seus movimentos.

Deliberou voltar ao lar o quanto antes. Talvez adoecera gravemente. Os pensamentos de preservação da vida, acionados pelo instinto de sobrevivência, vieram em seu socorro e o medo de morrer sobrepôs-se à anterior ideia de extermínio. Deu um passo para a saída do local, mas o corpo não lhe obedeceu mais. Sentindo um choque na região da nuca, cambaleou e caiu, sendo auxiliado por um senhor, em quem acabou esbarrando.

Por sorte, tratava-se de um vizinho, que o conhecia de vista, sempre trajado de seu uniforme da guarda real. Reconhecendo-o, prestou auxílio, solícito. Recolheu o rapaz com ajuda de outros e tomou de uma viatura para o lar deste.

Ramon não perdera totalmente os sentidos. Embora não houvesse abusado dos álcoois naquela noite, como em nenhuma outra, pois era um rapaz comedido, parecia estar totalmente ébrio. Resmungava uma ou outra coisa e tinha o desequilíbrio próprio das libações.

Entendendo que ele havia talvez abusado das bebidas, os amigos oportunos o ajudaram, levando-o até o leito com ajuda de serviçais da casa.

Ramon foi deixado na cama limpa, após ser socorrido com algumas beberagens preparadas por seu criado de quarto, para que se refizesse dos exageros certamente cometidos naquele dia.

O quarto estava em penumbra e o moço aquietara-se um pouco, mas sem conseguir realmente cair no sono reparador, devido as agitações da mente. Resmungava baixinho, com os olhos revirados, entre pequenos estertores.

Formou-se no aposento uma luz, que aos poucos foi ganhando forma de uma dama iluminada.

Ela assentou-se no leito, ao lado de Ramon, afagando-lhe a fronte suarenta com inexprimível carinho.

– Meu filhinho, meu filhinho! Que Deus te ampare. Se soubesses o quanto me custa providenciar um abatimento desse jaez em teu corpo físico... Mas compreenda que foi em socorro de teu lamentável estado emocional, pois já ameaçavas aninhar ideias de suicídio. Rogo ao Pai eterno que o susto te ajude a refletir melhor e atender à necessidade de viver e lutar na Terra. É pena que meu amor de mãe não pôde acompanhar-te no mundo por muito tempo. Quisera eu te socorrer com meu afeto, para não sucumbires às paixões inferiores que insistes cultivar no coração. Certamente encontrarias repouso em minhas palavras e segurança em meu exemplo. Mas cabe-nos sempre confiar na Sabedoria de

Deus, que reconhece as verdadeiras necessidades de todos nós. Não temas, meu querido. Jamais te abandonarei nos caminhos do mundo e aguardo ansiosa para recolher-te em meus braços de mãe. Agora, tu vais descansar e deixar com que o corpo, exausto por tantos embates improfícuos, se refaça e melhore!

Curvando-se para beijar a fronte do filho, a dama deixou que algumas lágrimas escorressem de seus olhos serenos, caindo por fim nos olhos do filho, que na mesma hora parou de tartamudear e aquietou-se, em sono profundo.

Erguendo-se, a senhora caminhou para fora do quarto, iluminando os lugares por onde passava. Aproximou-se de um canto sombrio, onde podiam ser ouvidos gemidos de dor e desespero, muito baixos e rouquenhos.

Luis-Olivier ali havia se recolhido, recostado junto à parede. Não pôde distinguir a venerável entidade que se aproximava calmamente.

O vulto luminescente abaixou-se, olhando-o piedosamente. Com voz tocada de emoção, falou-lhe, acariciando seu rosto descarnado:

– Meu caro Olivier, como poderei mostrar-te a gratidão que me vibra no íntimo por teres estendido a mão caridosa e paternal para meu filhinho órfão? Desejo ajudar-te, para resgatar um pouco da dívida imensa de gratidão que me cabe. Aceita, caro amigo e benfeitor, a mão amiga que te estendo com a mais alta sinceridade e com todo o meu sentimento fraterno...

O pobre infeliz estremeceu, sem ajuizar o motivo. Súbita emotividade se apossou de suas faculdades. Uma espécie de carência materna nasceu em seu íntimo e desejou voltar à infância para recolher-se nos braços da saudosa mãezinha que Deus lhe dera. Ansiava por afagos daquela origem. Estava quase a rogar a Deus um colo maternal onde se pudesse abrigar, quando relembrou o filhinho perdido para as garras da morte. Podia ouvir seus clamores dentro da sua mente. Como se do desconhecido, sua voz sofrida solicitasse dele as reparações para seu imenso infortúnio. Em sua imaginação, surgiram os traços de seu Luis-Michel, desalentado, desesperado, infeliz, a rogar-lhe providências.

De um átimo, Olivier ergueu-se, vencendo o mal-estar e a inicial disposição para se render ao auxílio. Ainda sem divisar a luminosa senhora que dele se aproximara para auxiliar, repeliu-a, instintivamente, afastando-se em correria desenfreada, enquanto gemia:

– Meu Michel, meu filho! Jamais te esquecerei! Aqueles que te feriram pagarão caro por teu sofrimento! Meu pobre filho!

A senhora ergueu-se, vendo-o afastar-se. Grossas lágrimas banharam seu rosto iluminado, sem, no entanto, retirar a calma de seus olhos. Em breve, ouviu atrás de si uma voz suave, que lhe disse:

– Custa-me ver o meu pobre marido neste estado. Quisera eu ele fosse permeável às nossas intenções de auxílio.

A mãe de Ramon virou-se e caminhou até a outra entidade desencarnada, abraçando-a com muito carinho. Tratava-se da mãe de Luis-Michel, esposa de Luis-Olivier, cuja vida findara tão cedo, deixando no mundo pai e filho feridos pela saudade.

Ambas eram similares em luminescência. Traziam o mesmo objetivo de auxílio para Ramon e Olivier, e já há algum tempo acompanhavam-lhes os passos, procurando alguma brecha nas mentes de seus protegidos, para efetivarem o trabalho de amparo.

A genitora de Ramon dirigiu-se à interlocutora com a voz levemente embargada por uma nuvem de tristeza:

– Cara amiga, só nos resta confiar na misericórdia de Deus, orar, trabalhar e esperar. Peçamos ao Senhor dos Mundos que nos fortaleça para os desafios que chegarão. Temo por nossos queridos. São tempos de muitas fragilidades, em todos os setores. Mentes inexperientes e desnorteadas, quais as de Ramon e Olivier, estão encontrando facilmente com quem conjugar em desequilíbrios e sacrilégios...

– Oh, sim! Tu tens razão. Embora estes lúgubres vaticínios nos preocupem, não podemos faltar com o respeito à liberdade de ação daqueles que amamos. Mas prossigamos com paciência. Certamente que Deus não deixa seus filhos à mercê da sorte. O resultado de todas as coisas é sempre o bom aproveitamento das situações para a felicidade das criaturas. Não abandonaremos nossos pobres queridos. E saberemos aguardar a decisão de cada um deles, como Jesus tem aguardado por nós ao longo de tantos séculos. A felicidade que desfrutaremos no futuro, quando estivermos todos unidos nos braços do Pai, compensará cada angústia que nos talha o caráter.

As duas senhoras choravam um sagrado pranto, tocado de esperança. Do peito de ambas agora irradiava-se safirina luz. Abraçadas e com os olhos erguidos às estrelas, entoaram a um só tempo um cântico de louvor que vibrou no ambiente, modificando-lhe as estruturas espirituais. À medida que as suaves notas evolavam pelo ar, desfaziam-se miasmas de desesperação, provindos do sofrimento experimentado pelos dois desorientados, Olivier e Ramon, e o clima psíquico ficava mais claro, ameno e levemente perfumado.

Em toda a construção e até um pouco além, as pessoas que ali estavam registravam de algum modo os benefícios das emanações das duas senhoras.

Após soltarem as últimas notas, olharam-se, carinhosas. Elas agora pertenciam a um só foco de luz violácea, como se formassem uma espécie de pequeno sol.

Desfizeram-se as duas formas lentamente, mas deixaram o registro de suas intenções bondosas impregnado na atmosfera físico-espiritual.

* * *

Na casa de Leon, prosseguiam as comemorações com inalterável alegria.

Em dado momento, o rapaz notou a ausência de Ramon. Procurou-o entre os convidados, mas não o achou, entendendo que o desgosto do amigo de armas havia sido muito grande. Lamentou-se intimamente, mas tentou não se preocupar muito com o fato.

Ramon era jovem e um belo rapaz. Certamente em breve um novo amor atrairia sua atenção, e tudo seria esquecido.

Não era possível ao oficial prever qualquer desdobramento grave para aquela situação. Nem sequer imaginava a intricada rede de circunstâncias que o ligavam a Ramon e ao extinto Olivier, por causa de uma história que ele conhecia tão superficialmente.

Mesmo porque simpatizava com o rapaz. Achava-o um bom moço, inteligente e disposto ao trabalho. Considerava que tinham uma relação amistosa, por isso não se preocupou mais. Procuraria Ramon assim que possível, para desanuviar qualquer impressão infeliz.

Por tudo isso, no plano físico, as pessoas prosseguiam a vida sem imaginar todas as coisas que se passavam, no plano espiritual.

É que os homens encarnados na Terra vivem quase que totalmente distraídos das realidades que os cercam. Muito frequentemente, focam-se exclusivamente nas questiúnculas oriundas das movimentações humanas, esquecidos de que pertencem a um universo de ação muito mais amplo e esplendoroso que aquele em que se confinam atados a um corpo putrescível.

E não pensem os irmãos que o quadro que descrevemos refere-se unicamente aos filhos de Deus desprovidos da oportunidade de um conhecimento mais profundo das realidades espirituais. Oh, não!

Em verdade, é bastante comum observarmos tudo isso em nossos caros amigos de ideal. Infelizmente, muitos daqueles que se irmanam sob o conhecimento da Terceira Revelação perambulam nas estradas da vida física tais como peregrinos desnorteados. Esquecem-se que trazem no bolso, ao alcance das mãos, a bússola precisa para o aproveitamento da viagem, da qual não lançam mão adequadamente.

Todos os dias esbarramos com irmãos que estabelecem belíssimos roteiros de ascensão para os outros, sem usufruir também dos privilégios de um viajante precavido e bem equipado.

Não refletem maduramente sobre a imensa rede de amparo que os protege em todos os passos. Não aproveitam e, às vezes, nem mesmo percebem as inúmeras oportunidades de reajuste e crescimento que lhes chegam às mãos. Relegam para fora o que deviam atentar por dentro. Estabelecem regras que deveriam se esmerar em seguir. Apontam diretrizes de segurança e coerência que deveriam estabelecer por código de conduta própria.

Esquecem-se de que em *O livro dos espíritos*,[19] o codificador Allan Kardec nos afirma que, por meio do Espiritismo, a família humana tem que adentrar um novo patamar de comportamento moral, que é consequência inevitável do conhecimento dos postulados espíritas.

---

[19] Conclusão, item 5.

Ou seja, o conhecimento que adquirimos deve ter graves consequências morais em nossa vida, modificando-nos para melhor, tornando-nos mais propensos ao perdão, à bondade e à honestidade; pacientes e confiantes em Deus; esforçados em cumprir nossos deveres sem desconsiderar o amparo e o respeito que devemos ao nosso próximo; compreensivos sobre a liberdade que cabe aos Filhos de Deus de fazerem o que desejam da própria vida, ainda que não concordemos; indulgentes para com as faltas alheias e severos para com nosso proceder; tardios em julgamentos e apressados para o trabalho de auxílio; profundamente interessados pelo autoconhecimento e pela reforma íntima.

Se isso não acontece, ou seja, se os conhecimentos que adquirimos da Providência Divina, da justiça e bondade de Deus, da imortalidade da alma, da reencarnação, da vida futura não estão impactando severamente em nosso proceder perante as circunstâncias da vida e perante nossos irmãos em humanidade, talhando em nosso caráter os caracteres do Homem de bem; se ainda nos comportamos como se não soubéssemos essas verdades, entregues ao imediatismo e ao desespero, lamentando a cada evento que se opõe às nossas ânsias na vida; então precisamos refletir seriamente sobre onde estamos gastando os talentos que Deus, por misericórdia, nos concedeu, para não incorrermos no erro crasso do companheiro da parábola, que temeroso pela severidade do Pai – que ceifa onde não semeou e ajunta onde não espalhou – enterrou o talento, atuando indebitamente na lei de progressão e multiplicação que rege a evolução[20].

---

[20] Mateus 25:14-30.

9
Os compromissos de Étienne

> "A antipatia instintiva é sempre sinal de natureza má?
> De não simpatizarem um com o outro, não se segue que dois
> Espíritos sejam necessariamente maus. A antipatia, entre eles,
> pode derivar de diversidade no modo de pensar. À proporção,
> porém, que se forem elevando, essa divergência irá desaparecendo
> e a antipatia deixará de existir."
> *O livro dos espíritos*, questão 390

Os dias tornaram-se animados na mansão dos de N. Agora, as visitas constantes de Étienne, na condição de noivo de Darchelle, transformaram o grande salão da família em um palco de eventos artísticos. Por causa do amor à música que unia a todos, as noites eram embaladas por cânticos e composições das mais diversas, entoadas ou pela voz melodiosa de Darchelle, ou pelas vozes aveludadas de Leon e Étienne, que quase sempre empunhavam também os instrumentos.

Depois do jantar aqui mencionado, de volta ao trabalho, Leon tentou aproximar-se de Ramon, de forma que não se enfraquecessem as relações de amizade já estabelecidas. Em nenhum momento foi tratado com desprezo ou desconsideração, mas notava que o soldado se afastava discretamente de seu convívio, e resolveu respeitar.

Sua vida em família e sua vida sentimental eram motivos das mais altas alegrias, portanto, encontrava-se ditoso demais para ocupar-se com as insatisfações de Ramon.

Em casa, via a irmã entregue a mais absoluta felicidade, o que lhe era um motivo de grande contentamento, pois ela era o alvo principal de suas preocupações. Quanto ao novo quase cunhado, sentia que era um homem à altura de seu precioso tesouro. Étienne mostrava em todas as suas manifestações uma nobreza de caráter e uma retidão de proceder que agradavam muito ao oficial do Louvre.

Leon também tinha uma noiva que amava profundamente, e a quem intentava, no fundo de seu caráter leal, fazer venturosa com todos os recursos de sua juventude. Em breve, casar-se-iam e teriam muitos filhinhos, que ele amaria com todas as suas forças.

Não simpatizava muito profundamente com o sogro, homem pragmático, extremista e cheio de preconceitos sociais e religiosos. Mas sua descendência honrada e sua condição de comodidade financeira e social, como comandante da guarda real, eram de molde a colocar freios nas intenções de conversações menos dignas do marquês, que o tratava com uma cordialidade irrepreensível.

Ocupava profissionalmente um cargo de altíssima confiança e gozava de uma respeitabilidade muito grande para um homem de sua idade. Era tratado com consideração e estima pelos soberanos de sua nação.

A vida sorria-lhe em todos os escaninhos.

Portanto, prosseguia descuidado de que alguma coisa pudesse interferir na harmonia que o circundava. Era jovem e era feliz!

Os dias passavam entre os eventos propostos pela realeza, para distrair seu povo insatisfeito, os jantares e os bailes particulares, as cavalgadas, os passeios nos jardins e nas propriedades mais amplas.

Poucos dias depois que receberam do filho a confirmação do noivado, os pais de Étienne enviaram uma missiva informando ao filho que visitariam Paris, para conhecer a futura nora e sua família e passar as comemorações do Natal.

Tal notícia alegrou muito ao casal de noivos. O rapaz renano mandou preparar a mansão adquirida em Paris para receber adequadamente os genitores, fazendo pequenos ajustes e decorações. Preparou-se para realizar um grande jantar, após a família apresentar-se na corte de Carlos IX.

Aguardou-os com grande expectativa e muitas saudades, até que, no final do mês de outubro, eles chegaram com um pequeno séquito, em sua bela casa nos arredores do Louvre.

Foram recebidos com sinceros abraços do carinho filial, entre lágrimas de saudade e alegria.

Cumpriram brevemente todos os protocolos junto à corte, instalando-se em definitivo na mansão do filho.

Intentando agradar os pais que eram empolgados apreciadores das belas artes e da cultura, o rapaz renano estabeleceu uma programação rica em poesia e boa música para a noite escolhida ao faustoso jantar. Contratou menestréis e alguns instrumentistas para pequenos números de entretenimento. Pediu à noiva que executasse o número cantado que ele presenciara em seu baile e que o fascinara. Combinou com Leon o acompanhamento, que fariam juntos. Queria impressionar vivamente a carinhosa mãezinha, que certamente cairia de amores pela linda e talentosa moça que ele elegera para a vida.

Étienne desejava que as duas se dessem muito bem. Em seus delírios, imaginava que Darchelle encontraria nos braços da doce Lisbeth os afagos maternos que não tivera, por conta da orfandade, aplacando a carência que a falta da extinta mãezinha lhe fazia. Idealizava as duas bordando os enxovais e providenciando vestidos e tais coisas femininas, cheias de cumplicidade e harmonia.

Lisbeth via com bons olhos a empolgação do filho. O rapaz, que sempre fora um filho exemplar, mas excessivamente tímido e um pouco retraído em matéria de sentimentos, tornara-se falante, sorridente e intimista. Ele que antes corava a cada menção de assuntos relativos a um futuro casamento, agora procurava os pais a todo momento para confidenciar-lhes as ânsias de seus devaneios de amor, de olhos brilhantes e empolgante esperança. Dava gosto ver que seu caráter austero e disciplinado, fora moderado com uma saudável alegria, que o tornara ainda mais atraente como pessoa. Seus olhos bondosos agora tinham o brilho dos sonhos juvenis.

Por isso seus pais ansiavam por conhecer a moça que tomara seu coração com tamanha intensidade, para recebê-la na condição de filha de sua casa e matriz de seus muitos descendentes.

Na noite aprazada, a casa recebia amigos muito íntimos e parentes mui estimados, que regozijavam com a alegria do anfitrião, pois o tinham em altíssima consideração.

Além dos primos, conde Armando de M. e sua esposa, acompanhados também por seu jovem irmão caçula Raul de M., com quem Étienne estabelecera uma estreita relação de amizade, recebia também alguns outros parentes da parte francesa de sua família, e alguns amigos protestantes, tanto de origem luterana como calvinista, muito intimamente ligados ao senhor de Navarra, o 'Bearnais'.

Antes de os convidados serem encaminhados para a sala de refeições, deleitaram-se com o número artístico de Darchelle, no salão nobre da mansão.

Trajada com um volumoso vestido claro, com a cabeleira ornada de rosas e as joias que pertenceram a sua mãe, a moça cantou com toda a graça de que era possuidora, comovendo a todos com sua voz inigualável.

Mas a uma pessoa impressionava de maneira diferente de todos os outros: a Lisbeth. Ao pousar os olhos na futura nora, a senhora não pôde evitar um estranho estremecimento que tomou suas forças. Empalideceu levemente e sentiu o coração descompassando no peito, mas sua forte impressão não foi notada por ninguém.

O fato é que não atribuía suas injustificáveis apreensões a nada mais que seu instinto materno. Uma antipatia espontânea nasceu simplesmente ao olhar para a jovenzinha, escolhida pelo seu filho para tornar-se esposa e membro da família.

Conteve-se. Não queria desgostar o mancebo, que sempre fora obediente e cumpridor dos deveres filiais. Disfarçaria à custa de qualquer esforço tais sentimentos. Era de boa família. Leon, o irmão e futuro cunhado de seu filho, era também amigo de Armando e principalmente de Raul, que eram parentes que ela estimava muitíssimo. Era preciso repelir tais emoções – pensava consigo.

Por isso mesmo, ao ser apresentada formalmente para a moça, recebeu-a com sorriso e gentileza.

Mas Darchelle também fora tomada de alguma impressão ao conhecer a mãe do noivo. Instintivamente, compreendeu que, ao contrário do que desejava seu noivo, não seria possível uma relação estreita com a futura sogra.

Lisbeth ouvia em seu coração sussurros de angustiosas predições. Não conseguia discernir com precisão do que se tratava, mas entendia que tinham ligações com Darchelle, já que se sentia assim desde que a vira.

Durante o jantar, procurava observar melhor a moça. Pelo irmão, Leon, sentia uma grande simpatia, mas pela noiva de seu filho, curtia severas apreensões. Nem as graciosas maneiras, nem o talento proeminente, nem a inteligência arguta ou a beleza de formas da menina conseguiam desviar-lhe a atenção dos defeitos de caráter que podia adivinhar ali residirem.

Étienne acabou por notar as impressões cultivadas pelas duas mulheres e retraiu-se um pouco. Esperava que o tempo de convivência amenizasse o clima tenso que ele testemunhara.

Decidiu-se a não abordar o assunto diretamente, com nenhuma das duas. Poderia agravar preocupações desnecessárias. Manter-se-ia sereno e confiante.

Não desejando desgostar o filho, a senhora de L. encarregou-se de apressar o marido para voltar para casa assim que possível. Foi assim que, depois das festas natalinas, no início de janeiro de 1572, tomou o caminho de volta ao lar, reafirmando que voltaria no outono para assistir as núpcias de seu filho.

Todas as coisas caminhavam bem até que, no início de fevereiro, Étienne recebeu uma missiva preocupante de seu pai.

O bom senhor participava-lhe de alguns problemas quanto ao patrimônio da família na Baviera, administrados por seus parentes maternos, e que exigiam a presença de um homem da família para a justa resolução. Um de seus parentes pertencentes à nobreza alemã havia adoecido e falecido. Era um tio de sua mãe que não tivera filhos, fazendo da família de Lisbeth seus herdeiros oficiais. Porém havia algumas dúvidas quanto às terras deixadas e os valores monetários, que poderiam envolver outros ramos da mesma extensa família. As finanças estavam em desordem, necessitando de acompanhamento e direcionamento.

Alguns parentes estavam sofrendo dificuldades e privações, por conta da desorganização de documentos e da morosidade das soluções, e pediam ao esposo de Lisbeth, que gozava de altíssima consideração dos parentes da esposa e era conhecido por sua honestidade e sua competência em assuntos práticos, que os auxiliasse no difícil transe, já que sua família era a principal beneficiária do falecido.

Mas o pai de Étienne chegou ao lar após a viagem para Paris adoentado dos ossos, sendo necessário repouso prolongado, segundo os prognósticos médicos. Por isso, ele pedia ao único filho que se apresentasse para solucionar as questões, pois era tão competente quanto ao pai em tais atividades.

Era necessário visitar propriedades, estabelecer entendimentos com os outros ramos da família que estavam envolvidos para que nenhuma injustiça fosse perpetrada, reunir documentos, analisá-los e finalizar providências em cartórios e junto à nobreza alemã.

Não se ausentaria mais do que alguns meses da capital parisiense. Seguramente estaria de volta a tempo de todas as providências relativas ao casamento, que se daria em outubro.

Seu pai dizia confiar em sua capacidade conciliatória e em seu discernimento. Além do mais, ele era muito bem quisto por seus parentes alemães, que certamente aceitariam sua interferência com boa fé.

Étienne não poderia se furtar ao cumprimento do dever, ainda mais quando se tratava do bem-estar de parentes que sempre lhe foram tão carinhosos e prestativos, na infância e na juventude. Por esse motivo, ainda com a carta na mão, deliberou partir o mais breve possível para resolver o assunto, quando surgiu-lhe uma ideia alvissareira: pediria a

Leon para adiantar suas bodas com Darchelle e a levaria com ele como sua esposa. A possibilidade de se afastar de sua amada, embora por tão pouco tempo, o afligia.

Nesse caso, adiaria por mais um ou dois meses a saída de Paris e poderia ir para a Alemanha sem preocupar-se com o tempo que deveria ficar para solucionar os embargos. Escreveria para os parentes e explicaria tudo, de forma que ficassem confiantes em seu interesse de ajudar com todas as suas possibilidades.

Com essa disposição, o rapaz procurou Leon poucas horas depois de receber a carta, para uma conversa séria. Reuniram-se no gabinete particular do oficial, para terem a privacidade necessária.

Após algumas cordialidades, o moço renano abordou o assunto de forma direta, como era de seu costume:

– Meu amigo, preciso pedir-te que me conceda adiantar as núpcias com tua irmã. Devo partir de Paris para resolver questões de família na Alemanha. Recebi uma carta de meu pai, chamando-me ao justo dever filial. Mas eu gostaria de levar comigo tua irmã, na qualidade de minha esposa. Se consentires, adio um pouco minha partida para resolvermos todas as providências com relação ao casamento.

– Mas, Étienne, por que queres adiantar as bodas? Tu crês que não voltará em tempo da data marcada para nossos casamentos? – perguntou Leon, intrigado.

– Não, na verdade – respondeu o rapaz hesitante. – Creio que termino meu roteiro de trabalho em alguns meses...

– Então não posso entendê-lo. Temos a data marcada em compromisso social. Adiantar o casamento poderá suscitar comentários infelizes sobre a honra de minha irmã nesta corte desocupada. Ademais, eu gostaria de ter a honra de casar-me no mesmo dia que minha adorada Darchelle e tu, a quem estimo.

– Não me entendas mal, Leon. Não desejo excitar as mentalidades dos ociosos de Paris com assuntos sobre a honra de tua irmã. Também não é de minha intenção desfeitear o ensejo de festejarmos juntos nossas alegrias. É que custa-me apartar de minha noiva, ainda que seja por alguns meses...

Leon sorriu ante a confissão desajeitada do quase cunhado e bateu-lhe fraternalmente nas costas.

– Ah, meu caro! São só alguns meses, não te precipites. Se paciente. Além do mais, pensa também em mim. Nunca me separei de minha irmã, desde que retornei de minhas últimas viagens de estudo, ainda um rapazote. Crês que eu suportaria que tu a levasses para tão longe, por tanto tempo? Eu ainda pretendo conversar contigo sobre onde desejas morar após as bodas, pois só a perspectiva de saíres de Paris levando minha irmã, me inquieta...

Étienne sorriu, entre encabulado e decepcionado. Esquivou-se de comentar que era mesmo sua intenção retornar à vida simples da casa de seus antepassados, acompanhado de sua esposa, pois não apreciava as agitações da vida parisiense.

Concordou com Leon, acalmando as próprias ansiedades.

Pediu permissão para caminhar um pouco com Darchelle nos jardins da propriedade, pois desejava se despedir dela. Se o casamento não iria ser adiantado, preferia partir o quanto antes.

Com a permissão de Leon, aguardou a noiva para descerem até os extensos jardins da mansão, aproveitando a estia de alguns dias.

Enquanto caminhavam, já angustiado por adiantada saudade, Étienne tomou da mão de Darchelle e beijou-a várias vezes, evidenciando sua emotividade.

Preocupada, a moça acariciou a cabeleira do noivo, que estava descoberta, perguntando-lhe, carinhosa:

– Meu querido, eu adivinho preocupações em teus olhos. O que houve?

– Darchelle, partirei de Paris para uma viagem que deve durar alguns meses, para resolver assuntos de família. Meus deveres de filho se impõem e não posso declinar de atender à necessidade do momento...

Porque a moça prostrou-se imediatamente de olhos nublados, o rapaz parou de caminhar e colocou-se de frente para ela, olhando-a nos olhos.

– Te agastas comigo, mesmo eu dizendo de meu desgosto em deixar-te? Pois saibas que vim aqui hoje para pedir ao teu irmão que adiantasse nossas bodas, para eu poder levá-la comigo, como minha esposa.

Encarando-o com olhos brilhantes, Darchelle depreendeu de seu olhar triste que Leon não havia concedido o adiantamento pleiteado. Por isso deixou que as lágrimas escorressem em seu rosto alvo.

– Mas não conseguiste o que vieste pleitear...

– Não, querida. Leon me deu justos motivos para tal decisão. Não chores! Já me custa tanto separar-me de ti, ainda que seja por poucos meses...

– Não quero ficar longe de ti... Não posso suportar isso...

Étienne a abraçou, sem reservas. Vê-la chorando abafou seus escrúpulos de cavalheiro e ele a apertou contra o peito, beijando inúmeras vezes sua cabeleira castanha. Procurando desanuviar a tristeza que também o tomava, afastou-a de si com um sorriso:

– Ouça, não pensemos apenas na separação, que é temporária. Não chores! Tu deves confiar em teu cavalheiro. Tu não confias em mim?

– Sim, sempre!

– Pois bem! Não podemos gastar o tempo que temos para nos despedirmos com lágrimas! Em breve estaremos casados e nada mais nos apartará. Tal perspectiva não é suficiente para fazer nascer um sorriso neste teu rosto lindo? Ou acaso tu não estás ansiosa por nosso casamento?

– Oh, sim! Sim!

– Sorria, então! Vamos, não chores mais! Sorria para teu noivo, porque quero levar a lembrança de teu sorriso comigo, minha querida. Quero decorar cada minúcia de tuas feições, para suscitá-las de minha memória quando me sentir esmorecendo de saudades.

Darchelle sorriu, enxugando os olhos.

Curvando-se a ela com muita delicadeza, Étienne a beijou demoradamente. Sem saber decifrar a razão, sentiu um estranho pressentimento tomando-lhe os pensamentos. Pareceu-lhe que sua felicidade com Darchelle estava ameaçada por algum ajuste inarredável do destino. Uma dor pungente no peito fê-lo curvar-se um pouco de olhos fechados, encostando a cabeça no ombro da noiva.

– O que foi, meu querido? Te sentes mal?

– Oh, não! Apenas abatido pela falta que sentirei de ti.

– Estás um pouco pálido.

Arrumando a postura e esboçando um sorriso largo, Étienne procurou afugentar o estranho sentimento, vencendo-o a custo.

– Não é nada, minha querida. Só as emoções do dia. Agora me ouça: assim que eu tiver um endereço regular, vou enviar-te, para nos correspondermos. Pedirei, desde já, permissão a Leon para estabelecer correio contigo e sei que ele não me negará. Tu deves me prometer que não vais descuidar de continuar o que inauguramos naquele primeiro bilhete que trocamos, tu te lembras? Eu aguardarei tuas cartas como um sedento que anseia um pouco de água para conservar a própria vida. A distância não será capaz de nos desanimar, pois estaremos juntos toda vez que lermos as missivas um do outro.

Darchelle corou e baixou a fronte. Envergonhou-se um pouco quando o noivo mencionou a aventura que deu início às cartas que ainda trocavam, mesmo se vendo regularmente.

Étienne tocou seu rosto, levantando-o para si, aguardando sua resposta.

– Eu prometo. Escrever-te-ei sempre e aguardarei tuas cartas, ansiosa. Mas tu deves me prometer que serás fiel ao meu amor e serás cuidadoso de ti mesmo. Evitarás os perigos das estradas e voltarás o mais breve que conseguires!

– Tens a minha palavra de honra, meu amor! Vou me esmerar em resolver tudo o quanto antes, para voltar correndo para teus braços!

O moço abraçou-a novamente, beijando-lhe o rosto algumas vezes. Porque já haviam se excedido no tempo e no comportamento, tomaram o caminho para o interior da mansão.

Parando no limiar da escadaria da construção, Étienne tomou novamente a mão da noiva e beijou-a, evidenciando dor nos olhos claros. Darchelle tirou do pescoço o camafeu com o retrato talhado de sua mãe e entregou-o ao noivo. O rapaz pegou o pequeno entalhe nas mãos para repará-lo, reconhecendo as feições da amada. Emocionou-se.

– Como estás linda!

– Não é meu retrato, querido. É o retrato de minha mãe, quando tinha mais ou menos minha idade. É que somos muito parecidas. Mas para ti, serei eu. Tu o olharás e pensarás em mim. Me levarás contigo, bem junto a ti.

Étienne não pôde responder. Apenas pegou o pequeno entalhe e beijou-o, deixando escapar uma lágrima. Colocou-o ao pescoço e escondeu-o por baixo da gola e novamente tomou a mão da noiva, para deixá-la junto à porta de entrada.

Lá chegando, beijou-a novamente e virou-se para ir embora. Desceu alguns degraus e parou. Voltou a olhar para a menina, retirando do bolso o lencinho bordado, que sempre trazia consigo. Levou-o aos lábios para mostrá-lo à amada e o guardou novamente nas dobras da veste. Acabou de descer as escadas e tomou da montaria. Recebeu os beijos lançados no ar que lhe foram endereçados por Darchelle.

Instigou o animal e saiu pelo portão, a trote rápido.

Mesmo quando seu vulto não podia mais ser divisado, Darchelle não saiu da porta da casa. Ali permaneceu por mais algum tempo, até que a boa ama veio ter com ela. Encontrou-a em silêncio, olhando para a direção por onde sumira Étienne, com abundantes lágrimas no rosto.

– O que houve, minha filha? Por que choras assim?

Sem conseguir se explicar, a mocinha abraçou madame Lesoncé, deitando a cabeça em seu ombro, em pranto convulsivo.

Com muito carinho foi conduzida aos aposentos particulares, pois a senhora lhe prepararia um banho quente e lhe ofereceria um chá, para acalmá-la.

Mas ela só sabia chorar.

Leon veio vê-la, mas encontrou-a arredia, culpando-o por não permitir que se adiantassem as bodas, para ela poder partir com seu Étienne.

Em vão o rapaz demonstrou à irmã a sobriedade de seus argumentos. Ela não contra-argumentava. Apenas esquivava-se dele, entre silêncio e lágrimas.

Sem saber o que fazer, Leon a abraçou mesmo a contragosto dela e assim permaneceu, até que ela cedesse aos seus carinhos e também o abraçasse, buscando alento e proteção.

* * *

POR ONDE ANDARIA Ramon? Acaso mudara as disposições íntimas e rendera-se à ideia de perdoar e prosseguir?

Infelizmente, não! Seus sentimentos inferiores não arrefeceram, apesar do passar do tempo. Continuava com o mesmo propósito: ou Darchelle lhe pertenceria, ou iria sofrer as consequências de recusá-lo.

Com as agitações em Paris, Ramon coligara-se sutilmente às lideranças católicas, principalmente as mais extremistas. Seu ódio pelos huguenotes tornara-se intenso, porém era disfarçado por suas maneiras educadas.

Jamais se conformara com o noivado de Darchelle e, no fundo, ressentia-se profundamente de Leon pela escolha infeliz do noivo da irmã.

Só pensava em reagir a tudo, mas afastara-se o suficiente para pensar maduramente no assunto. Apesar de sua natureza impulsiva, Ramon tinha seu lado metódico, que elegera para conselheiro nesse assunto.

Por isso buscava relações sociais que demonstrassem extremismos religiosos análogos aos que lhe vibravam no íntimo, preferindo aquelas que lhe pudessem oferecer vantagens a médio e longo prazo.

Sua inteligência era vibrante, portanto, não lhe era difícil atrair atenção e consideração entre os apreciadores do intelecto, inclusive entre homens mais velhos que ele, respeitáveis nos ambientes da nobreza.

O tempo acabou por fazer seu trabalho de acalmar os nervos e os ânimos, quando decidiu que deveria abafar os próprios sentimentos e ser sutil, de modo a conseguir o que desejava à custa da astúcia e da manipulação das circunstâncias.

Ainda estava indeciso quanto às estratégias que usaria, pensando inclusive em reaproximar-se de Leon, que continuava muito amistoso para com ele. Seria necessário aproximar-se de sua presa para pensar na melhor maneira de ganhá-la.

Estava com estes pensamentos, quando soube que Étienne deixara Paris e não voltaria antes de alguns meses. Entendeu que isso era uma providência do próprio destino em seu benefício. Como se as forças cósmicas houvesse coadjuvado em seu favor, promovendo medidas que facilitavam seus intentos.

Dentro das ilusões que criara, com a superexcitação de suas capacidades mentais pela ideia fixa cultivada deliberadamente, Ramon não raciocinava que tal conceito era incompatível com os atributos de um Deus bom e Justo que sustenta todo o universo. Sua viciação mental fazia-o julgar-se uma espécie de privilegiado, a quem o Senhor dos Mundos deveria servir, e não ao contrário.

Portanto, via as coisas não pela ótica da realidade e da lógica, mas pela ótica da conveniência, que a tudo transformava em eventos sobrenaturais, de forma que a si coubesse a menor parcela da responsabilidade por seus atos.

Aproximou-se aos poucos de Leon, sutilmente ganhando terreno para conversações mais longas.

Em uma tarde de serviços, depois da inspeção da guarda real, os dois moços encaminhavam-se juntos pelos corredores do Louvre, quando Ramon decidiu abordar o assunto com seu superior de serviços:

– Preciso falar-te, senhor! Se me permitires, gostaria de alguns minutos de teu tempo.

Encaminhando-se para um gabinete mais isolado, o oficial chamou o colega de armas, pensando que se tratava de assunto de serviços. Assentou-se em uma poltrona, atrás de uma larga mesa, apontando a cadeira em frente para Ramon, pedindo que este se assentasse.

– Diga, soldado! O que desejas? – disse em tom afável.

– Senhor, há tempos desejo falar-te. Desde o dia do noivado de tua irmã que não venho comportando-me adequadamente contigo. Éramos amigos, mas a mágoa de perdê-la fez com que eu me afastasse do teu convívio, que tanto prezo. Como homem, a mim muito me custa ser trocado por outro, quando tua irmã era alvo de todas as minhas esperanças de ventura. Eu estive tomado de inconformação e dor, por isso afastei-me. Mas agora que o tempo passou, quero pedir teu perdão pelo meu comportamento, e garantir-te que hoje me encontro plenamente refeito destes pesares que me atormentavam. Na verdade, tenho me sentido novamente apaixonado por certa dama da corte, que tem chamado minha atenção.

Leon ficou espantado. Não esperava tal confissão de seu antigo amigo. Desde o jantar de noivado que Ramon reduziu a intimidade para com ele, de forma que somente trocavam impressões sobre o trabalho, embora sempre em clima afável.

Antes de responder, deixou-se pensar um pouco de cenho levemente baixo, estabelecendo uma razoável pausa silenciosa à conversa. Depois, ergueu a fronte e abriu seu sempre espontâneo sorriso.

– Gozo muito em saber que já superaste o impacto de tudo o que houve, meu caro Ramon. Sim, como homem eu te compreendo perfeitamente e devo declarar que sinto muitíssimo pelos desgostos que sofreste. Tu sabes que te endereço grande consideração. Em nada me sinto ofendido contigo, portanto, não tens o que retratar comigo.

Leon ergueu-se e apertou a mão do rapaz, que correspondeu com muita simpatia.

– Tenho gosto em saber que já elegeste um novo alvo para teus afetos. Faço questão que me digas quem é a felizarda moça, para que eu possa intervir de forma positiva para que consigas teus intentos.

Fingindo envergonhar-se com o assunto, Ramon sorriu, baixando a cabeça.

– Ainda é cedo, meu senhor! Vejamos isso um pouco para o futuro.

– Jamais deves deixar uma dama aguardando, meu amigo. Os outros rapazes podem apressar-se e adiantar-se a ti! Pois bem! Quando desejares, estou à tua disposição. Não te esqueças disso. Agora, para que tudo fique em ordem, desejo convidar-te para jantar em casa um dia destes. Vou preparar-me e aviso-te. E considerarei enorme desfeita se tu declinares ao convite...

– Oh, não, senhor! Podes marcar e eu comparecerei com muito prazer. Espero não desagradar tua irmã com minha presença.

– Não te preocupes com isso, Ramon. Desde que noivou, minha irmã é só alegria e afabilidade. O amor nos torna mais agradáveis e condescendentes, meu amigo. Darchelle nunca esteve tão dócil e gentil para com todos. Se eu soubesse disso antes, a tinha casado ainda criança! – disse o rapaz rindo-se.

A observação de Leon desagradou ao soldado, que sentiu uma pontada de ciúmes. A custo, retraiu qualquer manifestação que indicasse seu incômodo e sorriu também.

Quando percebeu que o entendimento findara-se, Leon se dirigiu ao interlocutor com uma certa firmeza, mas sem deixar faltar o tom amistoso de antes:

– Ramon, quando tiveres assuntos assim pessoais para tratar, peço procurar-me quando eu não estiver de serviço, pois não é aconselhável que cuidemos dessas questões nas dependências do palácio.

– Peço perdão, senhor. É que eu temia não me receberes...

– Oh, quanta bobagem! Não penses mais assim.

O soldado meneou a cabeça, respeitosamente. Pediu licença ao oficial, de maneira protocolar, e retirou-se, voltando às suas funções.

Leon ficou pensativo por um tempo, deixando-se ficar mais um pouco no gabinete. Apreciava a atitude de Ramon, mas alguma coisa lhe desagradava em tudo aquilo. Não conseguiu definir o que seria. Parecia tudo certo, aos seus olhos. Os sentimentos de seu colega de armas eram perfeitamente compreensíveis. Suas atitudes não foram desrespeitosas. Apenas precisava de algum espaço para digerir tudo aquilo.

Então, por que ficava tão preocupado? Seria o fato de que Ramon resolvera se aproximar novamente, justamente quando Étienne deixara Paris em uma viagem um pouco longa? Haveria aí intenções escusas?

Não! Certamente que não! Estava sendo excessivamente maldoso, isso sim.

Ramon era um bom rapaz. Além do que, era muito jovem, promissor e garboso. Certamente que o tempo o auxiliaria a esquecer Darchelle.

Leon repeliu o pressentimento que sentiu e procurou desanuviar-se com o trabalho. Tudo estava bem!

10
A AMIZADE DE RAMON

> "Não menos certo é que todas essas misérias resultam das nossas infrações às leis de Deus e que, se as observássemos pontualmente, seríamos inteiramente ditosos. Se não ultrapassássemos o limite do necessário, na satisfação das nossas necessidades, não apanharíamos as enfermidades que resultam dos excessos, nem experimentaríamos as vicissitudes que as doenças acarretam. Se puséssemos freio à nossa ambição, não teríamos de temer a ruína; se não quiséssemos subir mais alto do que podemos, não teríamos de recear a queda; se fôssemos humildes, não sofreríamos as decepções do orgulho abatido; se praticássemos a lei de caridade, não seríamos maldizentes, nem invejosos, nem ciosos, e evitaríamos as disputas e dissensões; se mal a ninguém fizéssemos, não houvéramos de temer as vinganças, etc."
> *O evangelho segundo o espiritismo*, capítulo 27, item 12

EM ABRIL DE 1572, o rei anunciou o noivado de sua irmã Marguerite de Valois com Henrique de Navarra, agitando opiniões políticas e religiosas.

Muitos acreditavam que a união iria consolidar o tratado assinado em Saint-Germain-en-Laye, em 1570. Outros afirmavam categoricamente que tal ousadia do rei iria acabar em derramamento de sangue e tragédia.

Em Paris e em outras comunas, alguns sacerdotes inflamavam-se em discursos infelizes, incitando a violência popular contra os huguenotes.

Alheia aos eventos políticos, encontramos Darchelle em seus aposentos, assentada em sua cama, com uma caixa de madeira talhada e adornada de pequenos brilhantes ao colo. Em suas mãos, uma carta caprichosamente escrita em papel primoroso, com letra bem feita e bordada. Era a última missiva de Étienne.

O rapaz comentava brevemente de seus trabalhos na Alemanha, mas gastava a maior parte das laudas com os protestos de saudade e as juras de amor. Prometia à amada que a levaria para conhecer a aprazível propriedade de seus simpáticos primos, não longe da própria Residenz, em Munique.

O castelo ficava às margens de um pequeno lago, rodeada por bosques e lindos vilarejos.

Étienne descrevia a bondade e a generosidade de seus parentes maternos, que faziam questão que ele descrevesse na carta a ansiedade que sentiam de conhecê-la pessoalmente. Portanto, havia votos de saúde e felicidade nominalmente descritos por algumas linhas do extenso documento.

Darchelle levou ao nariz o papel perfumado e sorriu, com a imaginação excitada pela descrição detalhada que o noivo fazia de um lugar que lhe parecia encantador. Podia imaginar-se cavalgando ao seu lado em lindos campos salpicados de flores.

Uma lágrima brotou de seus olhos. No fundo, Darchelle agitava-se a todo instante, de saudade e insegurança. Somente as cartas religiosamente escritas lhe aplacavam as apreensões. Ela sentia-se insegura e temia que o noivo jamais voltasse para desposá-la. Ele poderia conhecer alguma prima muito bela, como eram tantas moças alemãs que ela conhecia, e apaixonar-se.

Mas mantinha-se discreta quanto às suas preocupações e angústias. Somente à ama confessava-se, às vezes em desesperadas lágrimas.

O noivo parecia adivinhar suas inseguranças. Muitas vezes mandava-lhe prendas e cartas particularmente carinhosas, onde jurava sua fidelidade e seu amor. Testemunhava por meio de palavras a devastadora saudade que o oprimia e acabava, por fim, acalmando o coração agitado de Darchelle por alguns dias.

Erguendo-se, abraçando a carta como se abraçasse o noivo, ela dirigiu-se à escrivaninha, tomou de um papel com seu timbre e escreveu a resposta. Não se demorou, pois as ideias fluíam de maneira quase descontrolada tamanha a expectativa de se fazer compreendida pelo destinatário.

Terminou a carta, conferindo a caligrafia e perfumando-a. Dobrou-a em envelope e selou-a. Colocou-a em uma bolsa de couro adequada para a grande viagem e chamou um criado, entregando-lhe para ser despachada. Ergueu-se novamente da cadeira, levando ainda consigo a carta do noivo e voltou ao leito, para pegar a caixa ornamentada que lá deixara. Abriu-a e guardou em seu interior o documento recebido, entre outras tantas que lá já estavam.

Sua ama chegou ao aposento, dizendo:

– Teu irmão chama-te, minha querida. Já deves descer.

Sorrindo, ela guardou o pequeno baú e encaminhou-se para a entrada da casa. Lá estavam Leon e Ramon, aguardando-a.

O visitante, como de costume, beijou sua mão, cumprimentando-a, de olhos alegres. Darchelle correspondeu amistosa.

Havia algum tempo que Ramon voltou a frequentar o lar dos de N. No começo, a moça ficara apreensiva e desconfiada, mas o rapaz mostrava-se modificado. Aparentava-se mais agradável. Não se ocupava tanto com o esforço de exibir-se quando estava com ela. Já não falava tanto de suas qualidades de homem, ou de sua destreza nas armas, ou de sua inteligência privilegiada. Tornara-se mais comedido e discreto, sem os exageros que ela tanto repudiava em sua personalidade.

Dirigia-se a ela com respeito e gentileza, como alguém muito disposto a tornar-se um bom amigo.

Como Darchelle amargava a falta de seu noivo, sentindo-se muito sozinha, agradavam-lhe as gentilezas de Ramon. No fundo, adivinhava que o rapaz ainda possuía sentimentos para com ela, apesar de Leon dizer que ele estava enamorado de outra moça da corte. Mas o fato é que ninguém sabia quem seria tal donzela. E Ramon jamais a apontava para ninguém.

Aquela atenção comedida acabou por distraí-la das dores da separação temporária de seu noivo. Aprendeu a apreciar a inteligência do moço e com ele permitia-se passear pelos jardins, ou deixava-o acompanhá-la nos bailes da corte e em eventos sociais, quando Leon estava impossibilitado pelo serviço.

Ramon via isso como um indício de que, na verdade, ela poderia preterir o noivo a ele. Pensava que se Étienne se demorasse mais, Darchelle se renderia aos seus caprichos.

Às vezes as expansividades dela enchiam-no de fortes impressões. Pareciam sinais claros de uma preferência sentimental crescente. É que ela percebia o efeito de suas menores atitudes para com seu admirador e envaidecia-se disso, levianamente tratando tudo como um divertido jogo.

Só não sabia que, para Ramon, tudo era levado muito a sério. Mesmo que ela jamais tivesse tido qualquer atitude menos digna para uma donzela compromissada, mesmo que em suas manifestações fosse possível se distinguir mais infantilidades que propriamente jogos de sedução, o soldado compreendia que ela, aos poucos, estava dividida e era possível fazê-la romper seu noivado.

Naquele dia Darchelle estava um pouco triste. A saudade do noivo vibrava em seu ser e a oprimia. Por isso, não estava muito expansiva.

Todos entraram na carruagem para dirigirem-se para Saint-Cloud para almoçarem, juntamente com alguns amigos e a família de Marie-Antonette.

Durante o dia, Ramon esforçou-se por fazer a amiga sorrir, esmerando-se em gracejar e ser agradável. Mas não logrou grandes resultados.

Darchelle alegrou-se apenas quando Marie a convidou para brincarem com o grande cão da propriedade, em correria pelo extenso quintal.

Como era primavera, tudo era aprazível. Seguidas pelo companheiro canino, as duas moças colhiam morangos nos canteiros, para degustá-los, ou faziam lindas guirlandas com as flores silvestres para enfeitar seus cabelos, ou se divertiam no balanço que pendia de uma velha e robusta tília.

Em um certo momento, Marie-Antonette perguntou à futura cunhada se tinha notícias do noivo.

– Oh, sim. Recebi mais uma carta dele hoje cedo. E já até respondi.

– E quais são as novidades?

– Ele ainda vai se demorar um pouco, pois tem muitas providências a tomar. Disse que depois que nos casarmos, me levará para conhecer seus parentes e o lindo lugar onde moram.

– E por que estás entristecida, então? Devias estar feliz com essa agradável perspectiva.

– Não sei dizer, Marie. Sinto muitíssimo a falta de Étienne. Sinto-me esmorecer...

– Será isto, ou acaso estás dividida entre o amor por teu noivo e as atenções do senhor Ramon?

Darchelle encarou a amiga de olhos arregalados. Seus olhos evidenciavam desgosto ante a pergunta maliciosa.

– Não podes estar insinuando tal coisa...

– Não me entendas mal. Não estou insinuando nada a teu respeito. Estou gracejando porque está muito claro que o senhor Ramon está profundamente inclinado para ti, novamente...

– Mas não me interesso por ele, Marie. Amo meu noivo com todas as minhas forças. Não há comparação entre os dois.

– Eu sei, minha querida. Mas o fato é que teu amigo está começando a ficar indiscreto quanto aos próprios sentimentos, não achas? Durante o almoço, ele não tirava os olhos de ti e posso assegurar que Leon percebeu e não gostou. Creio que ele vai abordar o assunto contigo.

– Mas, o que Leon falaria comigo a esse respeito?

– Talvez para pedir-te cautela. Imaginas se alguma notícia desse jaez chega aos ouvidos de teu noivo de forma maliciosa?

O coração de Darchelle acelerou-se. De repente, o medo de perder seu noivo apoderou-se dela de tal forma que se rendeu ao pranto. Ela reconhecia, no fundo, que vez por outra incentivara Ramon acreditar em sua simpatia particular, o que não era verdade. Ao examinar-se, sabia que não havia praticado nenhum ato indecoroso contra a honra de seu noivo, mas e se alguém, por um motivo qualquer, se decidisse a imiscuir-se em sua ventura?

– Por que choras, Darchelle? Oh, Deus! Não queria desgostar-te...

– Tenho tanto medo de perdê-lo, Marie! Sempre me parece que o perderei a qualquer momento. Agora fico pensando: e se ele recebe alguma notícia maliciosa e decide-se a abandonar-me. Oh, Marie, eu morro se ele me deixar...

– Mas, que é isso, minha amiga? O amor de *monsieur* de L. por ti é notório. Ele jamais a deixará! Tu interpretaste mal minhas palavras. Queria apenas preveni-la contra qualquer aborrecimento. Ninguém tem nada a dizer do teu comportamento. Mesmo porque, tu tens Leon. Achas mesmo que ele permitiria que uma coisa assim aconteça? E mesmo que aconteça, por ti, ele iria atrás do senhor Étienne, para explicar qualquer mal-entendido.

Darchelle tentou se acalmar um pouco, mas sua mente estava tomada de tristes premunições. Alguma coisa segredava-lhe aborrecimentos porvindouros.

Procurou se esquivar de Ramon o quanto pôde naquele dia, tornando-se mais distante e defensiva.

Tal atitude teve o pendor de exasperar o rapaz, que não compreendia o que se passava. A moça irritava-o superlativamente, com tais inconstâncias de sentimento. Às vezes, sentia-se manipulado e ludibriado por sua sedutora figura, sentindo a chama devoradora da indignação corroer sua mentalidade. Mas bastava alguma esmola de condescendência para que o vulcão de suas paixões retornasse ao estado de repouso e ele novamente a admirasse, como quem admira um tesouro imaculado.

Assim, o pobre rapaz vivia em uma constante dicotomia de sentimentos, que exauriam suas forças e confundia-o, deixando-o a mercê das mais tristes sugestões.

A amava e a odiava, em cada minuto.

Naquele dia, voltou para casa odiando-a, por se sentir desprezado. Em verdade, ela não o destratara em nenhum momento, apesar do regular distanciamento que resolveu cultivar. Mas ele se sentia no direito de ter dela manifestações de atenção incompatíveis com sua posição de moça comprometida.

Darchelle voltou para casa com a cabeça em turbilhões. Provavelmente, outra carta de Étienne só chegaria na próxima semana, o que a inquietava. Teria que esperar mais alguns dias para saber se o amor do noivo por ela continuava inalterado.

Em casa, após fazer a *toillete*, seu irmão a procurou, quando ela já estava recolhida no leito.

— Preciso falar contigo, minha querida.

— Pois bem — respondeu a menina com o coração descompassado.

— Tenho percebido que Ramon está com atenções diferenciadas para ti, novamente. Creio que ele está incentivado pela bonomia excessiva com a qual o tratas...

— O que insinuas, Leon? Estás me acusando? – disse a irmã exasperando-se, erguendo-se do leito.

Sem alterar a fisionomia e o tom de voz, o rapaz respondeu:

— Por que ficaste tão agastada? Não há acusações em minhas palavras.

— "Incentivado pela bonomia excessiva"! – repetiu a menina exagerando a expressão do irmão.

— Sim. Eu realmente acho que às vezes tu o tratas dando ensejo a uma interpretação exagerada, por parte dele. Mas não a acusei...

— Oras, o que será isto, então? Se a interpretação exagerada é por parte dele, por que vens conversar comigo? Que culpa eu tenho?

— Senta-te, por favor, Darchelle. Não compreendo porque estás tão nervosa. Às vezes eu realmente tenho motivos para me preocupar, afinal.

Sentando-se, de feições emburradas, a moça deixou as lágrimas rolarem, em silêncio.

— Querida, não precisas te agastar assim. Eu venho conversar contigo para pedir que modere tuas atitudes, de forma que o pobre Ramon não se iluda novamente. Não a estou recriminando. Só pedindo tua caridade para com esse rapaz, que muito sofreu com teu noivado.

— Não sofreu por minha causa. Eu não intentava fazê-lo sofrer, Leon. Não tenho culpa de amar Étienne. Mas como quer que eu simpatize com esse moço, se sempre acabo me aborrecendo por causa dele?

– Ele não é mau rapaz, Darchelle. Só um pouco desequilibrado nos sentimentos. Não o queiras mal.

– Tu, sabendo disso, não devias convidá-lo para nosso lar e para nossos passeios.

– Mas isso seria justo, Darchelle? Não seria recriminar o rapaz, que na verdade não é má pessoa? Foi isso que aprendemos com nossos pais?

– Pois eu quero distância desse infeliz! Por causa dele, meu irmão vem me acusar de mau procedimento! Por causa dele, posso perder meu noivo!

E caiu em pranto convulsivo. Leon compungiu-se e a abraçou.

– Não, não! Não venho te acusar, minha querida! Tu estás nervosa, só isso. Não penses assim. Vem aqui, em teu irmão. Estás aborrecida em demasiado por alguma coisa tão pequena. Vamos, para de chorar! Estás me matando com tuas lágrimas e com esse desespero. Cessa esse pranto que te dou uma prenda. Tu podes escolher! Não queres uma prenda? E se formos visitar a mansão do conde Armando de M. amanhã? Tua amiga estará lá, que eu sei. O que pensas? Não queres passear com teu irmão? Não queres ver tua amiga? Eu creio que ela ficará noiva de Raul, sabias? Que tal perguntares a ela sobre isso? Quem sabe não tratam dos assuntos de casamento? Tu não gostas igualmente da boa condessa?

Darchelle aninhou-se no colo do irmão, acalmando-se um pouco com suas palavras. Em breve, adormeceu, animada pelas promessas que ele lhe fazia.

Ao deixá-la, Leon voltou ao próprio aposento preocupado. Desgostava-o ver a irmã naquele estado, tão fragilizada. Pensava se não teria sido melhor deixar Étienne ter adiantado o matrimônio. Pensava também se não deveria afastar Ramon do convívio com a irmã. Talvez diminuir seu acesso a ela, não permitindo que ele fosse seu acompanhante na corte, na sua ausência.

Deveria ser discreto. Não era correto ser rude com o rapaz, já que ele nada fizera de errado. Seu procedimento era apenas o de alguém que sofria de amor e não sabia bem como se conter. Merecia, portanto, auxílio e não isolamento. Já lhe bastava a dor de amar sem ser amado.

Pensando assim, Leon apenas deliberou diminuir as oportunidades de Ramon e sua irmã passarem muito tempo juntos.

Não o iria desfeitear. Mesmo porque, se conhecia bem Darchelle, ela mesma iria impor distância do rapaz, com sua natureza impulsiva e tempestuosa.

Daria a ela o direito de se esquivar e faltar nos compromissos em que compareceria Ramon.

* * *

Após o incidente do último encontro de Darchelle e Ramon, Darchelle retraiu-se bastante no convívio social por dois motivos. O primeiro era que a ideia de se encontrar com o admirador tornou-se insuportável para ela. Portanto, evitaria a todo custo que isso acontecesse.

Outro motivo também a constrangia. Por coincidência ou não, não recebeu do noivo outra carta. Já havia duas semanas que recebera a última. Por isso, inquietava-se muito. Imaginava que, como temia, Étienne havia recebido algum relato leviano e maldoso sobre o comportamento dela, em sua ausência. Talvez alguém, invejando sua felicidade, aproveitou-se das atitudes pouco discretas de Ramon para envenenar a confiança do nobre rapaz, tentando destruir o noivado.

Ou quem sabe acontecera alguma coisa mais grave com o moço renano? Naqueles tempos, não era incomum que viagens não terminassem bem.

Darchelle era só lágrimas e angústia. Dormia mal e já andava um pouco adoentada, na infindável espera de alguma notícia.

Sua ama e seu irmão se compungiam muito pelo seu abatimento e sua tristeza. Tentavam animá-la a perspectivas mais alvissareiras, mas ela estava sempre abatida.

Foi por isso mesmo que Leon, em um dia de folga de seus trabalhos, resolveu levar Darchelle para visitar algumas amigas, que eram acompanhantes da rainha, no Louvre.

E assim fez. Iria aproveitar a ocasião para visitar também seu amigo, conde Raul de M., irmão de conde Armando, com quem tinha ótimas relações, e que estaria nas dependências do palácio.

Assim fez.

Darchelle estava adorável em um vestido azul escuro, com mangas até o cotovelo, delicadas rendas em volta do decote quadrado e das mangas, e um detalhe do peitoril do corpete justo em um azul mais claro, com laçarotes que desciam do decote até abaixo da cintura.

Encontrou-se com as amigas em um salão secundário do palácio, onde Leon a deixou.

Na pequena reunião social, muito comum nas dependências do Louvre, estavam algumas damas em conversação animada e alguns poucos cavalheiros, além de soldados e alguns pajens.

As moças estavam acomodadas em largas e confortáveis poltronas, servidas de iguarias e bebidas. Isso ajudou Darchelle a se animar um pouco.

Em breve, as conversações caminharam para os casamentos, os enxovais, esse ou aquele membro da corte que era um bom partido, o comportamento de tal ou qual pessoa, e outros assuntos, que acabaram por distraí-la de suas angústias.

Em um certo momento, entraram mais alguns rapazes no ambiente. Dentre eles, Ramon, sem seu uniforme de armas. Trajava uma *camisole* cinza escuro, que apesar de possuir poucos enfeites, era de muito bom talhe.

Darchelle não o viu de imediato. Estava distraída com as iguarias e a conversação animada. O rapaz, no entanto, a percebeu assim que entrou na sala, de coração descompassado.

Por muitos dias não a via de perto.

Achou-a particularmente linda, naquele momento. Somente sua visão foi o suficiente para desanuviá-lo de um ressentimento que o vinha consumindo, desde a última vez que se encontraram em Saint-Cloud.

Por isso, resolveu aproximar-se e cumprimentá-la. Aproveitou um momento em que as moças caminharam pela sala, aproximando-se de um avarandado, e seguiu-a, sendo notado somente nesse momento.

Ao encará-lo, o rosto de Darchelle mudou de fisionomia. Antes, sorridente e despreocupado, agora se estampava em seus olhos um brilho de insatisfação mal disfarçada.

Ramon beijou sua mão e cumprimentou-a, com olhar afetado. Percebendo, as outras damas afastaram-se um pouco, deixando os dois com mais privacidade, atitude que ainda mais desgostou a menina. Isso mesmo que gostaria de evitar. Provavelmente seria daí que surgiriam comentários infelizes e maldosos sobre seu comportamento e a liberdade que ela, uma moça comprometida, estaria dando a um outro homem.

Por isso, respondeu ao cumprimento de forma retraída, principalmente porque percebera que estava sendo observada pelas amigas.

– *Mademoiselle* Darchelle! Quanta satisfação em vê-la!

– *Monsieur* Ramon!

Depois de algumas considerações carinhosas, que foram respondidas com distância e com poucas palavras, Ramon acabou por se sentir incomodado com a atitude fria de Darchelle. Ele amargava a extrema falta dela por aquelas duas semanas, de mente efervescente e espírito agitado. Sentia falta de suas conversações amigáveis e da maneira de ser da moça que tanto o impressionava, seja a inteligência vibrante ou a inocência de suas considerações. Agora, quando tinha a oportunidade de desanuviar o coração carente, inclusive esquecendo-se dos muitos motivos de inquietações que tinha, ela o tratava com uma distância incompreensível, já que em nada ele a ofendera ou desgostara.

E porque seu espírito era excessivamente impressionável, dado aos impulsos e às reações, não suportou mais o que se passava e acabou por dizer:

– Senhora, não compreendo o tratamento que me dispensas. Em que a desgostei para me ofereceres tanta indiferença?

– Não, senhor. Sou eu quem não o compreende. Em algum momento faltei com a educação ou o decoro para com o senhor?

– Não. Mas somos amigos. A senhora me trata agora como um cordial desconhecido.

Os olhos de Darchelle brilharam de ira. Percebeu que duas amigas se aproximaram um pouco mais para acompanhar o diálogo, percebendo a exasperação do indiscreto rapaz.

– A que me tomas, *monsieur*? Ao senhor não devo nada mais que educação e cordialidade. Apenas ao meu noivo eu devo as carinhosas manifestações de amizade.

– Que dizes? Me desprezas, senhora? Não éramos amigos, ainda há poucos dias?

– Sou uma moça comprometida, senhor Ramon.

– Sim. Tu és. Mas isso não a impediu de desfrutar de minha companhia na corte ou nos passeios. Por que agora ages como se nunca houvéssemos sido mais próximos?

O rapaz falava em tom aflito. Perdia o controle e a coerência a cada palavra dita. Darchelle também se exasperava. Tremia de raiva e indignação. Suas mãos estavam geladas e seu rosto ruborizado.

Extravasando a raiva que a queimava, enfim desabafou, em atitude hostil:

– Não te atrevas insinuar qualquer coisa a respeito da atenção que eu te dispensei, ou comunicarei ao meu irmão e ao meu noivo o teu desrespeito para comigo!

Disse-lhe isso o olhando nos olhos. Depois se virou para retirar-se, mas sentiu que a mão poderosa de Ramon a segurou pelo braço.

– Senhora, não sei o que se passa. Mas tu não vais me desfeitear dessa maneira.

– Solta-me ou peço socorro aos guardas que estão na sala. Pedirei que chamem meu irmão, que é teu superior neste estabelecimento.

Irritadíssimo, Ramon baixou o tom de voz e falou para provocá-la:

– Sim. Chama o teu irmão, já que teu noivo está a regular distância para poder vir em tua defesa. Preferiu sair em uma longa viagem, a permanecer ao teu lado até o casamento. Mas se estivesse aqui, não te seria muito útil, por não tratar-se de um homem de armas. Seria incapaz de te defender de maneira adequada, e além de tudo trata-se de um huguenote! Esse o noivo que tu evocas como razão para tratar-me com desdém. Será que toda essa tua injustificável preferência se deve à riqueza e aos abundantes títulos de nobreza que ele possui? Tua ambição a cega, senhora! Não vês que eu aqui estou ao teu lado, zelando por teu bem-estar e tua segurança. Posso não possuir tanta fortuna quanto esse cavalheiro, mas jamais a senhora encontrará em outro homem tamanha dedicação como a que te endereço...

Como resposta, Darchelle parou de fazer força e encarou o interlocutor com o olhar fulminante. Calmamente retirou a mão de Ramon de seu braço e aproximou-se dele o suficiente para que ele a escutasse sussurrar, de olhos vidrados:

– Oh, não fales de meu Étienne! Não ouses sequer mencionar o nome dele. Meu noivo é honrado e nobre, ao contrário de tu, que não respeitas a minha condição de moça comprometida. Tu que usas da força para coagir mulheres. És um homem desprezível e vil, eis o que és! Tu não és honrado o suficiente para limpar as botas de Étienne. Nem se possuísses todas as riquezas da Terra, estarias em condições de ombrear com ele no que quer que seja. Não sei que loucuras o senhor cultivou em tua mente adoecida! Tampouco sei o que te fez pensar que terias de mim mais que a cordialidade que se deve aos conhecidos! Eu jamais trocaria meu noivo por ti. Sabendo disso, tenha a honradez de me deixar em paz de uma vez por todas! Nunca mais te aproximes de mim com tuas insanidades, ou tomarei as medidas que cabem em um caso!

A moça afastou-se devagar, para encará-lo. A fúria de seus olhos desconcertou o soldado, que ficou paralisado ante a atitude atrevida da menina. Por fim, ela virou-se e se retirou de sua presença, percebendo que as amiguinhas cochichavam e riam-se da situação. Era bem isso que queria. Uma observação quase pública de repúdio ao apaixonado soldado, que evidenciasse sua fidelidade ao noivo, para que cessassem quaisquer comentários infelizes.

Uma vez saindo da sala, sua altivez cedeu ao abatimento. O pranto escorreu sem cessar por seu rosto empalidecido. Pediu ajuda a um guarda e procurou por Leon, encontrando-o em pouco tempo.

Ao vê-la, o rapaz espantou-se.

– O que houve? Oh, Darchelle, o que aconteceu?

– Quero que me leves embora agora, por favor! Se não puderes, ordena alguém que me acompanhe. Quero ir para casa!

O oficial abraçou a irmã, tentando acalmá-la. Pediu que esperasse um pouco e entrou novamente no salão para despedir-se do amigo, e retirou-se do Louvre com Darchelle.

11
Surpresa para Darchelle

> "Se em duas partes se dividirem os males da vida, uma constituída dos que o homem não pode evitar e a outra das tribulações de que ele se constituiu a causa primária, pela sua incúria ou por seus excessos, ver-se-á que a segunda, em quantidade, excede de muito à primeira. Faz-se, portanto, evidente que o homem é o autor da maior parte das suas aflições, às quais se pouparia, se sempre obrasse com sabedoria e prudência."
> *O evangelho segundo o espiritismo*, capítulo 27, item 12

Junho de 1572. Há mais de um mês que Darchelle não recebia notícias de seu noivo. Leon também preocupava-se, por isso escreveu para o quase cunhado, sem, no entanto, receber resposta.

A esse tempo, já intentava escrever para os pais de Étienne, pedindo notícias.

Darchelle adoecia, dia a dia. Encontrava-se já enfraquecida, com constantes incômodos pulmonares e muito abatimento. Havia dias em que não se levantava da cama, tomada de prostração e fraquezas. Os facultativos eram categóricos em informar a Leon que a moça precisava animar-se, distrair-se, para que a saúde voltasse a florescer em seu coração.

O oficial se inquietava dia a dia com a situação da frágil irmã. Chegou a pensar em enviar um mensageiro para a Alemanha, em busca de Étienne, para desanuviar as constantes preocupações e angústias da moça.

As coisas estavam dessa maneira até que, em uma tarde amena, no final de semana, aproxima-se da porta da mansão dos de N. uma carruagem brasonada. Leon foi informado pelos seus servos e foi verificar, percebendo que os brasões eram seus conhecidos.

Decidiu-se recepcionar o visitante, sem chamar a irmã, no primeiro momento.

À porta, um servo anunciou *monsieur* Étienne de L., que descia do veículo.

O rapaz renano tinha a fisionomia visivelmente cansada. Sua *camisole* negra adornada de fios de ouro denunciava as poeiras da estrada real e seus olhos embaciados evidenciavam a necessidade de sono reparador.

Leon o recebeu com um efusivo abraço, abrindo um largo sorriso. Depois levou-o para o salão íntimo, para conversarem.

— Meu caro amigo! Eu já estava por enviar a minha polícia particular para saber de teu paradeiro, já que tuas frequentes cartas cessaram.

— Oh, perdoe-me, caro Leon. A verdade é que eu queria fazer uma boa surpresa, mas tive alguns contratempos tanto na volta ao lar de meus pais como na estrada para Paris, atrasando-me bastante. Mas espero que estes atrasos não sugiram desconsideração de minha parte. Só Deus sabe o quanto me empenhei para voltar em menos tempo...

— Não te preocupes. Aguardaríamos por ti o tempo que fosse necessário. Apenas nos preocupamos.

— Perdoem-me as preocupações desnecessárias.

— Pareces cansado.

— Sim. Não parei para fazer a troca à noite passada, intentando não perder tempo, portanto, ainda não dormi. Não podia esperar para vê-los...

Com um sorriso malicioso, Leon respondeu:

– Ah, sei bem quem realmente estás tão ansioso por ver. Tu não me enganas, meu amigo!

– Sim, eu confesso – respondeu o rapaz ruborizado. – Eu enfrentei a noite insone para poder ver novamente tua irmã. Não suporto mais a falta que ela me faz. E se não for muito abuso de minha parte, já que não consegui preveni-lo de minha chegada, queria pedir a bondade de deixar que eu a veja...

Evidenciando preocupação, o oficial disse em tom baixo:

– Creio que és tu quem me faz uma bondade. Darchelle está adoecida por causa da falta que sente de ti e pelas apreensões a que se entregou.

Étienne arregalou os olhos. Ficou levemente pálido.

– Oh, Santo Deus! Que me dizes? Como é isso?

– Não te angusties tanto, Étienne. Já fiz virem facultativos que me asseguraram que ela precisa distrair-se e alegrar-se para melhorar. Eu acredito que a cura de Darchelle está parada aqui em minha frente, pois bem sei que ela ficará muitíssimo feliz com tua chegada.

Erguendo-se da confortável poltrona em que se assentou, chamou Étienne para acompanhá-lo.

– Não prolonguemos a espera de minha querida irmã. Quero testemunhar o sorriso que bailará em seus lábios, ao ver-te. Vamos aos seus aposentos. Sei como isso não é aconselhável, mas estando ela mais recolhida, quero surpreendê-la. Passei lá um pouco antes de chegares e ela estava lendo um livro.

Sem dizer nada, Étienne o seguiu. Seu coração precipitou-se no peito.

No corredor, Leon apontou a porta do quarto da menina e disse, em um sussurro:

– Tu vais esperar aqui fora. Vou ver como ela está. Quando eu te chamar, tu entras e a surpreende. O que achas?

O moço apenas balançou a cabeça, em sinal positivo. Mal podia conter as emoções que o dominavam.

Leon entrou. Darchelle estava assentada em um canapé, lendo um volume. Estava trajando um vestido simples, sem adornos e sem enfeites. Também não trazia mais que um pequeno colar ao colo e os cabelos estavam desnastrados, jogados ao longo de seus ombros.

Ele aproximou-se dela, ajoelhando-se ao seu lado e beijando sua mão. A moça sorriu ante o carinho do irmão e afagou-lhe a cabeleira.

– Como estás, minha querida? – ele perguntou olhando-a nos olhos.

– Estou bem!

– Não queres descer e entreter-te um pouco? Podemos passear nos jardins. O tempo está tão bonito. É uma bela tarde.

– Não tenho ânimo. Sinto-me cansada, Leon. Quero ficar aqui e ler um livro.

– Oh, o que posso fazer, querida, para que te animes? Diz-me qualquer coisa. Eu juro que atendo aos teus desejos. Diz-me!

Com os olhos cheios de água, a menina encarou o irmão, entristecida.

– Tu sabes que só uma coisa desejo e sei que está fora de teu alcance. Que se pudesses, já terias me atendido.

– Diz o que é. Não te faças de rogada. Diz-me e te surpreenderás com a capacidade deste teu irmão de atender-te os pedidos...

– Oh, Leon! Eu queria que meu noivo voltasse logo dessa viagem. Ou que ao menos me enviasse notícias... – disse a moça deixando duas lágrimas escaparem.

– E se eu disser que é possível?

Os olhos de Darchelle se iluminaram. Fez um pequeno silêncio cheio de expectativas, mas ainda incrédula, falou em tom agitado:

– Por que me torturas, meu querido Leon? Não devias ser cruel com tua irmã! Oh, tu não devias brincar com isso...

Erguendo-se, o rapaz sorriu e falou:

– Mas quem disse que estou brincando?

Encaminhou-se até a porta do quarto, mas antes de sair, virou-se novamente para a irmã. Ela havia se erguido do canapé e estava parada, esfregando as mãos delicadas uma na outra, em atitude de grande excitação.

Satisfeito, o moço saiu e fez um sinal para o noivo de Darchelle, para que chegasse até a entrada do quarto. Étienne estava trêmulo, sentindo o coração descompassado e as extremidades geladas.

Ao vê-lo no umbral da porta, a menina levou as duas mãos na boca, contendo um grito.

– Étienne! Oh, Étienne!

Sem mesmo refletir na falta de decoro de sua atitude, correu para seus braços, obrigando-o a recebê-la em um desesperado amplexo.

Encabulado, Étienne encarou Leon, de rosto rubro. Mas o oficial não o inibiu. A felicidade da irmã parecia contentá-lo o bastante para desculpar o deslize de comportamento.

Darchelle caiu em angustiado pranto, agarrando-se nas vestes do noivo. Ele afagou sua cabeça com carinho e beijou-lhe os cabelos, deixando-se chorar também.

Talvez atinando para sua atitude tresloucada, Darchelle afastou-se um pouco, buscando os olhos de Leon para medir-lhe a reprovação. Mas viu que o bondoso irmão só tinha benevolência e compreensão em seus olhos verdes. Constrangida, mas querendo agradecê-lo, ela endereçou-lhe um lindo sorriso, para depois voltar-se para o noivo, encarando-o de olhos brilhantes.

Este, como se a estivesse vendo naquele momento, tomou-lhe a mão para beijar, cumprimentando-a.

Nenhum dos dois dizia coisa alguma, sufocados pela emoção.

Foi Leon quem quebrou o silêncio, com a voz embargada, mas com um grande sorriso:

– Bem, vejamos então... Esperemos por *mademoiselle* no salão, meu caro Étienne. Ela há de querer se arrumar para recepcioná-lo. Creio que ainda queiram gastar algum tempo conversando, antes de te dares ao necessário descanso da viagem, pois sim?

Guiando o noivo da irmã para fora do quarto, chamou por madame Lesoncé, para que ela ajudasse a irmã a se aprontar.

Nunca Darchelle arrumou-se tão rapidamente. Mas escolheu um lindo vestido que evidenciava seu talhe bem feito, colocou joias ao pescoço e perfumou-se, ajeitando rapidamente os cachos dos cabelos.

Em breve, estava novamente em frente ao saudoso noivo, recebendo o ósculo na mão delicada.

Com a anuência de Leon, desceram ao extenso jardim da propriedade, para caminharem. Parando um pouco em um pequeno pátio rodeado de rosas, sem saberem como conter as próprias emoções, abraçaram-se, deixando lágrimas aljofrarem em seus rostos. O mancebo beijou-lhe os cabelos inúmeras vezes. Depois, delicadamente afastou-a de si e segurou seu o rosto, de forma que pudesse olhá-la nos olhos. Percebeu neles alguma nota de desgosto, que o surpreendeu:

– O que é isso, querida? Surpreendo mágoa em teus olhos?

Darchelle esquivou-se, surpresa com quanto o noivo a conhecia bem. Tentou baixar a vista, mas ele insistiu:

– Por favor, Darchelle! Tu estás aborrecida com teu noivo? Pensei que ficarias feliz em me ver...

– Eu estou feliz! Somente Deus pode saber o quanto esperei por este momento...

– O que a aborrece, então?

Com a voz baixa e atitude envergonhada, a menina confessou-se:

– Pensei que não voltarias mais. Que havias desistido de casar-te comigo e preferido ficar na Alemanha...

– Como pudeste pensar uma coisa dessas? Tu não confias em mim? Acaso não me amas?

– Amo! Certamente que sim. Eu fui tola. Oh, me perdoe, querido! A verdade é que às vezes sinto uma angústia muito grande dentro de mim, como se fosse acontecer alguma coisa grave que vai nos separar. Tenho medo, Étienne! Não sei dizer o que é. Tenho medo! Não recebi mais tuas cartas e temi por tua segurança. Não sabia o que pensar...

Sem confessar que a mesma apreensão vez por outra tomava também suas forças, o moço procurou desanuviá-la:

– Não cogitaste que somente motivos melindrosos poderiam impedir-me de escrever-te? E se alguma coisa mais grave tivesse acontecido, que não fosse remediável, de certo receberias notícias de meus familiares. Por que te angustiaste tanto, minha amada? Onde está a confiança em Deus e em nosso amor?

Como a menina desatou a chorar, Étienne a abraçou com muito carinho. Ela segurou-se a ele e por alguns minutos deixou-se aninhar em seu peito, segurando a veste aveludada do noivo.

O rapaz levou-a pela mão até um banco, para que se assentassem. O casal se posicionou de tal maneira que ficaram quase um de frente para o outro.

– Não chores, querida! Estou de volta e só me aparto de ti se Deus tirar-me toda a capacidade de escolha. Vamos nos casar em breve, lembra-te? Vê, trago atado ao pescoço o pingente que me deste. E junto ao peito está o lencinho com teu perfume. Vês? Estiveste comigo o tempo todo...

Após uma pausa, o rapaz tirou das dobras da veste uma pequena caixa e ofereceu à Darchelle, que a abriu com calma. Tratava-se de um lindo colar, onde fulgurava uma pedra azul muito brilhante.

Após examiná-la com emoção e retirando a joia que usava, ela virou-se para que ele o colocasse em seu pescoço, o que o rapaz fez com muito carinho.

– Gostaste?

– Oh, sim! É belíssima. Agradeço-te muito o presente.

– Trata-se de uma joia de família. Pertenceu à minha bisavó materna e vem sendo guardada de geração em geração. Eu deveria dar-te somente após nosso matrimônio, mas ela te pertence desde agora, como o meu coração, desde sempre...

– Oh, passei a gostar dela ainda mais agora! Eu juro que jamais a tirarei de meu pescoço, meu querido, como um símbolo do meu amor por ti, que jamais sairá de meu coração.

Longos minutos gastaram em conversações. Com muito cuidado e tomada por temores, Darchelle colocou o noivo ao par de tudo o que se passara em sua ausência. Étienne ouviu o relato tomado de impressões. Ao contrário do que Darchelle imaginava, ele não se agastou com ela, mas sentimentos desencontrados pareciam segredar-lhe sombrios vaticínios.

Para amenizar a conversa e o próprio coração, ele contou suas aventuras na Alemanha, regendo o patrimônio de herança e as peripécias de sua volta ao lar, permeada com vários contratempos. Prometeu que levaria a noiva nos lindos campos de sua família, na Baviera, traçou planos de viagens com a esposa tanto à Alemanha como aos seus lugares prediletos no resto da Europa.

Eram jovens e seriam muito felizes – ele aditou, confiante – traído apenas pelo incompreensível sentimento atormentador que não o abandonava.

Mas, mesmo assim, não demorou para que estivessem novamente entregues à mais profunda alegria de estarem juntos.

O cansaço do rapaz aumentava a cada minuto. O tom de sua voz, em seu sotaque característico, ia ficando mais baixo e seus olhos eram forçados a permanecerem abertos à custa de muito esforço. Percebendo isso, Darchelle ergueu-se, tomando-o pela mão e dizendo com preocupação:

— Vamos, querido. Deves partir para descansar.

— Estás me expulsando? Fazes isso com teu noivo que acaba de chegar?

— Estás muito cansado. Não consegues mais disfarçar. Não quero que acabes adoecendo por não ter atendido às solicitações do sono e do descanso.

— Mas eu desejo ficar aqui contigo. Não quero ficar longe de ti!

— Tampouco eu desejo isso. Mas tu vais descansar. Quando refizeres tuas energias, voltas! Eu estarei te aguardando, querido. Sempre.

Erguendo-se, sorridente, o moço renano ergueu-se e tomou a noiva pela mão, para conduzi-la para casa. Suas pernas acusavam estar sem forças.

— Está bem. É melhor que não abusemos também da paciência e da benevolência de teu irmão!

Riram-se. Riam-se por tudo, a todo momento. Antes de chegar à porta do palácio, Étienne depositou nos lábios da amada o último ósculo de amor, declarando-se, melífluo. Depois, acompanhou-a até o salão onde estava Leon, para despedir-se adequadamente.

Foi para casa com um sorriso teimoso no rosto, apesar do extremo cansaço que sentia. Estava empolgado. Foi preciso que Theodor fizesse um de seus chás para que o mancebo se deixasse vencer por Morfeu, permitindo ao corpo descansar, depois de um banho quente.

Em casa, Darchelle era outra moça. Ao invés do abatimento e do desânimo que a caracterizavam por aqueles dias, a menina estava efusiva, palradora, ativa.

Naquele lar, a alegria voltou a reinar, não somente naquele dia, mas em todos os outros, enquanto esse pequeno grupo desfrutava do sublime privilégio de estarem unidos.

* * *

PARA ALINHARMOS AS personagens de nosso relato, vejamos nosso pobre Ramon, após o incidente no Louvre, com Darchelle.

Depois que a moça deixou o aposento, humilhado, Ramon também abandonou a reunião e os amigos, para voltar ao lar. Estava irado. Mesmo para seu coração sofrido, que um dia perdera os queridos genitores para a morte, passando, por isso, por privações e humilhações de todos os tipos, parecia-lhe que jamais fora tão grandemente desfeiteado na vida.

Darchelle o tratara de maneira contundente e agressiva. Fora humilhado por ela por causa de um huguenote, que ele passara a detestar com todas as forças. A antiga antipatia que sentia pelo rapaz que ele mal conhecia, transformara-se em ódio fulminante. Tudo porque sua vaidade de homem foi ousadamente desafiada, em sua opinião.

Chegando em casa, Ramon não conseguia se aquietar. Andava de um para outro lado do quarto, murmurando imprecações e promessas de vingança contra o adversário.

"Não tenho honra para limpar as botas desse huguenote? Pois veremos! Veremos se tua empáfia, minha cara senhora de N., não vai se dobrar a mim! Pensas que podes me humilhar dessa maneira? Pois eu garanto que vais cair aos meus pés, minha cara! Hás de implorar pelo que até hoje te ofereci gratuitamente: meu amor, minha complacência, minha proteção! E eu juro que nada disso jamais terás novamente de mim!" – falava o moço para si mesmo, enquanto gesticulava, colérico.

Depois desse dia, não mais retornou ao hotel dos de N.

No trabalho, foi confrontado por Leon, que pediu explicações sobre o comportamento dele com Darchelle, testemunhado por outros soldados da guarda.

Sem qualquer receio, Ramon explicou-se e desculpou-se, garantindo a Leon que não precisava se preocupar mais com relação a isso. Não desejava aproximar-se de *mademoiselle*.

A partir daí, a relação dos dois tornou-se distante, atendo-se exclusivamente ao trabalho e ao cumprimento dos deveres que cabiam a cada um, dentro de suas posições.

Uma vez distanciado do antigo amigo, Ramon deliberou atrair outros, um tanto mais interessantes para seus planos de vingança. Até mesmo com o futuro sogro de Leon, a quem desgostava o noivado de Darchelle com um huguenote, estreitou relações de forma muito discreta.

Aproximou-se de agremiações onde era manifesta a falta de condescendência com o partido protestante, dando-se a conspirações de todos os tipos, inclusive aquelas que ameaçavam o trono de Carlos IX.

Em tudo era secundado pelo vulto de seu pai adotivo, tão infeliz e vingativo quanto ele mesmo.

A partir daquele infeliz acontecimento no Louvre, Ramon tomou as palavras de desprezo de Darchelle como desafios explícitos. Era necessário provar sua hombridade e seu valor.

A quem? Não se saberia. Talvez a ele mesmo, inseguro e carente de afeto se encontrava.

Oh, quantos dramas são traçados assim? Quantas infelicidades, que às vezes nada têm a ver com nossa ficha de serviços na Terra, atraímos para nossos caminhos.

Choramos, muitas vezes, o resultado imediato de nossas irrisões diante da verdade que já conhecemos. Quanto lucraríamos refletindo melhor em todas as coisas, dando o conceito justo aos nossos sentimentos e nossas ações.

O que chamamos de honra é, na maioria das vezes, a expressão do mais profundo orgulho. Dizer que a precisamos defender é atestar a fragilidade de nossas convicções e nossas aquisições. Somente a insegurança e a vaidade pedem reparações. Qualquer valor que necessite da defesa da relatividade humana é também um valor relativo.

A etimologia da palavra "honra" nos informa que sua origem em latim – *Honos* – a vincula com o conceito de dignidade. Nos diversos dicionários, estará sempre identificada com ética, moral, retidão e probidade.

Como podemos admitir que um termo que carrega em si tão altas virtudes possa gerar disputas, ofensas, lágrimas e desrespeito? Como alguma coisa tão elevada pode ser defendida com atitudes soezes, que indicam a preponderância de uma natureza inferior, tão distanciada dos valores defendidos?

Assim vimos caminhando, em uma desconcertante dicotomia. A física nos informa que forças iguais em potência, mas contrárias em direção, quando atuam juntas em um mesmo ponto, se anulam, impossibilitando o movimento. Pois bem, apliquemos esse princípio aos nossos sentimentos e saberemos porque nos mantemos estagnados ou em movimento lento e ineficiente, em certas áreas de nosso progresso.

É que estamos criando campos mentais de antagonismo, que acabam por nos confundir e atrasar nossas decisões mais importantes, confinando-nos na neutralidade, conforme nos ensina *O livro dos espíritos*[21].

Nossas deliberações nos campos do bem e da virtude são frágeis. Não oferecem solução de continuidade e, muitas vezes, nossas boas intenções acabam por não lograr adequado desenvolvimento. Não se transformam em ações efetivas, morrendo ao primeiro calor de desafio. Faz-nos lembrar da analogia oferecida pelo Senhor na Parábola do Semeador[22], sobre a semente que caiu nas pedras e brotou, mas quando veio o sol, queimou-se e secou, pois a profundidade da terra era insuficiente para que a raiz se desenvolvesse.

Em nossos esforços de evolução, talvez seja esse o trabalho mais grave com o qual devemos nos empenhar: a atenção, detecção e correção dessas dicotomias morais. Desse trabalho, que cabe somente à criatura, depende a aquisição da paz que almejamos, da felicidade com a qual sonhamos e do equilíbrio que desejamos. Compenetrar-se nisso é garantir melhor aproveitamento das experiências.

É perseverando na reforma íntima que nós, Filhos do Altíssimo, nos desvinculamos gradativamente das imperfeições que nos atrelam aos mecanismos de reabilitação, nas clínicas da expiação e da dor.

---

[21] Questão 105. *Sétima classe.* ESPÍRITOS NEUTROS: "Nem bastante bons para fazerem o bem, nem bastante maus para fazerem o mal. Pendem tanto para um como para o outro e não ultrapassam a condição comum da Humanidade, quer no que concerne ao moral, quer no que toca à inteligência. Apegam-se às coisas deste mundo, de cujas grosseiras alegrias sentem saudades."

[22] Mateus 13:3-9; Marcos 4:3-9; Lucas 8:4-8.

12
Crenças religiosas

> "Mas, dessas convulsões sociais uma melhora sempre resulta; os Espíritos se esclarecem pela experiência; o infortúnio é o estimulante que os impele a procurar um remédio para o mal; na erraticidade, refletem, tomam novas resoluções e, quando voltam, fazem coisa melhor. É assim que, de geração em geração, o progresso se efetua."
>
> *Obras póstumas*, capítulo "Questões e problemas"

Desde a volta de Étienne a Paris que vamos encontrar as personagens de nossos escritos totalmente envolvidas com aquilo que lhes constituía o alvo de seus maiores interesses.

Os dias passavam céleres, fazendo se aproximarem as bodas que eram tão aguardadas na mansão dos de N.

O mês de julho correu desenfreado e o mês de agosto iniciou-se, na contagem regressiva a que se davam os dois casais.

Uma missiva dos pais de Étienne, recebida no mês anterior, informava que o início de agosto também marcaria a chegada dos bondosos luteranos em Paris, para se acomodarem de maneira adequada antes do casamento do filho.

Outro motivo fazia não só que eles, mas também outros protestantes, principalmente calvinistas, se dirigissem à bela capital: Seria celebrado naquele mês as bodas da princesa Margot com o Bearnais, ou seja, de Marguerite de Valois com Henrique, rei de Navarra.

Tratava-se de um grande acontecimento de repercussões políticas. Ao que tudo indicava, essa seria a vitória definitiva sobre a intolerância com que a pátria-mãe tratava seus filhos protestantes.

A mansão de Étienne de L., com a chegada dos genitores, ficou mais festiva, pois o moço renano tratava de arrumar distrações culturais das mais nobres para agradar aos pais, amigos e familiares que estavam em Paris.

Somente um fato estranho se deu desde o início de agosto: Leon estava um pouco mais distante do convívio íntimo com o futuro cunhado. Suas funções no Louvre, diante da perspectiva de acontecimento tão importante, muitas vezes retinha-o dias fora do lar. Por isso, não se dava mais a tantos compromissos sociais. Mesmo em seu lar, não promovia com tanta frequência os agradáveis encontros, que até então regeram a sinfonia da convivência dos dois casais de nubentes.

Étienne estranhava um pouco a atitude do futuro cunhado. Não que fosse tratado com alguma desconsideração ou desprezo. Ao contrário. Leon sempre demonstrava a mais alta consideração pelo noivo da irmã. Mas estava visivelmente mais retraído.

O rapaz renano, apesar de um pouco apreensivo a esse respeito, procurava entender o acúmulo de serviços do oficial e desculpava-o por si mesmo, tentando desanuviar-se sobre esse assunto.

Também, bastava estar junto de Darchelle que todas as suas preocupações se desvaneciam, diante da expectativa de desposá-la em tão breve tempo.

Estava combinado que, após o casamento, seguiriam junto de seus pais para o Vale do Reno. De lá, partiriam em uma aprazível excursão na Baviera, junto de seus parentes maternos, e quem sabe poderiam seguir para outros pontos da Europa, em uma viagem que duraria mais ou menos um ano.

No princípio, Leon estava animado em pedir licença temporária de sua função e seguir com a irmã e o cunhado nessa aventura, mas depois pareceu que seus intentos esmoreciam e não falou mais no assunto.

A primeira quinzena de agosto prenunciava agitações em Paris. Rumores dos mais inquietantes falavam em derramamento de sangue e insurreição. As pressões espanholas contra o casamento real se intensificavam, veladamente. A demora da concessão papal também era motivo de apreensão e desconfiança.

No dia anterior ao do noivado de Marguerite de Valois, vamos encontrar Étienne e Darchelle em um de seus colóquios nos jardins da mansão.

Estavam em seu recanto preferido, junto aos canteiros de rosas que amavam. Assentaram-se no mesmo banco que elegeram para si e seguravam as mãos um do outro.

– Aproximam-se, minha amada, as nossas bodas. Em breve, não terei mais que despedir-me de ti e viveremos juntos para sempre!

– Sim! Mal posso esperar.

O rapaz olhou nos olhos brilhantes da noiva e levou as mãos delicadas dela aos lábios, beijando-as. Parecia hesitante em falar alguma coisa.

– Querida, gostaria de tratar contigo um tema que para mim é muito importante.

– Pois diga!

– Tu sabes que sou luterano, não sabes? Nunca conversamos sobre isso diretamente...

– Sim, sei!

– E o que pensas disso? Estamos em momentos políticos tão melindrosos.

– Penso, meu querido, que como tua mulher, me honrarei de seguir contigo a religião que esposas. Se tu, que és o alvo do meu maior afeto na Terra te dedicas com tanto afinco a essa causa, penso que deve ser, certamente, a melhor de todas. Confio em ti e quero que me conduzas nos caminhos de ingresso de tua religião.

– Que dizes?

Étienne estava atônito. Não esperava tal reação da noiva. Abordara o assunto sinceramente interessado na visão que ela tinha de sua condição religiosa, para que, depois do casamento, a pudesse respeitar irrestritamente. Mas aquela declaração de Darchelle, feita com um olhar tão sincero, era um motivo máximo de alegria.

A moça não se expressava com bajulação ou interesses escusos. Realmente era sincera e desejava seguir seu amado em todos os passos enquanto vivesse.

Sorrindo, ela respondeu:

– Ouviste bem! Desejo tornar-me luterana, depois que nos casarmos. Quero compreender essa fé que te faz um homem tão probo e nobre de caráter, como jamais encontrei nenhum outro em Paris. Desejo ser assim, por minha vez. Quero que tenhas orgulho de mim, como tua esposa. Em meu coração, meu querido, não há um desejo maior que o de seguir-te, em todos os momentos que teremos de agora para sempre.

– Oh, minha Darchelle! Tu não sabes como me fazes o mais venturoso dos homens! Não podes avaliar a alegria que me dás neste momento. Não porque eu tivesse a pretensão de ganhar tua alma para minha religião. Oh, não! Considero sagrado o direito de cada um encontrar-se com Deus conforme melhor lhe aprouver. Mas, porque eu algum dia temi que diferenças religiosas, que tanto têm derramado sangue no mundo e feito dissensão entre os filhos de Deus, pudessem também ser motivos de algum tipo de distanciamento entre nós.

Étienne puxou a moça para si, aninhando-a no peito com todo seu amor. Lágrimas cristalinas escorreram por seus olhos e molharam os cabelos de Darchelle.

Depois de uma pausa de silêncio e comoção, o mancebo afastou de si a noiva, para que pudesse falar olhando em seus olhos. Tinha agora a fisionomia séria, quando disse:

– Querida, por mais que tuas palavras me honrem muitíssimo, precisamos dos motivos certos para fazer as coisas. Quero afirmar que teres uma crença religiosa diferente da minha jamais seria problema entre nós. Eu não te amaria menos por isso. Digo isso porque quero que saibas que não tens que te converter, para teres o meu máximo preito de amor. Se amas a tua religião, continua nela e eu prometo venerá-la tanto quanto tu, agindo sempre com o respeito que se deve a todos os meios que, neste mundo, intentam aproximar de Deus o homem. Não precisas te converteres para me agradar, meu amor.

A resposta de Darchelle foi um sorriso muito sincero.

– Não, meu noivo. Não é esse o motivo que me leva a querer converter-me a tua religião, embora te agradar seja o meu maior prazer na vida. O fato é que tenho sede de fé. Muito embora eu cumpra todas as ritualísticas e compareça ao culto conforme mandam as convenções, ainda não logrei encontrar no templo essa paz que vejo em teus olhos. Anseio por ela. Quero ter maiores sentidos na vida e sei que tu, que eu vejo ser bom cristão em todas as atitudes, há de me auxiliar a consegui-la.

Tomada de súbita emotividade, a moça baixou a vista enevoada por lágrimas e continuou com voz baixa e afetada:

– Tenho a alma inquieta, Étienne. Dentro de mim, sinto às vezes uma força furiosa, prestes a explodir. Talvez porque não tive a delicadeza de minha mãe para amenizar essa minha inquietação. Ou mesmo a disciplina de meu pai, para endireitar minhas inclinações aos excessos. Embora eu ame muito meu irmão, e ele seja uma pessoa exemplar, que cumpriu com toda a dedicação o papel de me proteger e me educar, eu jamais logrei dessedentar a alma dos afetos que me faltaram, na primeira infância. Talvez sejam estes os motivos dos meus defeitos de proceder. Não sei dizer... O que sei é que desde que pousei os olhos em ti, a incompletude que eu sentia em minha alma amainou-se. Parece que essa minha natureza habituada à intemperança encontra repouso em ti... Desejo que me leves para beber na fonte de esperança e tranquilidade em que bebes...

– Oh, minha querida! Como és generosa para com teu noivo! Prometo que tentarei ser o que teus olhos bondosos enxergam em mim. Prometo também que me empenharei para fazer feliz tua alma doce e carinhosa!

Ergueram-se para se abraçarem, com lágrimas de júbilo. Ambos sentiram que havia um clima diferente em seu encontro daquele dia. Estavam mais propensos às efusões de sentimentos.

Talvez a proximidade de coisas tão importantes, em Paris, causasse essa estranha comoção. Talvez porque o esperado matrimônio se aproximasse dia a dia.

Antes de deliberarem voltar à casa, para jantarem juntos com Leon, combinaram como se movimentariam nos diversos festejos que seriam levados a efeito por conta do casamento real, para que cumprissem todos os protocolos exigidos na corte.

Quando aconteceu o casamento do rei de Navarra, apenas um dia após o noivado, vários festejos iniciaram-se. Bailes de máscaras, apresentações públicas, torneios... Mas alguma coisa começou a despertar a atenção dos mais observadores. A Igreja reformada era constantemente ironizada em todos os momentos, bem como seus membros eram submetidos a pequenas humilhações públicas.

Certamente isso chamou atenção de Étienne, que resolveu se inteirar mais do que poderia estar acontecendo. Com grande desgosto, começou a recolher os informes em surdina, nas ruas ou nos corredores do Louvre, através desse ou daquele conhecido que com ele simpatizava.

Começou a ajuntar os fatos e até o distanciamento do futuro cunhado pareceu-lhe um indício de problemas que poderiam nascer naquelas extravagantes festividades.

Após um dia inquietante, temendo pelos genitores, voltou para casa e chamou-os para uma conversa grave. Reuniu-se com eles no gabinete de trabalho, trancando a porta para não serem interrompidos.

Dirigiu-se, primeiramente, ao pai:

— Meu pai, as notícias que venho recolhendo em Paris são das mais angustiantes. Ao que me parece, estamos na iminência de um problema de graves proporções, e, quem sabe, alguma atitude violenta contra nós, os membros de Igrejas reformadas.

— Meu filho, não é possível. O rei não permitiria. Casou a irmã com um adepto de nossa crença...

— Sim. Mas mediante o que tenho percebido, isso não nos garante segurança. Bem sabemos que a rainha-mãe não é simpática à nossa religião. Sabemos também do seu poder de persuasão com o filho.

— O almirante é amigo pessoal do rei, que faz demonstrações públicas de seu carinho filial. Não é possível que tudo isso não tenha valor...

— Não nos deixemos iludir, meu senhor. Não acredito que eu esteja enganado em minhas reflexões. O senhor bem sabe que eu não emitiria um alarme deste sem uma justa observação e ponderação precedentes...

O pai de Étienne caminhou um pouco pelo aposento, indeciso. Conhecia a coerência e o discernimento do filho, mas acreditava que ele pudesse estar exagerando um pouco.

Lisbeth, até então calada, falou, com tonalidade de voz preocupada:

– Meu marido, creio que nosso filho sabe o que diz. Tenho severos pressentimentos que me advertem que aproximam-se tempos difíceis. Tu sabes que meus pressentimentos nunca erram.

– E o que pretendes que façamos, meu filho? – perguntou enfim o venerável senhor, aproximando-se novamente da poltrona e sentando-se.

– Acho que é medida de segurança que partais de Paris o mais breve possível.

– E tu? Estás te excluindo disso? – perguntou a mãe, angustiada.

– Não posso partir. Tenho Darchelle e não posso abandoná-la.

– Por que crês que eu partiria sem ti, Étienne? A que tomas teu pai?

– Também eu não partirei sem ti, meu filho. Sou tua mãe e não te deixarei.

Étienne escorou a cabeça sobre a mão fechada em punho, por alguns instantes. Depois dirigiu-se novamente ao pai:

– Esqueces de que meu futuro cunhado é chefe da guarda do Louvre, meu senhor? Se eu correr perigo, ele certamente vai me ajudar. Porém dificulto muito o trabalho dele, mantendo-vos aqui comigo.

– Tu não enganas teu pai, Étienne. Não adianta argumentares com essas esquivas. Ficaremos. Além do mais, o almirante precisa que nos mantenhamos firmes, fiéis ao nosso ideal. Quando ele deixar Paris, no final do mês, conforme diz, se ainda estiveres inseguro, podemos cogitar da partida.

– Meu senhor, não convém...

– Basta! Ainda sou o chefe desta família. Não deves discutir comigo, filho. Ficaremos. A não ser que consideres expulsar teus pais de tua mansão...

– Oh, não! Peço perdão pela impertinência, senhor. Não desejo afrontá-lo...

Obrigado pela atitude de autoridade do pai a ceder, Étienne recolheu-se cheio de impressões.

No dia 22 de agosto, um fato muito inquietante se deu em Paris. O almirante Gaspard de Châtillon, conde de Coligny, reconhecido líder do partido protestante, sofreu um atentado pela manhã, quando saía de uma visita ao rei. Foi baleado quando passava próximo à Saint-Germain com um tiro de arcabuz, ferindo-se gravemente, perdendo, inclusive, um de seus dedos.

Mediante um acontecimento tão complexo e diante de todo o burburinho que se ouvia por todos os lados, na cidade, Étienne tentou buscar Leon para conversar e recolher dele as impressões, mas não logrou momento propício. O rapaz estava assoberbado por suas funções junto aos reis e não pôde sequer atendê-lo.

O moço renano, apreensivo, trocou algumas impressões com Darchelle, mas a menina tentava demovê-lo de uma atitude mental de preocupações que, ao seu ver, eram desnecessárias. Certamente que se alguma coisa ameaçasse ao noivo e sua família, Leon se pronunciaria de forma decisiva para evitar qualquer aborrecimento.

Por conta disso, mesmo tomado por sérias preocupações, o rapaz continuou a movimentar-se cumprindo seus deveres, como se tudo estivesse como deveria estar.

* * *

NAQUELES DIAS, TANTO dentro das dependências do palácio real, em gabinetes isolados, como em grêmios secretos organizados por conspiradores e fanáticos políticos religiosos, acumulavam-se as insídias malignas que desencadeariam em uma das maiores tragédias que a França presenciou em seu solo generoso.

A rainha-mãe muitas vezes reunia-se secretamente com lideranças que a pudessem ajudar a persuadir seu indeciso filho a uma ação definitiva contra os huguenotes, aproveitando-se da aglomeração deles na cidade, por conta do casamento de Marguerite.

Leon era o oficial responsável, principalmente pela segurança pessoal dos soberanos e da família real, considerado de altíssima confiança. Mesmo o fato de quase ter na família um parente luterano não o desabonava aos olhos do rei e mesmo de Catarina de Médici.

Frequentemente, ele era chamado para fazer a guarda e a segurança dessas infelizes reuniões, algumas eram de desconhecimento do próprio rei.

Portanto, não demorou para que soubesse que se planejava uma retaliação violenta contra os protestantes, em um ato de traição sórdida e infeliz.

Soube logo que a cabeça do almirante Coligny estava a prêmio, mesmo sendo este tão achegado ao rei. Tudo foi confirmado quando o almirante sofreu o atentado ao qual já nos referimos.

Falava-se à boca pequena, nos círculos mais restritos, que fora o próprio rei quem contratara o atentado àquele a quem chamava de pai, cedendo à pressão que lhe era exercida pela própria mãe.

Mas tudo quanto sabia era informação do mais alto sigilo e sua posição recomendava que ele nada conversasse a respeito com ninguém.

Durante vários dias, observou também a movimentação do seu antigo companheiro Ramon. Por ser adestrado na arte de observar e investigar, não demorou para que Leon descobrisse que o soldado havia se filiado a milícias que se preparavam para agir, caso houvesse ocasião para isso. Ramon tinha acesso a algumas informações 'privilegiadas' e as fornecia para as agremiações às quais se filiara. Mas a rainha Catarina, que tudo parecia ver e saber dentro da França, de um modo muito discreto, incentivava essas formações traiçoeiras.

Leon bem sabia que, caso houvesse algum tipo de violência contra os huguenotes, Ramon procuraria por Étienne, para se utilizar da ocasião para uma vingança.

Por isso escalou alguns soldados especiais para descobrirem mais sobre os passos do companheiro de armas. Logo foi informado de que este procurava saber por seus meios todos os paradeiros de Étienne, seus horários e seus compromissos. Através de meios soezes, obtinha informações sobre o patrimônio do rapaz renano, quem eram seus escrivães de confiança, quais assembleias frequentava, quem eram seus amigos mais chegados.

Descobriu, por exemplo, que apesar de ser luterano, Étienne frequentava reuniões calvinistas e tinha líderes desse partido como amigos muito próximos, o que facilitava seus intentos, já que os continuadores de João Calvino eram, sem dúvidas, os mais detestados pelos católicos e políticos, pois eram os mais numerosos no partido.

Por decorrência, o rapaz também acumulava informações a respeito do conde Armando de M. e sua família, primos de Étienne.

Leon descobriu que Ramon procurava saber também sobre os passos de Raul, o irmão do conde Armando, auxiliando adversários gratuitos deste.

Tudo isso o inquietava superlativamente.

Leon era um homem criado e adestrado para ser honrado em sua profissão. Sua ética não permitia apossar-se de informações tão restritas para benefício próprio ou de quem quer que fosse, mesmo aqueles a quem ele amasse muito.

A verdade é que ele aprendera a amar como um irmão o noivo de Darchelle. Também era um amigo muito achegado de Raul e simpatizava grandemente com sua família.

Sabia que todos estavam em perigo de morte e tinha impulsos de avisá-los, rogando que deixassem Paris por aqueles dias. Melhor seria se abandonassem a França por alguns meses, refugiando-se na Alemanha ou na Inglaterra, para se safarem dos desastres que ele sabia que se aproximavam.

Mas não poderia fazer uma coisa dessas sem estar incorrendo em erro grave. Seria um traidor, um vil, um oportunista. Sua função exigia dele retidão e lealdade.

Mesmo não concordando com muitas ações do instável Carlos IX, ou não simpatizando com a ferocidade da insidiosa Catarina de Médici, ou mesmo guardando severas restrições quanto aos outros inapetentes candidatos ao poder que dela procederam, cabia-lhe cumprir o juramento que fizera, quando assumira o cargo tão melindroso.

E mesmo que seus soberanos ou qualquer outro nobre a quem devia lealdade e obediência jamais soubesse que ele se favoreceu de alguma informação que recolhera na execução de seus deveres, ele saberia que seria um desleal, desonrado e desprezível cavalheiro. Isso bastava para incomodá-lo muitíssimo.

O que faria? Como conseguiria salvar a vida de seus muito estimados amigos sem ferir seus deveres?

E ainda havia o problema de Darchelle, o mais precioso tesouro de seu coração. Oh, pobre moça que cedo perdera os pais e fora confiada a um rapazote e às preceptoras. Será que estava fadada a colecionar tragédias e perdas em sua vida tão curta? Ela amava com tanta intensidade ao noivo, que certamente entraria em desesperação se o perdesse.

Leon sabia bem disso. Temia por sua saúde e por sua sanidade, caso alguma coisa acontecesse de pior. E certamente aconteceria, não tinha dúvidas.

O que fazer?

Darchelle confiava nele, integralmente. Jamais compreenderia se ele não tentasse salvar seu noivo do anunciado desastre que se abateria sobre os protestantes.

Acontece que sua vida não lhe pertencia mais, desde que fizera o juramento solene. Pertencia aos seus soberanos, para que dela se dispusessem como melhor lhe aprouvessem.

E a noiva? Se ele cumprisse seu dever de oficial ou se atraiçoasse seus soberanos, o que Marie pensaria dele? Qualquer coisa que fizesse o tornaria um celerado para alguém. Sua condenação já estava escrita, seja pelos soberanos, seja por sua adorada irmã, seja por seus amigos e pela noiva, seja pela própria consciência. A algum desses julgamentos não poderia escapar.

Como inquietava-se cada dia mais, não sabendo disfarçar o torvelinho de ideias e confusões que o tomavam, atou-se ao trabalho mais até do que dele era exigido naqueles dias tão agitados. Queria evitar encarar Étienne, a quem tanto estimava. Queria evitar ver o sorriso inocente da irmã, que não era capaz de apreender a gravidade da situação. Queria evitar a tudo e a todos. Restringia-se a fazer o que era inadiável e inarredável.

Em casa ou nos compromissos dos quais não conseguia escapar, mantinha-se mais calado, retraído, com os olhos preocupados e até tristes. Desculpava-se com o cansaço proveniente do excesso de trabalho. Evitava quaisquer assuntos políticos ou religiosos, assuntos sobre os quais jamais tivera receios de tratar.

Quando estava a sós com Darchelle, olhava-a entre amoroso e compungido. Abraçava-a longamente, como se já quisesse se desculpar por tudo que ainda não havia acontecido. Mesmo com ela, falava pouco. Aproveitava-se da distração da menina com o amor primaveril que cultivava pelo noivo para manter-se um pouco mais afastado.

Os dias iam passando e, quanto mais se inteirava das coisas, mais apreensivo e abatido ficava.

A pergunta insistia em tomar-lhe as faculdades mentais a todo momento, sem tréguas e sem descanso: O que fazer? Qual é a maneira certa de agir?

Muitas vezes, na solidão de seu aposento ou de seu gabinete de serviços, sentira-se quase desesperando-se diante da indecisão.

Em uma dessas ocasiões, recolhido à sala íntima contígua ao seu quarto, lembrou-se do pai carinhoso que o acompanhou até a juventude, aconselhando-o e guiando-o pelo gosto da profissão de armas. Lembrou-se de seu bom senso e retidão de proceder e emocionou-se.

Naquele dia, alçou ao éter seu poder mental, potencializado por sua vigorosa vontade e conseguiu atrair para si, sem o saber, o alvo de seus pensamentos. No cômodo pobremente iluminado pela chama de uma única vela, que descansava sobre um suporte posto na mesa lateral de sua poltrona de leitura, formou-se um foco luminoso que foi adquirindo formas até que Charles de N. estivesse de pé, ao lado do filho.

Leon não o percebeu. Mas assim que o antigo oficial do exército tocou-lhe a cabeleira e osculou a testa esfogueada, o rapaz sentiu que seu coração precipitava-se no peito e um sentimento muito íntimo de saudade tomava-lhe as forças.

Imediatamente os pensamentos se alinharam da seguinte maneira:

"Oh, meu pai, meu pai! Quanta falta fazes! Se aqui estivesses, saberias aconselhar-me com o teu critério sempre tão justo e disciplinado. Que falta fazes! Quisera eu que voltasses agora do infinito para auxiliar-me nessa indecisão, onde me afundo como uma pedra atirada ao Sena. Que devo fazer, meu querido genitor?"

O mancebo baixou a fronte e segurou a própria cabeça com as mãos, deixando-se chorar convulsivamente.

Charles compungiu-se muito com a situação. Abraçou o filho doando-lhe todos os seus recursos de amor paternal e ergueu ao Alto uma súplica sincera, enquanto afagava os cabelos de seu menino, que ali clamava seu auxílio sem saber que o poderia conseguir:

– Meu Deus, tende piedade deste meu filho! Sua fronte jovem e ainda inexperiente traz as mais graves responsabilidades. Ajuda-o, meu Deus! Ajuda-o, pois de minha parte não sei o que fazer...

Quando silenciou a pequena prece feita entre lágrimas, não demorou para que outra luminescência adentrasse o ambiente. Mas essa era diferente. Muito mais intensa que a de Charles e com coloração mais distinta.

Em breve, um venerando varão estava de pé ao lado de pai e filho, abraçando-se aos dois com imenso carinho. Era a mesma entidade que auxiliara Charles e Leonor, conforme já relatamos[23].

Ajudando o pai de Leon a se refazer da angústia experimentada, falou em tom gentil:

– Bem posso compreender tuas preocupações de pai, meu caro Charles. Mas também tu deves tentar compreender a bondade de Deus agindo agora em favor do teu filho. Não te angusties tanto. Confiemos na proteção do céu, que sempre vem socorrer os filhos do Pai.

– Meu querido pai, temo pelas decisões de meu filhinho. É uma situação grave e qualquer atitude pouco ponderada pode selar por muitos séculos seu destino... Ele evoca-me do túmulo para aconselhá-lo. Será que não seria justo atendê-lo? Será que não posso apresentar-lhe a visão mais ajustada das coisas, conforme a tenho por minha condição de espírito liberto, de forma que ele deliberasse melhor sobre o que deve fazer? E se acaso ele fraquejar e comprometer-se ainda mais com a Lei?

– Se assim ocorrer, meu bom Charles, devemos respeitar-lhe a vontade. Se tu transmutas a tua vestimenta etérea com os recursos que temos disponíveis nesta casa, adensando teu corpo espiritual até o ponto de poderes ser visto e ouvido por Leon, já que ele não possui faculdades positivas que lhe permitam captar as orientações diretas sem esse recurso, estarás infligindo a liberdade de ação que cabe ao nosso caro menino.

---

[23] Capítulo II desta narrativa.

Ele não terá o mérito do percurso e não passará de frágil marionete em tuas mãos. As decisões não estarão baseadas em seus próprios avanços, mas nos teus. Não, meu caro! Antes, enderecemos a ele nosso socorro, insuflando-lhe as sugestões evangélicas, que potencializarão seu discernimento, sem violentar sua vontade.

Fazendo uma pequena pausa para verificar se estava sendo compreendido pelo interlocutor, o nobre espírito prosseguiu:

– Tu bem sabes que nosso querido filho está em um momento grave da própria existência espiritual. É necessário que seus passos atestem seus próprios recursos íntimos, na aferição justa que lhe cabe. Sendo assim, nossos bons conselhos não podem ultrapassar a carinhosa admoestação mental, sem, contudo, constranger-lhe as faculdades. De certo, não o deixaremos a sós com sua angústia. Por ele velaremos carinhosamente, garantindo que sua liberdade será respeitada integralmente e que não lhe faltarão carinhosas e sutis advertências. Se o amamos verdadeiramente, confiaremos em Deus e nele mesmo, aguardando com esperança o dia de amanhã.

Charles nada dizia. Acompanhava o pensamento de seu gentil amigo, deixando-se chorar.

Voltando-se para Leon, a nobre figura acariciou sua cabeça, fazendo com que ele a erguesse instintivamente, melhorando sua postura.

Espalmando as mãos sobre o peito de Leon, proferiu algumas palavras de fervorosa súplica, enquanto o rapaz soltou um longo suspiro. A respiração do mancebo asserenou-se no mesmo instante e arrefeceram-se as esfogueantes tribulações que o atormentavam.

Olhando-o nos olhos, o venerando varão falou com inflexão carinhosa:

– Meu filho, a desesperação não é boa conselheira. Acalma-te e busca o socorro do sono benfazejo, para que possas vir conosco, descansando de tanta apreensão. Deus é contigo, querido rebento de meu carinho! Tu não estás sozinho e jamais estarás!

Leon sentiu que um torpor tomava suas energias físicas, até então tão agitadas. Resolveu se recolher ao leito para dormir.

Em breve, auxiliado pelos dois espíritos, encontrava-se com seus afetos no infinito.

13
Perigos e atrocidades

"A Humanidade se compõe de personalidades, que constituem as existências individuais, e das gerações, que constituem as existências coletivas. Umas e outras avançam na senda do progresso, por variadas fases de provações que, portanto, são individuais para as pessoas e coletivas para as gerações. Do mesmo modo que, para o encarnado, cada existência é um passo à frente, cada geração marca um grau de progresso para o conjunto. É irresistível esse progresso do conjunto e arrasta as massas, ao mesmo tempo que modifica e transforma em instrumento de regeneração os erros e prejuízos de um passado que tem de desaparecer. Ora, como as gerações se compõem dos indivíduos que já viveram nas gerações precedentes, segue-se que o progresso delas é a resultante do progresso dos indivíduos."
Obras póstumas, capítulo "Questões e problemas, expiações coletivas"

Dia 24 de agosto do Ano de Nosso Senhor Jesus Cristo de 1572.

Apesar dos compromissos sociais aprazíveis que permitiram a Darchelle usufruir das atenções e da companhia do noivo, ela encontrava-se de ânimo alterado durante todo o dia.

Mesmo nas reuniões com suas amiguinhas do Louvre, ou nos momentos em que podia trocar alguma confidência ou carinho discreto com Étienne, alguma coisa lhe oprimia o peito. Em certo momento do dia, chegou a sentir as forças físicas se depauperando, injustificadamente.

Um súbito mal-estar a enfraquecia de hora em hora.

Por isso, ao pôr do sol, resolveu recolher-se em casa antes de terminarem seus compromissos, para refazer-se para o dia seguinte, quando teria um pequeno almoço junto de seus sogros.

Por todos aqueles dias, Paris trocava o dia pela noite, para acompanhar os divertimentos particulares e públicos que eram levados a efeito para celebrarem o casamento na casa real. Mais módico de costumes, Étienne não acompanhava de forma tão intensa os compromissos das madrugadas, atendo-se aos festejos principais que não adentravam muito a noite.

Aproveitando-se da indisposição da noiva, ele resolveu reservar a hora noturna para comparecer a uma assembleia especial que se daria com alguns amigos íntimos que chegavam da Alemanha e eram luteranos, como ele. Desejavam conversar sobre a política, sobre o desenvolvimento da religião em Paris e depois confraternizarem-se com orações e um excelente jantar. Usariam a sala em que normalmente se davam as assembleias que Étienne já frequentava, que, por conta dos eventos, estaria desocupada aquele dia.

Provavelmente, por volta da meia-noite, estaria novamente em casa, para se recolher.

O moço tudo isso explicou à noiva, que não se opôs aos seus planos.

Assim foi que, por volta de sete horas da noite, Étienne se aprontava para ir à assembleia, em sua mansão.

No palácio dos de N., Darchelle já se recolhia para dormir. Precisou de alguns preparados de sua ama para combater uma teimosa enxaqueca que não lhe dava tréguas desde o amanhecer.

Para sua surpresa, enquanto se recolhia, Leon passou pelo lar e a visitou. Ela esperava não ver o irmão até a tarde do dia seguinte.

Ele estava trajado com seu uniforme oficial, o que indicava que não se ia demorar muito. Estava quase irreconhecível. Seu rosto estava mais pálido e suas feições estavam cansadas. Não havia em seu rosto o habitual sorriso que o caracterizava. Ao contrário. Tudo nele indicava preocupação e desgosto.

Entrando no aposento, foi até o leito da irmã e se assentou aos seus pés, sem dizer muita coisa. Por mais que a menina intentasse compreender a razão de seu abatimento, ele alegava que era a estafa do trabalho e mudava de assunto, parecendo não prestar muita atenção no que ela dizia.

Em certo momento, com uma postura grave, ele disse com voz baixa:

— Ouça, minha irmã. Preciso que permaneças em casa hoje, se possível, recolhida em teu quarto, com a porta trancada. Pedirei à madame que vele por ti daqui mesmo. Não te preocupes com nada. Amanhã cedo venho ver-te.

— Por que tais recomendações, Leon? Para onde eu iria, se já estou me recolhendo? E por que preciso deixar o quarto trancado?

— Por nada. Apenas precaução. Temo por ti quando não estou em casa. A cidade está infestada de vagabundos que podem querer se aproveitar da ocasião para saquear e amedrontar. Por isso, deixarei dois guardas na porta da frente, para intimidar quaisquer tentativas de invasão.

— Que dizes? Achas que é possível tentarem invadir a casa do chefe da guarda do Louvre?

— Como saber? São tempos de loucura. Mas o fato é que é preciso que sigas minhas recomendações, para não te expores a perigos desnecessários, entendes?

— Manda avisar Étienne, meu irmão. Coloca-o a par de tuas apreensões, para que ele não se arrisque também...

— Sim...

Leon ergueu-se sem dizer mais nada. Caminhou-se para a saída do quarto distraído, quando a irmã o chamou para trás, estranhando sua atitude:

— Leon! O que há contigo? Nem me darás um beijo de despedida?

Como que levado por automatismos, o rapaz voltou-se até o leito da irmã e a beijou, sem afetação. Depois, deixou a casa e tomou de seu cavalo, para voltar ao Louvre.

Com o coração apertado, Darchelle tentou dormir. Não conseguia, no entanto. Às vezes começava a adormecer e parecia se espantar de repente, assustando-se e acordando a boa ama, que recolhera-se no canapé do quarto, preocupada com sua indisposição.

A noite já ia alta quando escutou um barulho nas persianas de seu avarandado, atingidas por alguma coisa. Ela ergueu-se de um salto da cama, acordando madame Lesoncé, que adormecera no canapé. Ia se encaminhar para verificar o que acontecia, quando sua ama a lembrou das advertências de Leon.

– Não te preocupes, minha ama. Foi esse o sinal que combinei com André, o servo de minha futura cunhada, para deixar para mim as missivas de meu noivo.

– Mas uma hora destas? Não pode ser...

Sem prestar muita atenção nas advertências de madame, Darchelle abriu as portas que davam para os balcões e olhou para baixo. Lá estava André, como sempre. Parecia aflito e apressado. Ele fez o sinal de costume e sumiu entre os canteiros, logo em seguida.

Na fresta dos balaústres, estava um envelope.

A noite estava silenciosa e tranquila para além dos muros da mansão.

Darchelle sobressaltou-se. Acontecera alguma coisa para receber uma missiva do noivo àquela hora.

Ao levar para dentro, percebeu que a carta não era de Étienne. Também não era de Marie, a noiva de seu irmão. Era do próprio André:

"Senhora, perdoe-me o atrevimento de escrever-te, mas trata-se de assunto urgente. Estou fugindo da França e quisera eu avisar-te com maior antecedência.

Teu noivo corre perigo de vida. Todos nós, reformados, corremos. Prepara-se um ataque contra os de nossa religião a qualquer momento, bastando a anuência do rei aos intentos dos revolucionários.

Eu soube, por fonte segura, que agora mesmo, no Louvre, está acontecendo uma reunião que vai deliberar a natureza de tal hediondez. Devo muito ao teu noivo, que, desde que nos conhecemos, tem me ajudado silenciosamente com um difícil transe de família, com o qual nem mesmo meu endurecido patrão, o marquês, se interessou. A generosidade de *monsieur* Étienne salvou a vida de minha irmã, que não trabalha na mesma mansão que eu.

Eu não encontrei maneira de avisar ao teu noivo, então pensei que a senhora pudesse deixá-lo a par de tudo que te conto. Peço destruir esta missiva e não mencionar a fonte de tuas informações. Não demore, senhora! Qualquer atraso e poderá ser tarde demais.

P.S.: Leve contigo um lenço branco amarrado ao braço. Leve igualmente outro para o *monsieur*. É o sinal dos católicos e tal medida pode salvar vossas vidas.

Teu servo,

André."

O coração de Darchelle parecia que ia saltar do peito. Estava trêmula e prestes a desabar em pranto, quando pensou: "Preciso salvar Étienne. Não posso vacilar agora. Preciso salvar Étienne".

Sabia por aquela carta aflitiva que seu noivo usara de bondade com o servo, ajudando-o sem fazer alarde algum. Já desconfiava de sua generosidade, pela simpatia que sempre testemunhava, de que o rapaz usufruía entre servos e pessoas de baixo poder aquisitivo. Isso a fez sorrir e pensar mais vivamente em Étienne. Ele era uma alma bondosa, a seu ver. Certamente Deus a ajudaria a salvá-lo.

Ela sabia que André tinha muitos conhecidos entre os servos no Louvre. E sabia de sua ética o suficiente para não duvidar de que seus relatos eram reais.

A moça recordou-se das recomendações do irmão e de como ele estava reticente naqueles dias.

Tudo se encaixava: a conduta de Leon, as pequenas humilhações públicas aos protestantes, as apreensões que sentia... Oh, como não percebera antes que essa era uma tragédia anunciada? Agora, passando a limpo os dias de comemoração, percebia que os sinais eram claros como o dia.

Buscou um vestido para trocar-se, em atitude desesperada. Colocou a ama a par dos acontecimentos, sem ouvir-lhe qualquer súplica de voltar ao leito.

– Oh, não! Minha ama, não te coloques como obstáculo ao que vou fazer. Não ouses! Jamais a perdoaria! Ajuda-me, se tu me amas!

Foi assim que rapidamente vestiu-se e colocou ao peito os escapulários que a identificavam como católica. Colocou também ao braço uma faixa branca, carregando consigo outra, para Étienne. Saiu aos avarandados, para descer ao jardim.

– Que vais fazer, menina? – perguntou madame, olhando-a aproximar-se da balaustrada.

– Vou descer por aqui. Não ouviste Leon dizer que colocou guardas nas portas da mansão? Eu sei de outra passagem, que André me mostrou. Era essa passagem para a rua que ele usava para trazer-me as cartas de Étienne.

Com muita dificuldade, a ama seguiu sua protegida, tomada por todas as apreensões que seria capaz de suportar.

Percebendo-se ser seguida, Darchelle voltou-se para madame e disse, rapidamente:

– Fica! Não me sigas, minha ama. Pode ser perigoso.

Mas a senhora não ouviu. Apenas seguiu-a, de mão no peito.

Quando ganhou a rua silenciosa, a menina tomou o caminho da casa de Étienne. Corria sem ao menos olhar para trás.

A pouco mais de um quarteirão de seu destino, ouviu um sino estridente, que a fez paralisar. Era o sinal. Em breve as ruas eram tomadas por cavalheiros e homens armados, a pé ou montados em cavalos. Em breve, ouviam-se gritos e rumores estranhos, que a fizeram gelar de pavor.

Precisou reunir todas as suas forças para continuar.

A custo chegou em frente à mansão dos de L. e entrou pelo portão brasonado. Correndo até a porta de entrada, bateu enfurecidamente.

Não demorou para que Theodor viesse atender, assustadiço, acompanhado por dois seguranças.

– Theodor! Theodor! Chama teu senhor! Sou eu, Darchelle! Chama teu senhor!

– Senhora, o que houve? O que aconteceu?

– Chama teu senhor, Theodor, urgente!

– Mas, senhora, ele não chegou ainda da assembleia. Não está em casa.

– Não pode ser!

– Pois sim. Acredito que a reunião e o jantar acabaram por sofrer algum atraso. O senhor não está em casa.

Virou-se para tomar novamente a rua sem maiores explicações, mas voltou-se para o servo novamente:

– Acorda os pais de Étienne, Theodor. Fujam todos! Fujam! Fujam em surdina, ouviste? Todos estão em perigo. Não ouves os gritos? Fujam!

Voltou atrás dos próprios passos e ganhou a saída do extenso terreno. Nem sequer observou se fora entendida pelo servo do noivo.

Quando chegou à rua, quase desmaiou de terror. O espetáculo era dantesco. Pessoas morriam, atacadas por grupos enfurecidos. Morriam à covardia, pois a maioria não estava armada.

Mulheres e crianças eram arrastadas para fora de casa, ainda com trajes menores, para serem sacrificadas impiedosamente.

Tiros eram disparados a esmo. Vez por outra alguém tombava de uma janela de andar superior e caía à rua, atingido por algum. Não seria possível saber se quem era atingido era católico ou protestante.

Homens mascarados ou não, tendo no braço a faixa branca ou vestidos com um sinistro uniforme, em cuja parte frontal estava uma cruz, pareciam ensandecidos, atacando pessoas. Gritavam, como se fossem animais. Aqui e ali, ouvia-se o coro infeliz:

– Morte aos infiéis! Morte aos huguenotes! Exterminem a maldição! Viva o rei!

Darchelle prosseguiu seu caminho, apavorada. Em certo local, não muito longe de si, um homem adulto tinha ao colo uma pequena criança, a quem tentava defender de cinco ou seis pessoas enlouquecidas. Fazia isso segurando com um dos braços a pequena criança, que não parava de gritar, e no outro uma espada.

Enquanto se esquivava, gritava, tentando alguma misericórdia de seus agressores:

– Senhores, vejam! Trata-se de uma criança inocente. Deixa-o viver, eu imploro. Deixa que ele se vá e podem me matar. Não me importo! Mas poupem meu pobre filho, em nome de Deus!

Viu-o ser trucidado juntamente com a pequena criança, sem comiseração, enquanto seus atacantes gritavam:

– Morte aos infames! Essa criança também é um huguenote, portanto, é maldita! Morte a todos, em nome do rei!

Todo o corpo de Darchelle estremeceu, ante a visão sinistra.

Madame Lesoncé aproveitou-se da pausa na marcha da protegida e aproximou-se, segurando-a pelo braço:

– Minha filha, ouça! Voltemos ao lar. Não devíamos estar às ruas. Lembras-te das ordens de teu irmão? Imaginas como ele ficará colérico ao descobrir tua desobediência...

Mas a pequena parecia não escutar. Cabelos soltos caindo em cachos desalinhados pelas costas e pelo colo, trêmula, mãos frias, olhos estatelados, boca semiaberta, respiração opressa, lágrimas que caíam silenciosas no rosto pálido. Era a escultura do desespero.

Olhava de um para outro lado, assustada, ante um grito mais alto, ou o barulho das patas dos cavalos sobre os lajedos do chão, ou o tilintar das armas. A destra estava pousada sempre no crucifixo que lhe pendia sobre o peito arfante.

Sacudindo-a novamente, a ama gritou:

– Ouve-me, *mademoiselle*! Imploro-te que voltemos ao lar e lá nos tranquemos até que essa loucura toda acabe. Não vês o perigo que corremos?

Como que despertada de algum devaneio, Darchelle segurou o rosto da acompanhante com as duas mãos, falando aos gritos:

– Não, não, jamais! Devo encontrá-lo! Nada mais importa! Nada mais importa! Devo encontrá-lo, minha ama. Se quiseres, retorna ao lar e salva-te. Eu não posso. Não há vida sem ele. Nada mais importa!

– Darchelle, ele é huguenote. Não há salvação para ele, não percebes? Não há salvação, minha menina...

– Não, não. Nada acontecerá a ele! Oh, Deus, não! Vamos fugir! Não me importo com Leon! Não me importo com mais nada! Vou encontrá-lo... E se ele morrer, também quero morrer. Não me é possível viver sem ele. Morrerei! Mas antes, mato quem o ferir. Ah, se mato! Eu juro que mato. Ainda que seja meu irmão!

Soltou-se e prosseguiu a marcha desesperada.

– *Mademoiselle*, estás demente! Não sabes o que falas! És uma menina, falando em matar e morrer! Oh, santo Deus! – gritava madame, vendo-a correr.

Darchelle ganhou a rua onde se encontrava o edifício.

Prosseguiu com a pobre ama, seguindo-a, tomada de pavor, ante tudo o que presenciava.

Estacou em frente ao prédio. Quase entrou em desespero quando percebeu que alguém chegou antes dela. Havia dois guardas não muito longe da entrada, mas ela não se importou. Resolutamente, correu porta adentro e ganhou a escada, subindo para o pavimento onde ficava a conhecida sala.

À entrada do salão, viu um homem ensanguentado, morto ao chão.

Sem aguardar mais nada, entrou pelo reposteiro que protegia a entrada, como alguém que havia se dementado.

Lá dentro, mais homens mortos ao chão e um pequeno grupo de soldados, ao redor de um homem ajoelhado.

Oh, quanta dor sentiu no peito ao perceber que à frente do grupo estava Ramon, de espada na mão.

O homem ajoelhado, de cabelos desalinhados, camisa em frangalhos e uma ferida aberta no braço, era Étienne. Soltando um grito de desespero, Darchelle deixou cair no chão o lenço que trazia para colocar em seu braço, para fugirem.

A moça sentiu que ia desmaiar, mas novamente reuniu as forças para se manter firme.

Quando gritou, chamou a atenção de todo o grupo, que imediatamente a olhou. Ela aproximou-se e caiu de joelhos, quando seus olhos se encontraram com os do noivo.

– Darchelle! Que fazes aqui? Oh, Meu Deus, saia daqui! Vá embora! – Étienne gritou, desesperado.

Tomou um tapa em seu rosto, quase caindo ao chão.

Sustida brutalmente por um soldado, a moça se debateu até que foi obrigada a encarar Ramon, que se aproximava, com olhos irados.

– Senhor, ela é católica! Irmã de Leon de N., teu superior! Tirai-a deste recinto! – gritou Étienne, erguendo o cenho.

Ramon parou diante dele e desferiu-lhe um novo tapa que o fez cair ao chão. Diante da cena, Darchelle gritou, desesperada:

– Não! Não, Ramon! Não toques nele!

Obedecendo o sinal feito ao soldado para que soltasse a moça, Darchelle se desvencilhou e correu até Étienne, erguendo-o do chão e abraçando-o. Reparou que ele tinha hematomas no rosto, evidenciando que recebera golpes.

Mas ele estava vivo, e era o que importava. Por algum motivo, Ramon não o matara de pronto, como vira acontecer nas ruas, em seu trajeto.

– Que interessante circunstância tu estares aqui, Darchelle! Vais presenciar eu trucidar teu amante huguenote! – disse o soldado em tom irônico, aproximando-se do casal.

Darchelle jogou-se-lhe aos pés, humilde e angustiada:

– Não! Ouve, Ramon, eu imploro tua clemência! Faço tudo o que quiseres! Caso-me contigo, faço-me tua amante, atiro-me ao Sena... O que quiseres! Mas eu imploro: deixa Étienne fugir da França. Deixa-o e faz de mim o que bem entenderes. Cedo a qualquer capricho teu.

Ramon embainhou novamente a espada e agachou-se, erguendo a moça para a encarar, delicadamente:

– Meu Deus! Não te pareces com a moça que há algum tempo humilhou os meus mais sinceros sentimentos em público.

– Perdoa-me! Eu imploro teu perdão! Faço o que quiseres, como quiseres, quando quiseres! – exclamava a moça em agonizante súplica, em pranto convulsivo.

– Mas, Darchelle, não foste tu que me disseste que eu não serviria para limpar as botas de teu huguenote? Tu não afirmaste que ele possui muito mais hombridade que eu? Pois bem, querida, disseste o que te aprouve, cuspindo-me ao rosto com teu desprezo. Agora, verás bem quem aqui é mais homem. Repara o estado do teu cavalheiro huguenote, humilhado, com a vida em minhas mãos. Creio ser muito tarde para me implorares qualquer coisa.

– Não! Ramon, não digas isso. Me lanço aos teus pés e coloco em tuas mãos o meu destino. Faço como quiseres e dou-te minha palavra que jamais fugirei de ti. Serei tua escrava. Faço qualquer coisa...

Ramon andou pela sala calmamente, encarando Étienne, com o mais sórdido dos sorrisos:

– Vê, huguenote! Tua amante se joga aos meus pés. Quer trocar tua liberdade por ela mesma. Que achas? Aceito a oferta e faço dela minha escrava, pois não passará jamais disso, ainda que me leve o nome em matrimônio, e liberto-te? Que pensas, miserável?

Étienne ergueu a fronte ensanguentada e falou encarando o algoz, serenamente:

– Minha pobre Darchelle não sabe o que fala. Não percebeu que meu destino está selado, motivado pelo teu íntimo despeito de não ser alvo de suas preferências. Pobre criança, pretende confiar em ti e nos sentimentos que tu não possuis. Não a iluda, soldado. Aqui não vieste cumprir o mandato de tua fé, mas eliminar o adversário que elegeste, gratuitamente. Manda-a de volta ao irmão, que é teu superior e hás de retaliar qualquer atitude menos digna que tomares contra ela. Quanto a mim, faz o que vieste fazer.

Irritado com a tranquilidade e os argumentos do jovem protestante, Ramon gritou, enlouquecido:

– Sim, irei matar-te! Sim, huguenote. Mas também irei tê-la. Ela será minha e jamais tua. Tiro-te tudo!

Darchelle ergueu-se e aproximou-se de Ramon, trêmula.

– Ramon, deixa-o ir! Deixa-o... Oh, em nome de Deus, eu te imploro!

Em seu juízo normal, Ramon teria se compadecido da pobre criança desesperada que implorava sua misericórdia. A verdade é que ele possuía bons sentimentos para fazê-lo, mas estava alucinado pelo orgulho e o despeito. Comungava-se com mentes depravadas e a elas prestava o serviço de sua inconsequência, naquela madrugada infeliz.

Quando chegara ao recinto onde já sabia, por antecedência, encontraria o adversário, cuidou de matar a todos, menos Étienne. Queria humilhá-lo, para deixar extravasar todos os sentimentos infelizes que trazia dentro de si.

Não, ele não se comoveu com as súplicas reiteradas da pobre moça, assustada, inexperiente. Não raciocinava sequer que tratava-se da irmã de um seu superior hierárquico, em uma situação que o comprometia moral e profissionalmente.

Em silêncio, observou Étienne e desejou tirar-lhe mais que a própria vida. Deveria humilhá-lo ao extremo, como ele mesmo se sentia humilhado por sua fortaleza de caráter.

Ramon encarou Darchelle com um fulgor estranho no olhar e falou baixo, quase educado:

– Sinto que é meu dever chamar os infiéis ao seio magnânimo da Igreja, dando a chance de se redimirem por seus tenebrosos desvios. Eu, de minha parte, não tenho cabedal para perdoar ou redimir ninguém. Mas tenho autoridade para endossar a segurança dos que resolvem abjurar a fé detestável de Lutero e Calvino, e tornar aos braços carinhosos da 'Santa Mãe'.

Agachou-se próximo a Étienne, erguendo a face do jovem brutalmente, olhando-o nos olhos:

– Abjura, huguenote, e eu deixo que te vás. Mas deverás sair de Paris e jamais voltar novamente. Proclama a fórmula de abjuração, admitindo que a santa Igreja é superior, implorando o reingresso na fé que ousaste desdenhar, e eu o solto.

Virou-se para Darchelle, encarando-a:

– Sim! E tu serás minha de agora em diante.

Darchelle ajoelhou-se no chão, peito arfando, iluminada por súbita esperança.

– Como queiras! Tens minha palavra! Faço conforme tu aditares. Basta que deixes Étienne ir...

Voltando o olhar para o moço huguenote, Ramon falou calmamente:

– Abjura! Diz olhando em meus olhos!

Étienne buscou os olhos de Darchelle, que suplicavam que ele fizesse como Ramon ordenava. Uma dor terrível tomou conta de seus sentidos. Pensou na agonia da moça que amava com todas as suas forças, sustentada naquele momento por uma esperança inexistente. Quanto não sofreria sua pobre noiva. Quisera ele viver para protegê-la e fazê-la feliz.

– Darchelle, querida! Não vês que é inútil? – falou-lhe o mancebo renano, com os olhos enevoados por profunda tristeza.

Ramon, irritado, ergueu-se e caminhou pelo recinto, gritando:

– Vamos, huguenote! Estou aguardando teu pronunciamento. Não temos a noite toda! Minha paciência se esgota...

Darchelle arrastou-se até o amado, tocando-lhe o rosto que lágrimas pungentes molhavam.

– Querido, abjura! Diz a fórmula!

– Meu amor, eu não posso! Perdoa-me! É inútil, querida. E mesmo que não fosse, como eu poderia trair minha fé? Isso me tornaria um celerado diante de Jesus!

– Querido, por favor! Não teimes agora! Salva tua vida, eu imploro. Se tu estiveres vivo e bem, eu suporto qualquer coisa nesse mundo...

– Não sabes o que dizes. Esta vida não é tudo, meu amor. A vida tem que ser mais que isso. Como posso me apresentar no Reino dos Céus negando minha fé? Viverei mais alguns anos e cedo ou tarde este corpo vai morrer, seja por doença, por acidente ou pelo desgaste natural. Se não hoje, daqui a algum tempo, que não sabemos precisar. De qualquer forma, um dia volto ao Reino de Deus. Posso fazer isso hoje com honra ou amanhã envergonhado, como traidor.

– Étienne, não faças isso! Pensa em mim? Que farei?

– Não estás sozinha no mundo, Darchelle. Tens teu irmão, Leon, que certamente vai proteger-te. Oh, quisera eu poder viver contigo, para nos casarmos e sermos felizes... Mas eu creio que existe vida após esta vida, minha amada. Crê nisso também. De onde eu estiver, estarei velando por ti... Acaso não crês em meu amor por ti? Confia em teu cavalheiro!

Ramon, que observava como que estático, sem conseguir reagir, por fim saiu de seu torpor e ergueu a jovem, tirando-a de perto do noivo. Entregou-a a outros soldados e voltou-se para Étienne.

– Basta! Chega de conversas inapropriadas. Que é isso? Usas de meu precioso tempo para se darem a namoricos? Minha paciência esgotou-se...

O soldado ergueu Étienne pelos fragmentos da camisa que ainda restavam, sacudindo-o, colérico.

– Covarde! És um covarde e um infame. Herege!

O rapaz ficou em silêncio. Foi jogado brutalmente ao chão. Ramon retirou da bainha a espada e avançou.

Darchelle, soltando-se das mãos do guarda que a segurava, deu um salto e agarrou-se a Ramon, segurando-o pela armadura.

– Não! Não toques nele! Juro que eu te mato, eu juro! Eu te mato! Não toques nele!

Ramon desvencilhou-se da moça, jogando-a ao chão. Ela ergueu-se e o atacou, completamente dementada.

– Não és homem! És um animal! Um cão! Um imundo! Eu te matarei, ouviste? Eu te matarei. Eu te odeio, Ramon. Sempre odiei! Se tocares em meu noivo, juro que gastarei meus dias tecendo tua perdição! Eu cavarei a tua perdição, nem que para isso tenha que me condenar ao mais profundo abismo. Ah, Ramon, eu te arruinarei, eu juro! Gastarei todos os meus dias em fazer-te um desgraçado.

Fazendo um sinal para que o subalterno segurasse a menina, Ramon virou-se de espada em punho, totalmente transtornado, seguindo em direção a Étienne, gritando frases sem sentido, enquanto o rapaz permanecia de joelhos.

– É bom que assistas eu trucidar teu noivo, atrevida, traiçoeira! Morte aos huguenotes! Morte aos infiéis! Vida longa ao nosso rei!

– Não! Oh, Deus, não! – gritava desesperada a menina.

O soldado bramiu a espada, covardemente. Atravessou o peito arfante do adversário, que soltou um gemido de dor.

Étienne crivou na amada o olhar procurando falar, mas não conseguiu. Desejava recomendar alguma coisa à noiva, mas a voz não saiu de sua garganta. Caiu de lado, por fim, em uma poça do sangue que saía de sua ferida, aos borbotões.

Sem que ninguém no ambiente soubesse, havia, naquele momento trágico, uma luminosa entidade que se abraçava carinhosamente ao rapaz ferido, acompanhando-lhe os últimos instantes.

Tratava-se da mesma figura veneranda que acompanhava o pai e a mãe de Darchelle, no além-túmulo.

Nos últimos instantes do moço renano, sussurrou nos seus ouvidos, sendo ouvido somente por ele:

– Acalma-te, meu filho! Nada temas! Tudo ficará bem!

Nesse momento, um grito agudo foi ouvido no recinto. Darchelle, após presenciar o violento ataque ao noivo, deixou escapar do peito sua angústia, e caiu, desfalecida ao solo.

Étienne, muito confuso, acompanhou o acontecido e sentiu-se grandemente desesperado, fitando-a ao chão. Queria levantar-se e socorrê-la, mas o corpo não obedecia.

O nobre varão que o apoiava disse, acariciando seus cabelos:

– Ouve, Étienne. Precisas de tranquilidade mental. Não te preocupes com Darchelle agora. Já providenciamos o auxílio que ela necessita. Agora, deves acalmar os sentimentos e seguir conosco. Confia em Jesus, meu filho.

O jovem protestante olhou para o benfeitor que o sustentava nos braços sem compreender exatamente o que acontecia. Mas expressou em um sorriso a gratidão que sentia pelo acolhimento.

Suspirando fundo para demonstrar a própria resignação, deixou a cabeça repousar no peito do desconhecido amigo, molhando sua alva túnica com suas lágrimas. Um torpor muito grande o acometeu, fazendo-o desfalecer.

No plano físico, seu peito não mais arfava. Estava morto.

Nesse momento, madame Lesoncé adentrou o salão desesperada. Havia voltado para trás para tentar encontrar Leon. Procurou-o no Louvre, correndo em várias dependências. Havia caos em todos os lugares.

Por fim, encontrou um guarda conhecido que lhe disse que Leon ausentara-se do Louvre, em auxílio a uma das damas da rainha, mas que informara que retornaria brevemente. Exasperada, ela pediu que o soldado encontrasse seu superior, certificando-o de que tratava-se de assunto urgente e gravíssimo e que a irmã corria perigo de morte.

Não esperou a resposta de sua solicitação. Rodou sobre os calcanhares e tomou o caminho de volta. Retornou ao prédio procurando pela protegida, e subiu as escadas olvidando qualquer perigo.

Ao entrar na sala, a cena chocante de morte e sordidez. Viu que jazia ao chão o corpo inerte e ensanguentado do noivo de Darchelle. Sua menina também estava caída, desmaiada, aos pés de um soldado que não sabia o que fazer.

A boa ama correu até ela, apoiando-a ao colo, tentando fazê-la acordar.

– Oh, meu Deus! Vamos, querida! Acorda! Eu chamei teu irmão! Ele chegará em breve. Acorda, minha querida, eu imploro!

Ramon ficou parado, ofegante, olhando as duas sem nada dizer.

Não demorou e foram ouvidos os trotes dos poderosos cavalos da guarda, à porta. Em breve, passos pesados subiam as escadas e um oficial entrava no ambiente de espada em punho. Examinou a tudo e a todos e viu que a irmã jazia inerte no colo de madame Lesoncé.

Não muito longe dela estava o corpo ensanguentado de Étienne.

Leon correu até a irmã e começou a perguntar, desesperado.

– O que acontece aqui, afinal? Oh, madame Lesoncé, o que houve? Não me digas que minha irmã...

– Oh! Não! Ela está viva, meu menino! Mas não acorda! Salve-a, meu filho! Salve-a, por Deus!

Erguendo-se e voltando-se para Ramon, o oficial perguntou novamente:

– O que houve aqui, soldado? Explica-te!

O rapaz, devolvendo a espada à bainha, falou tomado de estranha calma.

– Trucidei um infiel, conforme as ordens de nosso rei e as ordens do próprio Deus!

Leon encarou-o, tomado de ira. Ordenou que ele voltasse ao Louvre acompanhado por dois guardas, pois queria um informe detalhado sobre tudo o que acontecera e, principalmente, sobre o fato de sua irmã estar naquele ambiente, no estado em que se encontrava.

Abaixou-se, então, tomando-a nos braços. Antes de sair, olhou novamente o subordinado, falando baixo:

– É bom que nada aconteça com minha irmã, soldado!

Leon saiu do edifício e montou em seu cavalo, levando consigo a menina, que desde aquele momento tinha o corpo ardendo em febre.

Levou-a para casa e chamou os servos para que ela fosse cuidada adequadamente com banhos e sais, de forma que acordasse do estranho torpor.

Nada adiantou, infelizmente.

Naquele momento, não era possível requerer facultativos ou outras providências, ante a desesperação que tomava as ruas.

Seria necessário esperar até que tudo se acalmasse.

O rapaz precisava voltar ao Louvre. Não podia afastar-se de suas funções em ocasião tão grave. Precisava voltar ao desempenho de suas responsabilidades junto aos soberanos.

Por isso, fez mil recomendações, tomado de grande preocupação. Deixou a moça aos cuidados de madame Lesoncé e retornou ao posto, angustiado, agitado.

14
AFRONTA NO PALÁCIO

"Ele necessariamente tem todo o poder, toda a justiça, toda a bondade, sem o que não seria Deus. Se é soberanamente bom e justo, não pode agir caprichosamente, nem com parcialidade. Logo, as vicissitudes da vida derivam de uma causa e, pois que Deus é justo, justa há de ser essa causa. Isso o de que cada um deve bem compenetrar-se. Por meio dos ensinos de Jesus, Deus pôs os homens na direção dessa causa, e hoje, julgando-os suficientemente maduros para compreendê-la, lhes revela completamente a aludida causa, por meio do Espiritismo, isto é, pela palavra dos Espíritos."
O evangelho segundo o espiritismo, capítulo 5, item 3

INFELIZ MANHÃ RAIAVA em Paris.

As sombras da noite haviam escondido sob seus véus a hediondez que avassalara as ruas da velha cidade. Mas as luzes do dia a todos revelava a realidade terrível do que havia ocorrido.

As ruas e ruelas estavam tomadas por sangue. Corpos muitas vezes mutilados, em cujo rosto ficara estampado o horror da hora extrema ou o ódio sentido no momento derradeiro, se multiplicavam por todos os lugares. Entre eles, homens, mulheres e crianças, em grande parte vestidos com roupas de dormir, totalmente despreparados para qualquer defesa da vida.

Tudo era um caos silencioso.

Leon observava tudo, com o coração apertado. Embora já houvesse participado de batalhas, quando de sua formação militar, jamais vira um espetáculo tão infeliz como aquele.

Ainda era bem cedo e ele vinha cavalgando devagar pelas margens do Sena, profundamente sorumbático.

Parou um instante e, de onde estava, voltou-se para o Louvre, olhando para a janela de onde, na noite anterior, o rei atirara contra seus súditos, gargalhando como um louco.

Tudo lhe parecia impensável agora.

Resolveu encaminhar-se para onde buscara a irmã, na madrugada anterior.

Chegando à porta do prédio, entrou. Subiu as escadas devagar, até chegar ao salão de assembleia.

Nada havia sido alterado desde horas antes, quando se retirou de lá com Darchelle.

Leon foi até o corpo de Étienne, abaixando-se para examiná-lo. Olhou-o, compungido. Era seu amigo. Amava-o como a um irmão, mas não o salvou. Colocou o cumprimento de seu dever com a pátria acima de qualquer coisa e agora tinha à sua frente o cadáver do noivo de sua irmã.

Por sua cabeça passaram mil providências que poderia ter tomado antes, em uma angustiante tortura. Nenhuma dessas ideias o havia socorrido antes, mas agora ali estavam, condenando-o, sem remissão.

Reparou o morto mais um pouco e viu que de seu peito pendia um cordão conhecido. Já o vira entre as joias da irmã, que ela herdara da mãe. Observou-o, respeitosamente. Naquele lugar não houve saques, conforme aconteceu em todos os outros lugares.

Enquanto olhava, percebeu que pendia de um bolso interno do casaco em frangalhos um pequeno lenço, sujo de sangue. Reconheceu nele as iniciais de Darchelle. Pegou-o com cuidado e olhou-o, com atenção, guardando-o depois consigo.

Duas lágrimas escaparam de seus olhos. Uma imensa dor tomou seus sentimentos. Até horas antes, imaginava que o sentimento de dever cumprido com a Pátria o vacinariam de qualquer arrependimento. Porém ali, diante do amigo morto, a consciência o castigava como fogo vivo em seu coração.

Ergueu-se e recordou-se dos pais de Étienne. Resolveu ir até sua mansão, para ver se conseguiram fugir, em uma tentativa de aliviar um pouco as impressões que vergastavam-no. Mas o que encontrou era ainda mais desolador que a visão do salão de assembleias.

Pelo chão, várias obras de arte estilhaçadas, ricos cortinados rasgados, louças quebradas, móveis aos pedaços, consequência do desonroso saque ao patrimônio da família.

Os corpos dos dedicados servos jaziam ao chão, indicando como se esforçaram para proteger os bens de seus bondosos patrões.

Leon subiu até o segundo pavimento, na esperança de não encontrar nenhum sinal dos pais de Étienne. Para sua decepção, eles foram mortos dentro do próprio aposento, indefesos. Junto a eles, Theodor, em seu último esforço de reação.

Leon desceu as escadas e saiu à rua, montando novamente em seu cavalo. Procurou por um soldado, para expedir ordens sobre os corpos de Étienne e de seus pais, para que recebessem sepultura condigna, já que para muitas vítimas do ataque estavam reservadas as valas públicas.

Só então tomou o caminho para casa.

Chegou ao lar transfigurado. Parecia adoecido.

Subiu ao quarto da irmã e a encontrou em delírios de febres muito altas, entre gritos e estertores que o apavoraram.

Providenciou, a muito custo, um facultativo. Como havia muitos feridos, este estava desde muito antes em atendimentos e só poderia atender ao chamado após algumas horas.

Enquanto o médico não chegava, Leon velou pela irmã, sem sair de seu lado, mesmo o corpo rogando-lhe algum descanso.

O dia já ia a meio quando foi possível ao médico atender Darchelle.

Ministrou-lhe substâncias sedativas e muitas compressas para diminuir sua persistente febre e recomendou banhos e chás. Deixou o vidro de um preparado para que a ama lhe oferecesse em espaço regular de tempo e retirou-se para atender aos outros tantos chamados. Antes, garantiu que voltaria no dia seguinte para ver a paciente. Disse para Leon que o estado dela inspirava cuidados, mas ainda era cedo para se verificar do que se tratava. Provavelmente uma crise nervosa de grandes proporções. Que esperassem pela evolução do quadro.

Vendo que a irmã aquietava-se um pouco após os remédios, o oficial logrou descansar. À noite deveria voltar ao Louvre.

Quando acordou do pequeno descanso, despachou correspondências aos parentes de Étienne, na Baviera, informando o infeliz acontecido e deixando-se ao dispor para qualquer ajuda que fosse necessária. Informou onde os parentes seriam enterrados, garantindo que o seriam com honra, conforme ele mesmo se certificaria. Recomendava que não viessem para Paris por agora, pois não era seguro.

Após tal providência que visava acalentar um pouco a si mesmo, o oficial voltou para o palácio real para o exercício de suas funções.

Por aqueles dias, nas dependências da realeza, ele testemunhara um fato que a todos estarrecia. Mais de uma vez foi ordenado a fazer uma ronda detalhada no palácio e em seus arredores, para saber de onde proviam gritos desesperados que todos ouviram. Eram idênticos àqueles que foram ouvidos no dia do massacre. Mas nada havia que justificasse o barulho.

Isto, além de outros fatos sempre testemunhados por muitos, gerando grande furor.

Carlos IX se inquietava. Em sua mente, repassava os horrores do dia, tomado pelo remorso e a ideia fixa.

Durante vários dias Darchelle delirava de uma maneira que despertava comoção e piedade aos que por ela velavam.

Parecia acordar entre suores abundantes e gritava, segurando-se em quem estivesse ao seu lado:

– Étienne! Meu Étienne! Vou salvar-te! Socorro! Socorro! Não o toque, Ramon! Não o toque!

De outras, encarava sua ama, com os olhos esbugalhados, trêmula e desesperada:

– Minha ama, tomaremos outro caminho. Seguiremos diretamente para o prédio e será possível salvar meu noivo! Vamos, não se demore!

Leon se horrorizava ao vê-la vociferar, estremecida de tanta agonia:

– Ama, Leon sabia! Oh, ele não salvou meu noivo! Por que, meu Deus! Ele poderia salvar meu noivo! Socorro!

O rapaz chorava e tentava falar alguma coisa, que ela não ouvia.

Embora com o passar dos dias a moça lograsse recuperar um pouco a consciência, quando a febre cedia um pouco, não houve grandes melhoras. Ao se passar mais ou menos uma semana, o médico deu o diagnóstico de uma enfermidade de difícil tratamento nos pulmões.

A menina definhava diante daqueles que tanto a amavam.

Em seus momentos de lucidez, quando se inteirava da cruel realidade em que vivia, recordando-se os eventos de São Bartolomeu, agarrava-se à ama entre lágrimas:

– Minha ama, diz-me que foi somente um pesadelo que tive! Tranquiliza-me, dizendo que meu Étienne está bem e nada ocorreu, de fato!

Pobre ama que inutilmente tentava acalmá-la, vendo-a prostrar-se nessas crises, até terminar novamente ofegante e febril em seus braços.

Quando o irmão a visitava, em seus momentos de lucidez, com ele não trocava sequer uma palavra. Apenas deixava verter lágrimas silenciosas de seus olhos tristes e embaciados.

Em vão o rapaz lhe trazia prendas e guloseimas. Em vão prometia-lhe viagens e alegrias. Em vão trazia a noiva para visitá-la, tentando fazer com que se animasse um pouco ou conversasse.

A menina permanecia muda, falando apenas com sua ama quando estava lúcida, ou nos seus momentos de delírio, onde anunciava tudo quanto presenciou no lúgubre acontecimento.

– Meu Deus! Veja, minha ama! Santo Deus!

Tudo isso impressionava Leon muito fortemente. O pobre rapaz também emagrecia e definhava de seu vigor de soldado, mediante tanta exasperação. Em sua mente, a imagem do falecido noivo da irmã, jogado ao chão, não lhe dava tréguas.

Ele temia que Darchelle também sucumbisse, mediante a dor que, ao seu ver, fora ele mesmo que lhe infligira, com seu silêncio sobre os acontecimentos.

Ao longo de dois meses a situação não se alterou, fazendo com que o rapaz adiasse um pouco mais seu matrimônio.

Leon não tinha ânimo nem para cobrar de Ramon a responsabilidade de seus atos no dia do ataque. Afinal, se era ordem real e Étienne e a família eram filiados às Igrejas reformadas, o que cobraria do soldado?

Uma manhã chuvosa, quando intentava voltar para casa após uma noite de serviços, Leon expedia algumas ordens e recomendações a um guarda, perto da saída do palácio, quando viu que Ramon se aproximava da porta principal. Terminou rapidamente de instruir o soldado que estava à sua frente e encaminhou-se para o ex-amigo, chamando-o para um determinado ângulo.

Sendo tratado com a deferência que lhe era devida como superior hierárquico, disse com voz muito baixa ao seu subordinado, com os olhos tisnados de irritação:

— Vejamos, soldado, que ainda não lhe pedi contas com referência ao teu comportamento, na noite do ataque aos huguenotes...

— Senhor, eu cumpria ordens de nosso rei...

— Tuas funções estavam atreladas ao palácio, naquele dia, e no entanto tu saíste às ruas para cuidar de assuntos de teu interesse exclusivo. Usaste da ordem real para cuidar de vinganças pessoais. Negas isso?

Ramon permaneceu calado, respeitoso.

Sem medir muito as próprias atitudes, o oficial pegou-o pelo colarinho, lançando-o fortemente contra uma parede, pressionando-o com toda a sua força.

O espanto de Ramon foi muito grande. Não podia reagir, já que era seu capitão quem o agredia. Cuidava apenas de proteger, como podia, o pescoço que estava submisso ao poderoso antebraço de Leon.

— Ouve-me, Ramon! Minha irmã está entre a vida e a morte em minha casa. Eu ainda não superei o fato de encontrá-la na cena de tua desfaçatez, naquela noite. Eu creio que tens grandes responsabilidades nisso, portanto, considero-o responsável também pelo adoecimento de

Darchelle. Não creio haja justificativas para teres matado seu noivo na presença dela, como fizeste. Porém para mim, agora, o que importa é salvá-la da morte. Mas eu juro que, se ela vier a falecer, terás em mim um inimigo poderoso, não duvides. Cuida de desejar o restabelecimento de Darchelle, Ramon, se aprecias tua vida!

Leon soltou o rapaz, que caiu ao chão, pigarreando. Virou-se e saiu, buscando a montaria.

Ninguém presenciou a afronta, pois o movimento ainda era muito restrito naquela hora do dia.

Atormentado, desejando permitir que o pranto retido a custo o libertasse da opressão no peito, retornou ao lar.

Passou rapidamente pelos aposentos da irmã e beijou-lhe a fronte.

Em seguida, foi até o seu quarto, pois ansiava por solidão. Lá chegando, foi até seu escritório íntimo e assentou-se em uma poltrona, próxima a uma lareira. Nem sequer despiu-se de seu uniforme. Apenas deixou-se cair na cadeira, apoiando com as duas mãos a face e deixando-se chorar, angustiado.

Não sabia o que fazer. Temia pela vida de sua irmã e não sabia mais que providência tomar para salvá-la. Sentia-se responsável por toda a tragédia que a prendia em um leito, definhando pouco a pouco.

De repente, lembrou-se da saudosa mãezinha. Oh, como sentia falta de seu carinho. Lembrava-se dela quando Darchelle era apenas um bebê e ele um rapazote. Estavam sempre juntos. Leonor mantinha a pequenina em um dos braços e o abraçava com o outro, beijando-lhe os cabelos, chamando-o de seu pequeno cavalheiro.

Desde que a irmãzinha nascera, a mãe nunca mais teve o viço da saúde. Passava longas temporadas acamada, sem poder fazer os passeios que fazia com ele pelos jardins. Mas, mesmo assim, jamais se afastaram. Ela sempre o chamava para perto de si e o deitava ao seu lado, acariciando-lhe enquanto cantava lindas cantigas que aprendera em Lorraine, em sua infância.

Por vezes, um pouco mais disposta, deixava que ele segurasse a irmãzinha nos braços, enquanto contava-lhes as histórias de sua infância e de sua juventude. Outras vezes, sentada em sua poltrona predileta no aposento, chamava-o para ensinar o manuseio dos instrumentos, talento que certamente ele herdara dela.

Ah, que falta fazia sua voz doce e gentil, sempre pronta a contemporizar todas as situações, em nome da paz e da concórdia no lar.

Se a mãezinha estivesse ali, saberia como erguer Darchelle do leito que prenunciava morte. Ela sempre sabia o que fazer, em todas as situações.

Pensando assim, o oficial, que era homem feito escorreu da poltrona até o chão atapetado, encolhendo-se, qual um menino carente de afeto. Pelos seus olhos escorriam as lágrimas de sua carência e sua solidão daqueles dias, pois sua consciência não lograva encontrar descanso em nenhum ombro. A própria irmã o desdenhava, recusando-se a falar com ele, em uma acusação silenciosa. Por isso, ansiava por compreensão e consolo, recordando-se da mãe.

Seus apelos alcançaram o coração de Leonor, que em breve tempo tomava forma ao seu lado. Vendo-o em tão aflitiva condição, abraçou-o, fazendo-o deitar-se e colocar, sem saber, a cabeça sobre seu colo materno.

Acariciou-o e beijou sua fronte suarenta, dizendo em um sussurro:

– Meu filho! Meu filhinho! Não estás sozinho! Crê no amor de tua mãe, que jamais vai abandonar-te. Vamos orar, meu Leon! Ora comigo...

Sem saber que obedecia a um comando externo, o rapaz lembrou-se de orar, como a mãezinha falecida sempre o ensinara na infância. Não sabia nada além das fórmulas de sua religião, portanto, fez uma prece desajeitada, sussurrando o nome de Darchelle, de Étienne, de seu pai... Nem mesmo sabia o que deveria rogar, mas orava.

Após a oração, sentiu que as forças físicas estavam esgotadas. Uma sonolência muito forte tomou seu corpo.

Leonor, extremamente emocionada, cantarolou uma de suas cançonetas, enquanto passava a mão na cabeleira do filho, incitando-o ao sono reparador.

Leon não a registrou com os ouvidos. Auscultou-a no fundo de seu ser, como se fosse uma lembrança cara da infância, adormecendo ali mesmo, deitado ao chão de seu escritório.

* * *

APÓS O INCIDENTE com seu superior, Ramon ergueu-se, irritado. Mas, repassando o que havia escutado, a irritação deu lugar a um fundo desgosto.

Leon disse que Darchelle estava entre a vida e a morte, devido à dor de o noivo morto.

Muito embora ele houvesse vociferado tantas vezes na sua intimidade que desejava a morte da ex-amiga, a verdade é que queria que ela vivesse. Amava-a, afinal de contas. Apenas não suportava a afronta que a moça fazia aos seus brios de homem, preterindo-o a um huguenote.

Mas ela estava doente e morria, segundo Leon informava.

Além do desgosto de saber que a criatura amada definhava e estava em perigo de vida, havia o despeito de saber que era por causa de seu falecido adversário. Oh, isso era insuportável para seu coração. Não era crível que ela o amasse tanto assim.

Recordou-se das rogativas dela para que ele poupasse o seu noivo. Prometeu-lhe tudo, até mesmo estar submissa aos seus desejos, se permitisse que o rapaz renano fugisse da França. Disse que se casaria com ele.

Mas como ele poderia suportar viver ao lado da mulher, sabendo que existia no mundo outro homem para quem ela endereçava os pensamentos? Enquanto ele estivesse vivo seria uma escultura viva de sua derrota. Era preciso exterminar o alvo daquele amor que tanto invejava e queria fosse seu, entendendo que se Étienne se extinguisse, o amor por ele também se extinguiria.

Darchelle era jovem. Certamente iria superar aquela que não poderia ser mais que uma paixão fugidia. Em breve, estaria aberta a amá-lo, como ele merecia ser amado.

Pobre Ramon que não se dava conta que sujara as mãos com o sangue de inocentes para conseguir o que queria. O rapaz parecia ignorar que era impossível construir um palácio de venturas sobre alicerces de dores e lágrimas.

Desculpando-se perante os outros com o argumento de que cumpria os deveres sagrados de um soldado fiel ao rei, não lograva, no entanto, desculpar-se verdadeiramente diante de si mesmo.

Tinha pesadelos horrendos desde o dia infeliz. O rosto de Étienne, que embora derrotado, continuava altivo e calmo, o atormentava dia e noite. Os gritos dos huguenotes indefesos que se reuniam naquele salão e eram tomados um a um pela fúria de sua espada, faziam-no acordar trêmulo e suarento nas madrugadas.

Os rogos desesperados de Darchelle fixavam-se em sua mente de tal maneira que parecia ouvi-los sem parar. Afinal, ela não passava de uma pobre menina no meio de toda aquela desgraça.

Mas isso tudo ele desejava olvidar e nesse empenho gastava todas as suas forças. Distraía a consciência com tudo que lhe era possível, inclusive as libações que, ao contrário de até então, tornaram-se frequentes.

Não haverá juiz mais rigoroso que o da consciência! Estando as leis universais lá estampadas com letras de fogo, é impossível ao espírito distrair por longo tempo o clamor do seu tribunal íntimo.

A nossa imperícia e visão pouco aclarada do bem fazem com que sejamos implacáveis e cruéis com os outros e conosco, buscando meios de nos acertarmos com a harmonia universal, sempre muito extravagantes e exagerados. Após nossas reiteradas fugas da realidade redundarem em beco sem saída, cuidamos de emitir sentenças sempre cheias de pressa e vazias de compreensão dos mecanismos da evolução, para o que entendemos ser o reajuste com a paz e o equilíbrio.

Dessa maneira, acabamos por emitir para nós sentenças quais aquelas que, algum dia, emitimos para os outros, por causa do automatismo do rigor e da falta de condescendência.

Sempre que tomamos o lugar de Deus seja na nossa vida ou na vida de nossos irmãos, estamos nos matriculando na escola da dor, que há de nos capacitar ao longo dos séculos, para a confiança adequada no Pai.

A culpa, de modo geral, não é uma boa conselheira da ordem e do progresso, muito embora a bondade de Deus garanta aproveitamento de todas as circunstâncias para o bem dos filhos.

Na verdade, a culpa é uma força estagnante, da qual devemos nos libertar para prosseguir a marcha para a paz.

Oh, que caridade nos prestou Jesus quando nos lembrou as letras antigas, onde a palavra de Deus nos recomenda: "Quero misericórdia e não o sacrifício, e o conhecimento de Deus mais que os holocaustos"[24].Quanto seríamos mais felizes, se submetêssemos o rigor que certamente devemos conservar na análise de nós mesmos a esse mandamento de amor.

Compreenderíamos que o caminho do trabalho abnegado e santo é mais promissor, evolutivamente, que as prisões que criamos ao nosso redor na tentativa de sofrer para obter a complacência do céu ao nosso favor.

Se o movimento para sair da posição de algozes de nosso próximo for desesperado e desligado da análise crítica de nossa situação, com temperança, bom senso e confiança em Deus, acabamos por desejar o papel de vítima com tanta intensidade que nos comprazemos nele inadvertidamente, nos esforçando para alcançá-lo e mantê-lo a qualquer custo, por tempo indeterminado. Daí a satisfação que criamos em padecer, inclusive disputando o papel daquele que mais sofre, sempre dispostos a reclamar e acusar aos outros daquilo que é de nossa única e intransferível responsabilidade.

Muitas vezes nos aproximamos dos amigos encarnados com intenção de trabalho ou socorro e os encontramos em grupo, citando e exagerando o próprio sofrimento uns para os outros, criando uma corrente fluídica vizinha da blasfêmia e ingratidão ao Pai do céu, que é soberanamente justo e bom. Não é incomum que, nas tarefas de acompanhamento e na tentativa de diminuir os incômodos que os angustiam, nos deparamos com situações que seriam de fácil solução ou superação se os queridos amigos se esforçassem em ações práticas às vezes muito simples.

Não que desejamos malbaratear os sofrimentos daqueles a quem nos ligamos. Oh, não, meus amigos! Mas é que muito custa aos corações que vos amam do além-vida perceber o quanto se comprazem em manterem-se estagnados, diante de situações que poderiam redundar nas mais grandiosas alegrias, se fossem enfrentadas com a mais frágil galhardia.

---

[24] Este trecho está em Oseias 6:6 e Jesus a cita em algumas passagens, como Mateus 9:13, Mateus 12:7.

Vemos todos os dias queridos amigos relegando o corpo físico a privações sem conta, alegando dificuldades materiais e impedimentos ao trabalho nobilitante. Oh, sim! Bem sabemos que no ciclo incessante da vida, às vezes, os desafios exigem de nós suportar as agruras da luta material para nos disciplinarmos. Mas o fato é que muitas vezes, buscando os recursos de auxílio para estes mesmos irmãos, percebemos que já possuem ao alcance da voz, mãos abnegadas colocadas lá por Deus para o amparo devido. Ouvimos seus lábios anunciando humildade e resignação, quando bem em verdade estão caminhando pelas estradas tortuosas do orgulho, do vitimismo e da passividade.

Outras vezes, testemunhamos nossos companheiros vociferando contra vínculos familiares que se tornam desafios à paciência e ao perdão. Bem sabemos que a família, na Terra, ainda é o palco de reparações, às vezes dolorosas. Mas o que acontece é que, diligenciando amenizar as dores de nossos irmãos, não é raro verificar que se empregassem, por si mesmos, uma dose pequena de silêncio, aliado a algum olvido das ofensas, viveriam em situação muito mais suave.

Acompanhamos aqueles em cuja fronte pousa a auréola da liderança, dada por Deus, vencidos e cansados ante o duro testemunho de conviver com mil exigências e incompreensões, vertidas acrimoniosamente pelos irmãos de ideal. Não diremos que não acontece, mas afirmamos que muitas vezes tais situações seriam grandemente amenizadas se, confiando na firme e perfeita regência do Senhor, estes mesmos irmãos gastassem suas energias em agradar a Deus e não aos homens[25], conforme ensinou nosso valetudinário Apóstolo da Gentilidade.

Toda a energia que gastamos em defraudar a nossa percepção da verdade poderia ser gasta em perlustrar nosso proceder de forma realística. Na verdade é essa atitude que caracteriza aqueles que admiramos como ícones de fé e coragem na Seara Bendita.

---

[25] "Vós, servos, obedecei a vossos senhores segundo a carne, com temor e tremor, na sinceridade de vosso coração, como a Cristo; Não servindo à vista, como para agradar aos homens, mas como servos de Cristo, fazendo de coração a vontade de Deus; Servindo de boa vontade como ao Senhor, e não como aos homens. Sabendo que cada um receberá do Senhor todo o bem que fizer, seja servo, seja livre." – Efésios 6:5-8.

Não que seja trabalho sem desafios. Ao contrário. Encarar a verdade sobre nós mesmos é uma atitude de vanguarda, que pode ter um custo emocional bem grande, se nossas ilusões forem estruturas muito rígidas.

Sigamos a analogia de uma grande reforma que visa corrigir problemas de segurança e de conforto em determinada construção. Nunca é fácil tomar a decisão de começar, já que sabemos que vai requerer de nós um grande investimento material, além de tempo e de esforço. Certamente que demolir estruturas antigas e com problemas estruturais é um trabalho melindroso, que causa muitos transtornos e muita poeira, e nos deixa inseguros. Torna-se um tanto mais penoso quando temos que destruir coisas com as quais já estávamos adaptados, apesar da inadequação com as normas que desejamos seguir. Mas não podemos desanimar nessa fase do trabalho, apesar do aparente caos reinante. Devemos confiar no projeto de melhoria que nos garantirá segurança, conforto e estética, vencido o tempo da demolição e reconstrução da estrutura.

SEGUNDA PARTE

1
A VINGANÇA

"A vingança é um dos últimos remanescentes dos costumes bárbaros que tendem a desaparecer dentre os homens. E, como o duelo, um dos derradeiros vestígios dos hábitos selvagens sob cujos guantes se debatia a Humanidade, no começo da era cristã, razão por que a vingança constitui indício certo do estado de atraso dos homens que a ela se dão e dos Espíritos que ainda as inspirem. Portanto, meus amigos, nunca esse sentimento deve fazer vibrar o coração de quem quer que se diga e proclame espírita. Vingar-se é, bem o sabeis, tão contrário àquela prescrição do Cristo: 'Perdoai aos vossos inimigos', que aquele que se nega a perdoar não somente não é espírita como também não é cristão."
O evangelho segundo o espiritismo, capítulo 12, item 9

MARÇO DE 1573. Pouco mais de seis meses havia se passado desde a matança de São Bartolomeu.

Leon de N. havia se casado há menos de dois meses.

Darchelle ainda estava doente, mas, ao que tudo indicava, havia passado o risco de morte. Embora conservasse a beleza rara que a caracterizava, não era mais a jovial, inocente e sonhadora moça que enchia de alegrias a vida do irmão e de quem quer que dela se aproximasse.

Tornara-se excessivamente calada e taciturna. Com Leon, mal trocava alguns vocábulos, recusando-se a diálogos longos ainda que estes fossem rogados entre abundantes lágrimas pelo carinhoso irmão, que mais de uma vez jogou-se aos pés da irmã para dizer o quanto a amava e como gostaria que ela voltasse a ser sua amiga. Na maioria das vezes, ele não conseguia mais do que algumas frases curtas e, se insistisse muito, a jovem caía em crise nervosa. Algumas vezes, chegou a desmaiar nos braços de Leon, que já não sabia mais o que fazer para reverter a triste situação.

Por isso mesmo o rapaz vivia acabrunhado, entristecido, cismático. Somente contraíra as bodas antes de ver a irmã totalmente restabelecida, por conta da pressão de seu sogro. Afinal, por causa da saúde da menina, adiara por mais tempo do que o tolerável a cerimônia.

Mesmo estando casado com Marie-Antonette, a quem amava com todos os desvelos de seu coração sensível, não lograva as alegrias de um moço recém-casado, por conta de seu íntimo desgosto. Tal condição enervava muito sua esposa, que procurava uma maneira de remediar a situação.

Por conta de ver o marido consumindo-se de tristeza, Marie tentou mais de uma vez aproximar-se de Darchelle, para aconselhá-la a melhores disposições mentais.

Porém poucas semanas depois de casada, perdeu a paciência com a cunhada. Um dia em que se sentiu superlativamente melindrada com a apatia do marido, procurou Darchelle nos aposentos de ânimo diferente. Colocou-se a vociferar e exigir, em nome da própria felicidade, que ela reagisse e se erguesse do leito onde estava constantemente deitada e desse a Leon o alívio para a dor que o oprimia, perdoando-o. Acusou-a de egoísta e má, pois o irmão não merecia um tratamento tão indiferente e até cruel. Disse que não ia permitir que Darchelle, que parecia haver tomado gosto pelo sofrimento, a impedisse de ser feliz com o marido.

Certamente que a estratégia não fora bem sucedida. Darchelle era bem mais agressiva que a delicada cunhada e, uma vez pressionada, reagiu rudemente, expulsando Marie do aposento particular em gritos que chamaram a atenção de todos na casa.

Por fim, a moça precisou ser socorrida por madame Lesoncé e passou alguns dias com a persistente febre que já a havia abandonado. A fraqueza orgânica se acentuara drasticamente com o desequilíbrio psíquico. Um médico foi chamado para dar assistência e aconselhou que a poupassem de qualquer abalo emocional, até que estivesse totalmente restabelecida.

Leon não arredou o pé da cabeceira da irmã desde o ocorrido, até que a febre cedeu e ela retomou a consciência. Uma vez que certificou-se de sua melhora, procurou a esposa, com quem não conversara desde o incidente. Tiveram uma primeira e grave briga. O moço estava transtornado e irreconhecível. De feições congestas, voz alterada e gesticulação grosseira, repreendeu-a duramente, acusando-a de provocar o estado melindroso de Darchelle. Proibiu-a de se aproximar da irmã, até que esta mesma a quisesse ver. Durante vários dias, pouco conversou com a esposa, recolhendo-se em um aposento extra da casa por várias noites sem sequer cumprimentar Marie quando saía e quando chegava, sem se comover com suas súplicas e suas lágrimas.

Darchelle recusou-se a receber no aposento tanto o irmão quanto a cunhada durante algum tempo. Após algumas semanas, as coisas foram se aquietando e voltando ao estado normal.

A convivência educada foi restabelecida entre todos e Darchelle convalescia dia a dia, atendendo as recomendações médicas.

Estava emagrecida, mas o viço voltava aos poucos a colorir suas lindas feições. Ela já se dava a pequenos passeios nos jardins da propriedade quando o tempo permitia, sempre acompanhada por sua fiel ama.

Aqui evocaremos uma tarde fresca em que a moça estava um tanto mais disposta. Ela passeava pelos jardins frontais da propriedade acompanhada por madame, antes da hora do jantar. Seria a primeira vez em meses que se sentaria novamente à mesa com a família.

A certa altura, dirigiu-se à madame Lesoncé e pediu que ela subisse e preparasse um bom banho antes da refeição. Ainda caminharia um pouco mais pelos jardins, porém desejava fazê-lo a sós.

– Mas, minha querida, temo deixar-te. E se sentires algum mal-estar?

– Minha boa ama, não te preocupes. Eu estou bem. Não tenho qualquer tontura e tampouco me sinto com indisposição. Creio que minha saúde vem se firmando.

– Pois bem. Mas pedirei a um dos guardas do portão para ficar com os olhos em ti, de longe. Não quero correr nenhum risco!

A senhora afastou-se e procedeu conforme expusera, pedindo a um dos seguranças da propriedade que vigiasse a pequena senhora para garantir que ela estaria bem. Depois, entrou na mansão para cumprir a ordem recebida.

Vendo-se a sós, Darchelle encaminhou-se para uma parte do jardim onde jamais voltara desde a infeliz tragédia. Tratava-se de um recanto lateral, o favorito dela e do saudoso noivo, onde tantas vezes trocaram promessas de amor. Mesmo quando ele estivera ausente em viagem, era ali que muitas vezes ela lia e relia as cartas que ele lhe enviava da Baviera.

O mesmo banco que tantas vezes testemunhara os furtivos ósculos de amor que eram trocados, lá estava em meio a canteiros de rosas e em frente ao mesmo lindo chafariz.

A moça encaminhou-se para lá em passos vacilantes por conta da emoção. Sentou-se, sentindo o coração apressar-se no peito, evocando a felicidade que perdera.

De longe, o guarda velava por seu bem-estar, olhando-a de quando em vez.

Após suspirar profundamente, Darchelle tocou na pedra azul que pendia de uma gargantilha que trazia sempre ao pescoço. Era o presente do noivo, quando este retornou da longa viagem à Baviera.

Grossas lágrimas escorreram de seus olhos e mal podia conter os suspiros que vertiam de seu peito angustiado.

Como sentia falta de Étienne. Oh, quantos sonhos lhe foram roubados naquela noite maldita!

Ali mesmo, naquele banco, tiveram uma de suas últimas conversas íntimas, quando ela confessou que gostaria de se converter à religião do noivo por conta da imensa sede de fé e paz que sentia.

Como estavam felizes! Quantas perspectivas maravilhosas se anunciavam...

Embora a lembrança estivesse fresca em sua mente, tudo parecia tão distante. Os sonhos e as alegrias foram sepultados em seu peito. Onde antes se abrigava um amor intenso e bem intencionado, não restava nada além de uma dor insuportável.

Sem perceber que extravasava o pensamento em forma de palavras, a moça disse em tom melancólico:

– Oh, meu Étienne! Tu quiseste adiantar nosso casamento para irmos embora para a Baviera, de teus parentes, mas Leon não permitiu! Se houvéssemos partido, quem sabe...

O pensamento cruel a fez soluçar tristemente, tomada por profunda mágoa do irmão.

– Se Leon nos houvesse avisado antes... Mas meu irmão te condenou e a mim também condenou... Quisera eu ter te alcançado antes, meu querido! Talvez se eu houvesse me encaminhado direto para o local da assembleia... Ou se eu tivesse corrido mais rápido...

Segurando o rosto com as mãos, a moça deixou-se chorar convulsivamente.

Em sua mente não conseguia encontrar alternativas para viver. Não poderia suportar a vida sem o noivo. O passar dos dias era um espetáculo vazio e sem sentido. Toda sua esperança estava morta e sepultada, como o noivo que tanto amava. Intensa dor a oprimia.

Os pensamentos se formavam em turbilhões em sua cabeça. Seu raciocínio estava obscurecido.

Sem que ela se desse conta, não muito longe, um vulto espiritual a observava, em aflitiva expectativa. Tratava-se de Leonor, sua saudosa mãe, que acompanhava suas elucubrações seriamente preocupada.

Tentou insuflar ideias de bom ânimo e esperança aos ouvidos da filha, mas sem lograr ser mentalmente compreendida. Por isso, a nobre senhora ergueu ao céu os olhos e fez sentida prece, rogando auxílio.

Em breve, a ela juntaram-se mais dois vultos. Parecendo serem feitos de branda névoa, dois varões aproximaram-se abraçados. O que aparentava ser mais velho apoiava carinhosamente um rapaz levemente abatido.

Tratava-se do venerando benfeitor que Leonor tinha como um pai muito querido. O outro era Étienne, recentemente recambiado ao plano espiritual.

Embora desperto e consciente, o rapaz ainda trazia alguns sinais típicos da convalescência.

– Oh, meu querido pai! Veja minha pobre menina, entre tormentos e desesperação! – Leonor suspirou, tocando levemente o rosto da filha.

O respeitável ancião aproximou-se de Darchelle e espalmou as mãos sobre sua cabeça atormentada. Porque percebia a expectativa de Étienne, chamou-o para perto de si, recomendando que ele se mantivesse sereno e confiante, acompanhando a oração. Ergueu então os olhos lúcidos e fez comovida prece.

Emocionado até o âmago da alma, o rapaz pediu, humildemente:

– Meu querido benfeitor, deixa-me auxiliar de alguma maneira...

– Tu podes ajudar tua noiva, se guardares o cuidado de permaneceres atento à paz íntima e à confiança em Deus.

O rapaz luterano aproximou-se então da moça, tocando-lhe delicadamente o rosto. Respirando profundamente, falou pausado, vigilante da calma e da temperança.

– Minha amada Darchelle! Oh, não chores assim! Também eu, daqui, estou grandemente ressentido de nossa separação. Mas Deus sabe de todas as coisas, minha querida. Se assim determinou, certamente é para promover nossa união em patamares mais seguros mais tarde, longe dos torvelinhos humanos que nos angustiam e nos ferem. Quisera eu estar na mesma dimensão que tu, para tomar-te agora nos braços e protegê-la de tanto desgosto. Mas ainda que em outro plano de vida, nem assim a deixarei. Velarei por ti em todos os teus passos e rogarei a Deus por tua felicidade a cada segundo. Não te desesperes, minha Darchelle. Não existe separação para os que se amam verdadeiramente. Tu deves viver, minha querida! Deves viver até que o Senhor te permita voltar à casa da eternidade, onde estarei esperando-te...

Como se socorrida por alguma medicamentação calmante, o choro convulsivo deu lugar a lágrimas calmas e silenciosas. A angústia que a oprimia arrefeceu e no lugar brotou uma dolorida saudade de seu extinto noivo. A imagem de seus olhos claros e de seu sorriso espontâneo se desenhou nitidamente na mente de Darchelle. Parecia poder ouvi-lo dentro da própria mente, como se ele estivesse realmente ali com ela. Brandas e carinhosas frases se formularam, caracterizadas por seu timbre e seu sotaque inesquecível. Era que a moça podia ouvir o noivo, na acústica da alma.

Em seus ouvidos, pôde registrar o pedido veemente:

– Ora a Deus, meu amor! Ora comigo para que ele nos socorra e nos console!

Como que coagida por uma ordem invencível, ela deixou-se acompanhar uma pequena oração, que continuava a ouvir dentro de si mesma.

As faculdades sensórias de Darchelle ficaram excitadas e em um instante ela parecia perceber que não estava sozinha naquele recanto do jardim. Uma espécie de êxtase a tomou e um torpor permitiu que seu espírito se emancipasse, podendo perceber parte da realidade espiritual que a circundava.

Surpreso com o fenômeno, Étienne a encarou, emocionado. Voltando-se para o senhor que o acompanhava, perguntou:

– Como isso é possível? Ela poderá nos perceber?

– Não fique surpreso, meu filho. Tua noiva tem faculdades latentes que propiciam o intercâmbio com a nossa dimensão. Nesse caso, o corpo enfraquecido pela longa doença torna o empreendimento ainda mais possível. Acionando a própria vontade na busca por ti, que no fundo ela não pode admitir tenha deixado de existir, ela acabou conseguindo registrar o impulso de teu pensamento inspirando-a, pois ambos estavam permutando o desejo de interagirem. Por sugestão, ela o acompanhou na pequena prece que fizeste e asserenou as potencialidades de forma que pode emancipar-se o suficiente para perceber uma outra realidade além da dela.

Étienne voltou-se novamente para Darchelle que, aos poucos, registrava sua presença como que envolta em brumas. De súbito, ela o encarou, estupefata. Sim, era seu noivo, esboçado em sua frente.

Percebendo que a emoção da noiva poderia interferir ou mesmo interromper o delicado processo que se desenrolava, o moço quis aproveitar-se do momento, dizendo-lhe alguma coisa que ficasse estampada em sua memória. Mas oprimido pela saudade cruciante e a emoção, somente pôde dizer:

– Meu amor, viva! A vida é preciosa. Viva, Darchelle!

No mesmo átimo de minuto, Darchelle retornou ao corpo em um choque de emoção. A incursão consciente no plano extracorpóreo fora muito rápida, mas ver o noivo era demasiada emoção para ela, despertando-a do transe.

Sem entender o que havia acontecido, ela ergueu-se, olhando para todos os lados e dizendo em voz alta:

– Étienne! Estás aqui comigo?

Ela ainda procurou ao redor, de coração precípite. Como não registrava nada além da atmosfera física, sentou-se novamente, confusa.

– Acaso enlouqueço? – perguntou para si mesma, tristemente.

Sem tentar novamente o contato para não submetê-la a emoções muito fortes, o noivo a observava à certa distância, profundamente emocionado.

– Asserena-te, meu filho. Tem paciência e fé em Deus! – disse a entidade bondosa, abraçando-o ternamente.

Em uma melindrosa operação, o espírito impôs novamente sobre a fronte da menina as mãos diáfanas e orou.

Em breve, Darchelle sentia uma súbita calmaria em todo o corpo. Embora triste e saudosa, sentia dentro de si um clamor pela luta, pela reação justa e pela vida.

O bom varão afastou-se um pouco, deixando-a suficientemente livre para pensar por si.

A moça colocou-se a vasculhar os acontecimentos, buscando de maneira quase automática razões para prosseguir sua vida.

De chofre, em meio à recapitulação, a imagem de Ramon esboçou-se em sua mente. Um mal-estar tomou conta de seus sentidos e a revolta começou a brotar de seu coração.

Em uma mudança de atitude mental, Darchelle deixou-se tomar por pensamentos vingativos, aninhando o macabro objetivo sem nenhuma restrição. Em breves momentos, toda ela vibrava vindita e inconformação.

– Oh, devo me vingar deste desgraçado que é o verdadeiro responsável por minha infelicidade! Não posso perdoar Leon pela omissão de socorro ao meu saudoso noivo, mas a Ramon eu certamente condenarei, ou meu nome não é Darchelle de N.!

As três entidades que tentavam auxiliá-la observaram suas formulações mentais, entre apreensivos e desgostosos com o rumo psicológico que fora estabelecido.

Étienne tentou se aproximar de novo da noiva, mas não conseguiu mais ser percebido de nenhuma maneira. Por isso, buscou novamente o auxílio de seu benfeitor, que recolheu suas indagações e respondeu:

– Meu amigo, nada poderemos fazer. De nossa parte, somente podíamos encorajar e com ela conjugar forças através da inspiração, para não correr o risco de a estar coagindo. Foi nossa pobre e querida companheira que elaborou e fortaleceu o teor de pensamentos no qual se movimenta agora, à nossa frente. Não lhe poderemos violentar o livre-arbítrio...

Levemente abatido, Étienne pousou a cabeça no peito do companheiro, recebendo um terno ósculo de consolo.

Leonor, até então em silêncio, aproximou-se da filha e a abraçou, carinhosamente. Tentou soprar aos seus ouvidos alguma boa inspiração, que ela não registrou.

Por sugestão do bondoso guia, os três se retiraram do ambiente, pois o recém-desencarnado precisava descansar.

Darchelle ainda permaneceu assentada no banco, cultivando seus pensamentos atormentados. Súbita solidão tomou suas sensibilidades e ela resolveu entrar para tomar o banho preparado pela ama.

Enquanto subia vagarosamente os degraus da entrada principal, ia repetindo de si para si:

– Ramon, eu me vingarei de ti! Oh, eis o supremo objetivo de minha vida! Não, não morrerei! Encontrarei no ódio que tenho por ti a força de meus passos, de hoje em diante! Eu te levarei à perdição, soldado maldito, ladrão de minha felicidade, assassino de meu noivo! Eu te arruinarei!

* * *

GRANDE SERVIÇO PRESTARÍAMOS a nós mesmos se nos ocupássemos em aprender a perdoar.

Às vezes ouvimos os amigos encarnados em seus longos discursos nos quais discorrem sobre as dificuldades de se perdoar uns aos outros. Normalmente apontam o perdão como uma altíssima virtude, passível de ser angariada apenas por corações já experimentados e evoluídos.

Isto posto, conclui-se que no atual estágio evolutivo da maioria dos habitantes na materialidade terrena, o perdão é um valor inacessível e, portanto, relegado para futuros e distantes trabalhos de ascensão.

Ora, se assim fosse, por que as palavras de Jesus seriam tão incisivas a esse respeito, como lemos no capítulo 18 do Evangelho de Mateus, onde ele recomenda a Pedro que, pecando nosso irmão contra nós, o perdoemos não sete vezes, mas setenta vezes sete vezes? E assim fez após os iluminados argumentos sobre quem era maior no reino dos céus e a severa lição sobre o escândalo. Após a exposição sobre a necessidade do perdão irrestrito, contou-nos a Parábola do Credor Incompassivo[26], ensinando-nos um eficiente mecanismo para aprendermos a perdoar: a compreensão de que todos somos devedores da vida, de alguma forma.

A verdade é que o perdão é apenas um movimento inicial para a caminhada, rumo ao amor que Jesus nos ensinou. Dentre os valores que nos foram ensinados no Evangelho, o perdão é sem dúvidas o mais urgente, se desejamos a virtude da paciência e a compreensão da justiça divina.

Quando o colocamos à conta de aquisição impossível para nosso estágio evolutivo, estamos nos condenando a mantermo-nos estáticos na trilha ascensional.

Bem na verdade, tal argumento é mais um artifício para a justificação de nossa passividade que propriamente uma realidade.

É muito necessário que não nos percamos em reflexões intermináveis e comecemos a agir ativamente.

Certamente necessitamos de planejamento para nossas ações, de forma que a disciplina e a ordem garantam a eficiência de nossos trabalhos.

---

[26] Mateus 18:23-35.

Se assim não for, corremos o risco de tornarmo-nos confusos, pacóvios e perdidos de nossos objetivos.

A ponderação é uma ferramenta da sensatez e do bom senso.

Mas devemos observar se o que estamos nomeando como ponderação ou cautela não será a sistemática e cíclica cogitação de quimeras, o pessimismo, a inquietação desnecessária, ou a justificação inconveniente.

Precisamos superar estes desajustes de comportamento e de entendimento, procurando não disfarçar nossas intenções com a roupa acetinada das belas palavras. A marcha em rumo ao autoconhecimento exige que sejamos autênticos e ousados, enfrentando nossas dificuldades corajosamente.

O perdão não é o fim para onde caminhamos. O perdão é o passo inicial da jornada.

O perdão não é pouso final da harmonia e da bem-aventurança. O perdão é necessidade urgente para aqueles que conservam-se aprisionados nas ordens inferiores da evolução.

Almas experientes não necessitam perdoar, pois não se sentem ofendidas com as ações de quem quer que seja. A necessidade de se perdoar evidencia infância espiritual e limitação de recursos em favor da felicidade própria.

E por isso não tardemos, caros irmãos, na conquista dessa chave de libertação. Somente ela nos livrará das algemas milenares dos ódios e dos rancores que nos vêm obrigando a longos e dolorosos ciclos de resgates.

2
Planos de aproximação

"Amar os inimigos é, para o incrédulo, um contrassenso. Aquele para quem a vida presente é tudo, vê no seu inimigo um ser nocivo, que lhe perturba o repouso e do qual unicamente a morte, pensa ele, o pode livrar. Daí, o desejo de vingar-se. Nenhum interesse tem em perdoar, senão para satisfazer o seu orgulho perante o mundo. Em certos casos, perdoar-lhe parece mesmo uma fraqueza indigna de si. Se não se vingar, nem por isso deixará de conservar rancor e secreto desejo de mal para o outro. Para o crente e, sobretudo, para o espírita, muito diversa é a maneira de ver, porque suas vistas se lançam sobre o passado e sobre o futuro, entre os quais a vida atual não passa de um simples ponto. Sabe ele que, pela mesma destinação da Terra, deve esperar topar aí com homens maus e perversos; que as maldades com que se defronta fazem parte das provas que lhe cumpre suportar e o elevado ponto de vista em que se coloca lhe torna menos amargas as vicissitudes, quer advenham dos homens, quer das coisas."

O evangelho segundo o espiritismo, capítulo 12, item 4

Passaram-se longos dias até que Darchelle estivesse totalmente restabelecida da enfermidade que quase a exterminou.

Aos poucos voltou ao convívio de suas amigas na corte e recomeçou a frequentar círculos sociais.

Sem confidenciar a ninguém, procurou meios de estar em ambientes onde seria possível ver Ramon. Sutilmente, buscava informações e fazia-se vista por ele em todas as oportunidades.

A verdade é que sua mente estava adoecida pelo rancor e ela procurava um meio de vingar-se, com a ideia fixa atormentando-a dia e noite.

Após muito conjecturar, descobriu-se sem muitos recursos para levar algum plano de vingança suficientemente eficiente. Como mulher em uma sociedade patriarcal, não tinha poderes ou relações que fossem relevantes ao que desejava.

Ao seu favor tinha apenas o amor que Ramon lhe velava, se é que ele ainda existia, depois de todo o tempo que se passara.

Por isso, enfrentando a profunda repulsa que sentia pelo antigo soldado, decidiu-se a aproximar-se dele como podia, com calma e calculando todos os seus movimentos. Usaria contra ele a única arma que tinha ao seu dispor: a sua capacidade de seduzi-lo.

Se ele ainda a amasse, ela o envolveria para ganhar seu coração sem restrições, de maneira a feri-lo com o que era insuportável para qualquer homem daquela época: a traição.

Era preciso levá-lo à perdição. Era necessário que ele sofresse para pagar pelo que havia feito.

Ela, Darchelle, pensava que seriam o punhal e o veneno que fariam a justiça. Sua mente pouco afeita à ideia de perdão, aderira às mais infelizes inspirações.

A moça conhecia os próprios dotes de beleza naquela época de tanta fraqueza de caráter masculino. Frequentava a corte e ouvia falar das insídias geradas pela astúcia de mulheres fisicamente frágeis, mas belas e traiçoeiras. Todos comentavam sobre o secreto esquadrão volante da rainha-mãe, que pusera a perder vultos eminentes usando tão somente da capacidade de seduzir e ludibriar a vaidade masculina.

Além de bela, Darchelle possuía uma inteligência desenvolvida por estudos muito pouco comuns às mulheres da época, graças ao amor e à mente progressista de Leon. Certamente não era tola ou excessivamente inocente como tantas moças da sociedade.

Fora criada em um ambiente saudável, onde a sinceridade e o respeito eram prerrogativas, mas, se preciso fosse, aprenderia a mentir e a enganar, para se vingar do inimigo de sua felicidade. Usaria de seus dotes de beleza e de sua inteligência para o objetivo que agora regia a sua vida: levar Ramon à perdição.

Frequentando a corte, ouvia os comentários sobre os ardis tão comuns entre os que disputavam poder e posições. Nunca tivera muito interesse nessas intrigas, mas agora era necessário sabê-las, todas. Era necessário descobrir os inimigos ocultos, como agradar ou desagradar essa ou aquela pessoa que detinha nas mãos suficiente possibilidades para selar o destino de outrem.

Sabia que a conveniência era o combustível de grande parte das relações na corte e que a falsidade era a tônica que as sustentava. Qualquer ameaça à comodidade das posições era discretamente punida com o extermínio imediato. Não havia lealdade. Se era necessário muito esforço para se cair nas graças de um nobre, bastava alguma palavra mal colocada para ser considerado perigoso e não grato.

Era preciso infiltrar-se nesse odioso circuito social e saber o máximo possível sobre todas as coisas, mas com discrição e sutileza. Chamar atenção para si poderia ser fatal.

Foi com essas convicções que Darchelle aproximou-se de Ramon, fazendo parecer que tudo era muito natural. Valia-se das ocasiões com tanta maestria, que quem a visse agindo e sabendo de seus verdadeiros sentimentos não conseguiria vincular sua figura à gentil menina dos de N. de poucos meses antes.

No final das contas, Ramon acabou tornando-se o maior aliado dos planos macabros da irmã de seu ex-superior. Sua vaidade cegava-o para o óbvio da complexidade da situação.

Após a Noite de São Bartolomeu, como tantos outros, Ramon melhorou bastante a sua situação financeira e social. Ganhou a simpatia de algumas figuras eminentes, inclusive de Henrique, duque de Guise, adquirindo informações do interesse do filho de Francisco.

Interessado em subir na escada social, envolveu-se em alguns 'serviços menos dignos e confidenciais', sob as ordens do duque.

Com a orientação de seu protetor e facilitado por sua inteligência, Ramon conseguiu se infiltrar em uma sórdida rede de intrigas e conspirações, como uma espécie de agente secreto, à caça de líderes protestantes e inimigos de Henrique, após a noite macabra.

Pediu dispensa de seus serviços de soldado e, patrocinado por Guise, adquiriu títulos mais respeitáveis, frequentando a fatia da fidalguia considerada seleta. Não demorou para que estivesse totalmente adaptado ao meio em que passou a viver, rodeado por rumores, insídias e falsidade.

Nada lhe escapava do senso crítico afetado pelos interesses mesquinhos de seu protetor.

Passou a ser vivamente conhecido, já que comparecia a todos os eventos de relevância na corte. Alguns comentavam de suas ligações com Henrique de Guise, passando, inclusive a temê-lo, sabendo da natureza de certas amizades do Duque.

As coisas estavam dessa maneira quando Darchelle procurou saber do alvo de sua vingança, buscando a melhor manobra para aproximar-se e ludibriá-lo.

No começo, ao ver que a irmã de seu antigo superior voltava aos círculos sociais, sentiu-se constrangido com sua presença, sinalizado pela própria consciência e pela antipatia que sabia haver despertado em Leon, desde os acontecimentos de agosto de 1572. Mas surpreendia-se agradavelmente ao verificar que as atitudes da moça não traduziam mais a repulsa que testemunhara algumas vezes. Ao contrário. Quando alguma situação levava-os a confrontarem-se, a moça recebia-o com um sorriso e maneiras educadas, como se houvesse esquecido de tudo que se passara.

Ludibriado pela afetada percepção de si mesmo, ele ousou mais, depois de algum tempo de cumprimentos corteses e olhares furtivos. Ousou dirigir-se a ela e beijar-lhe a mão, como convinha aos costumes da época. Ousou falar-lhe algumas poucas palavras, em ocasiões oportunas.

Surpreendentemente, a moça correspondeu positivamente.

Ramon imaginava que tudo se organizara da maneira como previra: retirado o óbice para sua felicidade – o noivo de sua pretendida – ela não lhe poderia resistir aos múltiplos pendores de cavalheiro. Certamente ela estaria informada também de sua 'ascensão' social.

Sentindo-se cada vez mais seguro, em sua presença o rapaz gastava as melhores energias exibindo-se, para ser devidamente apreciado em toda sua capacidade. Se a via próxima de seu ciclo de conversações, erguia a voz para alcançar seus ouvidos, contando histórias fantásticas onde suas excelentes qualidades ficavam evidentes.

Quando era possível trocar algumas palavras com a moça, escolhia-as cuidadosamente, para que sua cultura e sua inteligência ficassem à mostra. Não desperdiçava nenhuma ocasião de enfatizar seus conhecimentos e como era admirado e considerado por figuras importantes na corte.

Tudo isso fazia, tentando medir as atitudes da interlocutora, para testemunhar algum indício de admiração ou surpresa.

Mal sabia o rapaz do grande esforço que a jovem fazia para suportar o que ela considerava maneiras forçadas e exibidas. Sem perceber, deixava transparecer uma certa pedanteria de seu palavrório e mais desagradava que agradava com seus modos às vezes exagerados ou afetados.

A verdade é que sua empolgação nublava sua compreensão da realidade. Era um rapaz realmente de belíssimos pendores de inteligência, mas forçava-se a acreditar apenas no que o agradava. Olvidava, muitas vezes, os apelos do próprio discernimento ou o aconselhamento de um ou outro colega que o estimava verdadeiramente. Preferia acreditar-se com a melhor percepção das coisas, já que julgava-se possuidor de um tino raro e uma sensibilidade proeminente.

E apesar de todas as coisas que fizera, ele amava Darchelle com todo seu coração. Nela concentrara as mais belas esperanças de uma felicidade que lhe fora negada desde a meninice, quando perdera os pais para a morte. Cedo conheceu as agruras da orfandade desprezada. Vagara pelas ruas, esfaimado e friorento. Fora humilhado mais de uma vez por transeuntes indiferentes. Sua sorte não interessou parentes ou amigos de seus pais.

Até que conheceu seu bondoso paizinho adotivo, que desde o primeiro momento acolheu-o. Luis-Olivier dispensara ao seu coração carente os desvelos por que tanto ansiara. Mas no leito de morte, revelou-lhe a verdade avassaladora: não o amara, verdadeiramente. Via nele apenas a semelhança com o filho suicida e a possibilidade de vingança contra os de N. Para o paizinho, ele fora apenas a estátua que recebia as honrarias destinadas a outrem.

Quando o corpo do pai baixou à sepultura, Ramon esqueceu-se de todo carinho que recebera desde o dia em que batera na porta de seu protetor. Esquecera-se de haver recebido a alimentação, o agasalho e o incentivo. Deliberadamente, não considerava mais a bondade gratuita que recebera das mãos de um completo estranho e que foi decisiva para sua sobrevivência. Esquecera os afagos e as prendas, o vestuário e o leito quente. Esquecera que sob sua proteção e investimento, alcançara a profissão que tanto o beneficiara, além dos títulos que o auxiliaram a movimentar-se entre nobres e senhores. Não se lembrava mais da educação que lhe fora administrada desde o primeiro dia, e que moldou-lhe o caráter de tal maneira que sabia portar-se em qualquer ambiente e ser bem aceito nas rodas sociais.

Lembrava-se apenas das últimas palavras do pai. A fisionomia bondosa de Luis-Olivier oferecendo o colo e o cuidado, desvanecera-se de sua mente, misteriosamente, para dar lugar à expressão de desespero e falta de lucidez com a qual fixara no éter os últimos verbetes.

É assim quando nos distraímos de tudo quanto nos circunda, em nome da dor que trazemos no peito. A excessiva manutenção de nós mesmos, a recapitulação das nossas ânsias, obscurece a nossa capacidade de distinguir a realidade. Vem daí a ingratidão e a revolta, que tanto nos tem conduzido para a reparação através da severidade da Lei.

Ao longo dos séculos, a ingratidão aliada à rebeldia obstinada vem fazendo marcas muito profundas em nosso clima mental, de tal forma que nos tempos atuais nos debatemos com limitações inquietantes de nossas vestimentas físicas, tendenciosas a transtornos neuronais que desorganizam a memória cerebral. O automatismo de não contabilizar com justiça as atuações que nos cercam, mensurando apenas o que apetece nosso vitimismo, acaba por depauperar nossa capacidade de armazenamento cerebral, confundindo os escaninhos fisiológicos responsáveis por movimentar as complicadas interações entre a assimilação, comparação e resposta, através de nossos sentidos. Daí a grande quantidade de transtornos e deficiências que atingem o hipocampo e ainda outras estruturas cerebrais responsáveis pela manutenção mnemônica.

O cérebro é, no corpo físico, o órgão organizador da manifestação espiritual na esfera material. Mas, como máquina especialíssima e delicada, é altamente impressionável pelas ondas mentais que vertem do modelo estruturador. Da mesma forma que o espírito recolhe através de suas operações a interpretação das percepções diversas do corpo, assimilando-as como impulsos moralizadores ou condicionantes, o corpo recebe a contra resposta de todos estes impulsos, localizando a reação sempre condizente com a onda geratriz na máquina fisiológica, através das reverberações psicobiológicas do bem ou do mal-estar, da saúde ou da doença.

Vimos ao longo dos séculos, estabelecendo uma diretriz e um modelo gerador que será invariavelmente seguido pelas células biológicas, subordinando a formação dos nossos corpos físicos nas diversas encarnações aos condicionamentos com os quais estamos afinizados.

Se nos conscientizássemos verdadeiramente dessa realidade, nosso conceito de saúde e doença mudaria drasticamente. Cuidaríamos de nosso campo mental com ainda mais dedicação, respeito, vigilância e atenção do que aqueles dispensados ao corpo fisiológico.

Mas o tempo está próximo, em que essa verdade será descortinada pelas ciências e o conceito deixará de ser interpretado apenas como um postulado moral ou religioso, para tornar-se um assunto de saúde pública de interesse geral.

A plasticidade do corpo físico será desmistificada e os homens no mundo tornar-se-ão cada vez mais senhores de si e de seus desejos que, devidamente educados, serão mananciais de atração e interpretação da vontade de Deus na vida de Seus filhos.

A consciência liberta e expandida assimilará os conceitos superiores de amor e sabedoria, e o reino de Deus se firmará também na Terra, permitindo que as criaturas humanas desfrutem de uma felicidade que ainda não é possível nas trilhas do mundo.

* * *

LEON FICARA SABENDO pelas bocas de amigos sobre a aproximação de Darchelle e Ramon e aborreceu-se. Procurou a irmã para pedir-lhe explicações e dela não obteve mais que algumas palavras fugidias e agressivas.

Embora o distanciamento que estava imposto entre ambos, o oficial não se descurava dos cuidados com Darchelle, mantendo-se vigilante aos movimentos ao seu redor. Por isso, passara a prestar mais atenção em Ramon, cuidando, inclusive, de encarregar alguns soldados de sua confiança para medir-lhe as atitudes e intenções, investigando-o.

Mas Leon não tinha forças para impor-se a sua irmã. A consciência culposa o impedia de cobrar-lhe atitudes ou confrontá-la. Estivera muito perto de perdê-la para arriscar-se a vê-la adoecer novamente de desgosto.

Darchelle sabia disso. E disso também tomava o melhor partido que podia.

Aos poucos, ganhava a confiança do apaixonado Ramon, insinuando-se com um ar de inocência que já não possuía mais.

Depois de um tempo, começou a permitir-se acompanhar do soldado publicamente, seja nos ofícios religiosos de Saint-Germain, seja nos compromissos sociais do Louvre. Na corte já se falava da possibilidade da irmã do capitão da guarda desposar um ex-soldado que estava ao seu comando.

Por conta dos murmúrios, em uma tarde de folga, Leon resolveu confrontar novamente a irmã. Pediria explicações sobre o que estava acontecendo e, se preciso fosse, interviria diretamente na situação.

Foi com essa disposição que, naquele dia, pediu audiência com a moça, aguardando-a em seu gabinete de trabalho.

Não demorou para ser atendido. Em breve ela entrava pela porta e o cumprimentava, educadamente, sentando-se em uma poltrona confortável, a pedido dele.

— Como tens passado, minha irmã? – perguntou o rapaz carinhosamente, medindo-lhe as atitudes.

— Passo muito bem, obrigada. E tu, como estás? – respondeu a moça sem afetar-se.

— Estou bem, obrigado.

Leon se levantou de sua cadeira e caminhou em redor da pesada mesa de trabalho, parando em frente à irmã, sentando-se no tampo de madeira maciça. Por alguns momentos, encarou-a, indeciso. Darchelle permanecia em silêncio, sem demonstrar qualquer sentimento em sua fisionomia. Por fim, com tom de voz baixo e sério, abordou o assunto que o incomodava:

– Tu bem sabes que não sou homem de floreios e delongas. Pois bem, o que me faz chamar-te em meu gabinete, hoje, é um assunto ao teu respeito que considero bastante intrigante. Eu soube na corte que tu te permitiste acompanhar por Ramon em várias ocasiões. Algumas pessoas chegam a imaginar que estás compromissada com ele para um casamento próximo...

O oficial se calou e observou Darchelle. Ela permanecia impassível. Nem sequer um traço de inquietação ou surpresa se evidenciou em sua face.

Constrangido pelo silêncio da irmã, o rapaz prosseguiu:

– Estou aguardando, minha irmã... Que me dizes a esse respeito?

– Não entendo por que me abordas por conta disso, Leon. Que mal há em me deixar acompanhar por um cavalheiro da corte em certas ocasiões?

Surpreso, o rapaz ergueu-se e a encarou por alguns momentos. Depois retornou à sua cadeira e assentou-se.

– Mal algum, certamente. Mas aqui não estamos falando em qualquer cavalheiro...

– Oh, não? Ramon é diferente dos outros cavalheiros da corte?

– Estás insana, Darchelle? Estamos falando do homem que matou teu noivo. Tu te esqueces?

Ao ouvir a frase de Leon, dita com firmeza mas sem alterar o tom baixo, Darchelle fechou os olhos, como se fosse acometida por alguma dor física. Respirou profundamente e ergueu-se da cadeira, encarando Leon com uma profunda mágoa.

– Como poderei esquecer, se dentro de minha própria casa eu vivo com um dos principais responsáveis pela morte de meu noivo?

– Que dizes? – perguntou o rapaz erguendo-se também extremamente desgostoso.

– Tu ouviste bem. E sabes que digo a verdade. Tu o poderias ter salvo, Leon! Bastava um aviso. Jamais me convencerás que não sabias de tudo o que estava por acontecer...

– Tu não compreendes. Devo lealdade aos nossos soberanos. Não posso privilegiar a ninguém com o que sei...

– Étienne está morto, Leon. Nada do que me disseres pode modificar isso. Tu destruíste minha vida. Portanto, não ouses me pedir contas do que faço agora. Sim, tenho me deixado acompanhar por Ramon, o assassino de meu noivo. É tudo o que saberás disso.

– Não posso permitir tal loucura! Não permitirei!

– Tarde demais para permissões, meu irmão. Eu seguirei minha vida conforme me aprouver, e tu não vais me afrontar. Se ousares te colocar entre mim e meus objetivos, juro que me mato. Aí tu carregarás duas mortes em tua consciência: a de Étienne e a minha!

Sem aguardar pela resposta de Leon, a moça saiu atrevidamente da sala, em passos duros.

O oficial ensaiou ordená-la a voltar por sobre os próprios passos e assentar-se, mas a voz não saiu-lhe da garganta. A verdade é que a acusação tão direta da irmã adorada ferira-lhe como um punhal ao coração, minando-lhe as forças. Jamais ela lhe falara naquele tom. Desde o infeliz acontecido na maldita Noite de São Bartolomeu, esses ressentimentos eram velados, silenciosos. Mas ali, naquele momento, eram finalmente traduzidos em acusações e palavras duras.

Por mais que fosse reprovável a atitude da menina diante de seu irmão mais velho e chefe de sua família, o que fazer se o rapaz trazia dentro de si remorsos tão mordazes quanto aquelas acusações? Como reagir adequadamente, restituindo a disciplina e a ordem, se a culpa anulava suas forças?

Quantas vezes testemunhamos cenas como esta que aqui narramos sem compreender a falta de atitude da parte que julgamos desrespeitada?

Mas se considerarmos a realidade além da vida física, o quadro torna-se um tanto mais excepcional, pois na Terra podemos justificar essas configurações relacionais pelos mecanismos conscientes ou inconscientes das culpas ou dos remorsos. Mas fato é que, no plano extracorpóreo, é comum tomarmos conhecimento de seres benevolentes e luminosos, possuidores das mais altas láureas morais, que acompanham e amparam com imensurável ternura irmãos nossos que se conservam em zonas mentais das mais infelizes e criminosas. E assim fazem sem qualquer aguilhão que os obrigue a isso, antes agindo pelo mais sincero sentimento de fraternidade ou amor.

Oh, que grande lição esta! Mas quão dolorosa também será para aqueles que aguardam ansiosos e melancólicos a libertação de relações provatórias que os vergastam nos caminhos do mundo, pois essa não se dará conforme anseiam. Não haverá desvinculações e afastamentos, apesar que imaginam que somente nessas condições poderão adquirir a paz almejada. Oh, não, mil vezes não! A Lei de Amor promove harmonia, concórdia e união. Os caminhos se tornam comuns e as jornadas se entrecruzam para que as forças se consorciem para o bem universal. Estamos destinados a entoarmos juntos as odes ao Todo-Poderoso, no coro imenso da família universal. E o amor não promove distanciamentos.

Sim, haverá a liberdade que garantirá a paz que tanto desejamos, sem, contudo, compreender. A liberdade de amar! Não mais suportaremos nossos irmãos que nos ferem e nos atordoam. Amá-los-emos, sem limites! Com eles estaremos não mais por causa do mecanismo da Lei que nos conduz pelos caminhos que desejamos abandonar, mas porque estes caminhos nos arrebatam os mais profundos sentimentos. O sacrifício transmutar-se-á em misericórdia, o supremo prazer da alma.

Não mais as angústias próprias da inconformação e da rebeldia. Não mais a desesperação decorrente da ignorância da Lei. Não mais as blasfêmias condizentes com o desconhecimento de Deus e dos propósitos do Bem.

Somente a harmonia e a alegria de servir. Somente a paz e a esperança, decorrentes da consciência reta.

Nestes climas, em breve, caminharemos juntos para Deus, satisfeitos pela misericórdia infinita do Pai, que nos permite agasalhar no peito aqueles que amamos.

O amor se satisfaz por si só, sem necessidade de ser compreendido ou atendido. Necessita ser extravasado, não de ser correspondido ou mesmo percebido. O amor busca o alvo e não o atrai para si.

Nossos instintos e nossas emoções aos poucos vão se libertando de suas espessas capas de materialidade. Não está longe o tempo em que nossas potências espirituais se espargirão para além dos convencionalismos que as enclausuram nos dias de hoje.

* * *

APÓS A SAÍDA repentina e desaforada da irmã de seu gabinete de trabalho, Leon assentou-se, deixando seu corpo cair sobre o móvel de madeira maciça. Vencido, levou as duas mãos no rosto e suspirou profundamente. Pungente angústia dilacerava sua vontade.

Quisera ter suficiente galhardia para usar de sua autoridade com a irmã, impondo-lhe o proceder que melhor conviesse à situação. Mas o fato era que sentia-se fraco diante da força tempestuosa que testemunhara naqueles olhos outrora inocentes e doces.

Ergueu-se e decidiu voltar ao trabalho no Louvre. Desejava fugir do lar, para não mais pensar no assunto. Sua cabeça fervilhava.

Que desejava Darchelle com essa situação totalmente inadequada? Que seria dela? O que deveria fazer?

Com a mente tomada por lucubrações das mais penosas, o moço francês saiu do seu hotel precipite.

Do segundo andar do palacete, Darchelle o observou através de pequena abertura de proteção na parede do extenso corredor dos aposentos.

Grossas lágrimas escorreram por seu rosto, quando o irmão saiu de seu ângulo de visão. Sufocava a custo os soluços que movimentavam seu peito.

Ao virar-se para encaminhar-se para o aposento, quase trombou com a cunhada, que a olhava entre angustiada e surpresa. Certamente ela ouvira por trás de algum reposteiro a discussão com Leon e desesperava--se porque o marido saíra do lar sem dar-lhe qualquer satisfação. Talvez desejasse alguma explicação de Darchelle, mas não ousou proferir qualquer vocábulo. Via os olhos marejados da cunhada tisnados por ódios e preferiu silenciar.

Sem qualquer palavra, em atitude agressiva, Darchelle desviou-se dela e correu ao aposento íntimo, batendo a porta atrás de si.

3
Confidências no Louvre

"Amar os inimigos não é, portanto, ter-lhes uma afeição que não está na natureza, visto que o contato de um inimigo nos faz bater o coração de modo muito diverso do seu bater, ao contato de um amigo. Amar os Inimigos é não lhes guardar ódio, nem rancor, nem desejos de vingança; é perdoar-lhes, sem pensamento oculto e sem condições, o mal que nos causem; é não opor nenhum obstáculo a reconciliação com eles; é desejar-lhes o bem e não o mal; é experimentar júbilo, em vez de pesar, com o bem que lhes advenha; é socorrê-los, em se apresentando ocasião; é abster-se, quer por palavras, quer por atos, de tudo o que os possa prejudicar; é, finalmente, retribuir-lhes sempre o mal com o bem, sem a intenção de os humilhar. Quem assim procede preenche as condições do mandamento: Amai os vossos inimigos."
O evangelho segundo o espiritismo, capítulo 12, item 3

EM UMA TARDE amena de outono, Darchelle encontrava-se no Louvre com algumas damas de companhia da rainha, em uma pequena reunião recreativa.

Quem observasse suaa fisionomia amena e sorridente não imaginaria a agonia que lhe vibrava no peito. Toda ela era agitação e ansiedade. Porém disfarçava muito bem os sentimentos. Conversava alegremente. Mas a verdade é que estava absorta de tudo e de todos.

Vigiava as horas, entre temerosa e ansiosa.

Em certo momento, ergueu-se do canapé onde se reclinava e caminhou um pouco pelo ambiente.

Cuidando para que não fosse notada, encaminhou-se para a porta. Mas não tomou o corredor que dava para a entrada. Caminhou na direção contrária, até uma porta de uma antessala de um gabinete particular. Entrou depois de verificar que ninguém a seguia ou a observava. Fechou a porta atrás de si e recostou as costas nela, procurando acalmar a opressão no peito e a respiração que se acelerava.

Aprumou novamente a postura e ajeitou o corpete de seu luxuoso vestido azul e dourado, arrumando os babados de seu decote insinuante. Caminhou, então, para frente, passando por um reposteiro.

Sentiu, de repente, que era enlaçada por trás por braços vigorosos. Alguém a apertava contra si, beijando-lhe a cabeleira inúmeras vezes.

Era Ramon.

Desvencilhando-se dele, a moça afastou-o, assustadiça, enquanto ele tentava enlaçá-la novamente.

Profundo nervosismo tomou as forças da menina. Percebeu com aquele gesto atrevido, que ia longe demais com aqueles encontros secretos com o ex-soldado.

Há algumas semanas encontrava-se com o rapaz, iniciando uma espécie de namoro em segredo. Trocara com ele bilhetes e alguns carinhos furtivos. Seduzia-o, acenando-lhe um amor que não existia em seu peito. Na verdade sentia por ele o mais profundo asco, mas sabia disfarçar seus reais sentimentos com olhares insinuantes e maneiras atraentes.

Esperava que ele se rendesse aos seus encantos e encomendasse um noivado com Leon, mas depois de algumas semanas, parecia-lhe que o rapaz conformava-se com o romance naqueles moldes, embora demonstrasse que estava cada vez mais apaixonado.

Naquele momento a moça raciocinava que seria preciso um golpe certeiro para fazê-lo render-se a ela, antes que seus escrúpulos de cavalheiro já não pudessem mais frear suas atitudes.

– Por favor, Ramon! Não! – disse-lhe com voz trêmula, como que embargada de emoção.

– Minha querida! Estamos a sós aqui! Não fujas de mim! Sinto muitíssimo tua falta! Sou louco por ti!

– Oh, não, Ramon! Larga-me. Venho falar-te assunto muito sério. Por favor, me ouve!

O moço freou as atitudes de volúpia e a olhou nos olhos. Parecia séria e constrangida.

Beijou-lhe então as mãos, carinhoso e servil.

– Diga-me, meu amor, o que te acabrunha? Tua fisionomia sugere apreensões. O que houve?

– Venho despedir-me de ti. Venho selar esse nosso estranho romance com a despedida.

O rapaz empalideceu um pouco e a encarou.

– Que dizes?

– O que ouviste, meu amigo! Não posso mais levar isso adiante...

– Mas, minha Darchelle, acaso não me amas mais?

– Oh, não, meu querido. Eu te amo! Mas não posso mais dar-me a estes perigos para recolher essas migalhas de amor que me atiras! Não cabe a uma dama encontrar-se às escondidas com um cavalheiro! Que será de mim se alguém nos descobrir? Vejo que já desconfiam...

A moça afastou-se dele, dando-lhe as costas, com as mãos no rosto para cobrir o fingido pranto.

O coração de Ramon precipitou-se no peito.

– Que dizes, querida? Migalhas de amor? Pois se deponho aos teus pés todo meu devotamento. Mais pareço um escravo de teus caprichos...

– Mas sou eu quem arrisco a honra para vir encontrar-te. E hoje tu lanças mãos em mim sem os escrúpulos de um cavalheiro... Já não me respeitas mais...

– Darchelle, a que me tomas? Eu somente gracejava. Pois não somos namorados? Tu não juraste ser minha?

– Ramon, não posso mais! Tudo isso é impraticável para uma dama.

A esse ponto cheguei porque estou tomada de amores por ti. Perdi os escrúpulos. Perdi a cabeça. Deixei-me seduzir por teus pendores, que tanto admiro. Oh, se não fosseis tão garboso, nobre e inteligente...

Virando-se e fingindo pranto convulsivo, a moça encaminhou-se para a porta, mas Ramon adiantou-se, colocando-se entre ela e a saída.

Estava tão exultante com os carinhos para sua vaidade que não atentara para a expressão exagerada de sua interlocutora. Confiava que aquelas seriam impressões justas aos seus muitos dotes de cavalheiro, e por isso, ajoelhou-se aos pés de sua dama, tomando-lhe as mãos e as beijando.

– Tens razão, minha menina! Que pensava eu até este momento? És apenas uma moça inocente e pura e, como homem, eu deveria assegurar tua segurança. Peço perdão! E me ajoelho aos teus pés para afirmar-te que desejo, de coração, desposar-te. Também eu deixei-me arrebatar por tua beleza, minha querida. Mas não mais agirei assim! Perdoa-me!

Disfarçando o sorriso de vitória que desejava se instalar em seu rosto, Darchelle deixou-se beijar pelo rapaz, que derramava seu pranto de devotamento e amor sobre ela.

O casal conversou um pouco mais sobre os supostos planos de ventura conjugal. Em certo momento, preocupado, Ramon falou:

– Querida, tu bem sabes que teu irmão e eu não temos mais as relações amistosas de antigamente. Preocupo-me bastante com a reação dele ao meu pedido. Desde a noite da perseguição aos huguenotes que não somos mais bons amigos, mas somente cordiais conhecidos.

Enquanto falava, Ramon lembrou-se subitamente de seu falecido adversário. Recordou-se novamente de sua fisionomia pacífica e calma no dia de sua morte, apesar das humilhações a que era submetido.

Estremeceu ao fixar-se no fato de que aquela a quem desejava tomar por esposa era justamente a menina desesperada que se lhe lançou aos pés pela vida daquele huguenote.

Em silêncio e de fisionomia alterada, ele a encarou, intrigado.

Naquela noite, sentira profundo despeito do amor que visivelmente unia aquele casal condenado por seu orgulho. A maneira como Darchelle olhava para o falecido noivo o ferira no mais íntimo sentimento.

Era visível que ela o adorava com todas as forças.

Não foi por causa de Étienne que jurara vindita contra Ramon, na noite inesquecível? Dissera que não descansaria até que ele pagasse pelo crime de feri-lo.

Depois da tragédia, a moça adoecera gravemente, indo quase a óbito pelo desgosto de perder aquele a quem amava.

Agora, estava ali, em sua frente, jurando-lhe amor e devotamento.

Seria verdade? Não seria aquele um sórdido plano de vingança arquitetado por uma mente perspicaz?

– Ramon? O que houve? Estás pálido...

Como que acordado de um transe, o rapaz a encarou. Não havia ouvido nenhuma palavra do que ela dizia. A mente estava atormentada com a reflexão a que se dava.

Aproximando-se da menina, ergueu para si o rostinho mimoso e a encarou nos olhos, com fisionomia rígida:

– Darchelle, tu me amas? – perguntou em tom de voz notadamente grave, sem desviar os olhos da interlocutora.

A sensibilidade da descendente dos de N. pôde apreender o dilema em que se mergulhava o namorado. Ela podia imaginar o que a evocação daquela noite maldita havia suscitado de raciocínios em Ramon. Tratava-se de um rapaz inteligente, Darchelle não poderia negar. Cedo ou tarde, as impressões que testemunhava tomando o campo mental do ex-soldado seriam despertas.

Suas faculdades sinalizaram que aquele era um momento grave e decisivo e, em um átimo de minuto, raciocinou qual seria a melhor maneira de engodar sua vítima.

Com o olhar melífluo e inundado de lágrimas que não chegaram a cair, a moça o encarou e disse em tom baixo e emocionado.

– Sim, querido! Eu o amo! Não deveria amá-lo, devido às circunstâncias que nos unem os destinos. Foste tu, a mando do Rei, que tirou a vida daquele que seria meu marido, se não fosse o evento do dia de São Bartolomeu...

O rapaz surpreendeu-se com a evocação direta ao assunto e contraiu a fisionomia. Mas não disse nada. Queria ouvir primeiro.

Darchelle delicadamente desvencilhou-se de Ramon e caminhou pelo ambiente. Era preciso afastar-se do calor de sua pessoa, para melhor interpretar.

Continuou:

– Naquela época, Ramon, se alguém me dissesse que eu poderia vir a amá-lo, certamente eu sorriria, fazendo chiste de tal previsão. Cheguei a pensar que o odiava com todas as minhas forças. Mas o tempo tudo cura. Curou minhas ilusões de amor e amadureceu-me para as realidades. Hoje eu consigo pensar com clareza: como eu poderia viver com um huguenote, meu caro amigo, se sou fervorosa devota da santa Igreja? Como eu me adaptaria a uma vida como aquela que me estava destinada se eu me casasse, em províncias distantes no Reno ou na Alemanha, longe de meu irmão, longe de Paris, que tanto amo?

Suspirando profundamente para conter as lágrimas que a ameaçavam ao evocar seus sonhos do passado, Darchelle fez uma pequena pausa, para reunir forças e continuar seu teatro.

– Creio que meu rei acabou por salvar-me de uma vida infeliz e insatisfatória, com a qual eu estava deslumbrada pelo pouco conhecimento que tinha das coisas.

Duas lágrimas escorreram por seu rosto, sem que ela pudesse conter. Mas tomando partido delas e esboçando em sua fisionomia toda ternura que lhe era possível, continuou com voz melíflua:

– Hoje, meu amigo, mais de dois anos depois de tudo o que aconteceu, sinto-me mais lúcida para pensar no assunto... Mesmo assim, imagino a inconveniência de meus sentimentos por ti. São estranhos até para mim mesma, mas nada posso fazer contra eles. São fortes e arrebatadores. Amo-te, meu caro! Desejo ser tua esposa e conhecer a alegria de viver contigo. Penso em ti todos os momentos e me envergonho do que faço por causa do amor por ti. Por ele, enfrentarei meu irmão, se for preciso...

Tomado de fortes impressões pelas palavras ouvidas, Ramon encarou ainda a menina, sondando-lhe a fisionomia. Tentava decifrar a honestidade ou a falsidade de seus argumentos, pela observação. Aproximou-se dela ainda em silêncio e enxugou seu rosto delicado com gentileza.

Argumentou consigo mesmo, lutando para vencer a resistência de sua mente contra a honestidade de Darchelle. Não era aquela apenas uma linda e delicada criança? Poderia uma criatura tão gentil arquitetar planos elaborados de vingança? Oh, não! Não poderia! Faltaria experiência e arrojamento. E o que ganharia com isso, seduzindo-o e tornando-se sua esposa? Que poderia ela contra um homem de armas, inteligente, perspicaz e experimentado? De certo ela o amava, e o teria amado antes, se o intruso huguenote não houvesse se colocado entre eles, no passado.

Alguma coisa em sua mente insistia em alertá-lo, mas era tarde demais. Todo o seu ser desejava acreditar nas palavras de Darchelle e, por isso, não lhe era possível nenhuma resistência. Abraçou-a, deixando-se chorar de contentamento. Beijou-lhe os cabelos e o rosto, entre juras de amor entoadas com grande emoção.

Despediram-se entre beijos, carícias e promessas de ventura.

Ramon saiu pela porta e Darchelle ficou no gabinete. Ao vê-lo sair, ela deixou-se cair em uma poltrona, absorta, enregelada.

Em breves minutos, convulsivo pranto a sacudiu. Suportara por tempo demais o contato com aquele a quem desprezava, com todas as forças. Em seu rosto, em seu corpo, podia sentir o contato asqueroso. Onde ele a beijara, onde ele a segurara, parecia-lhe que brasas a queimavam. Sentia nojo de si mesma.

Jamais fora tocada daquela maneira por seu amado Étienne. Ele sempre fora delicado e gentil.

Tais pensamentos recrudesciam sua repulsa, torturando-lhe a sensibilidade.

Em certo momento sentiu leve refrigério das sensações torturantes. Leve entorpecimento tomava seus sentidos. Uma estranha sonolência vinha acudir seu desespero.

Sentiu que seus cabelos eram acariciados, carinhosamente. Sua cabeça estava apoiada em alguém, que a sustentava ao peito.

Suave e conhecido perfume penetrou suas narinas, fazendo-a estremecer de emoção. Era o perfume de Étienne.

Que fenômeno era aquele? Estava recostada em seu noivo falecido?

Não conseguiu erguer a cabeça para ver a fisionomia de quem a amparava. Mas reconhecia o traje onde se recostava. Porém este não era formado por tecidos sólidos. Eram roupagens translúcidas.

Reconhecia também o afago nos cabelos. Tudo era de seu Étienne.

Mas o entorpecimento a impedia de movimentar-se livremente. O raciocínio não a socorria com clareza. Queria falar, fazer alguma coisa, mas nada conseguia além de deixar que lágrimas de pungente saudade lhe escorressem no rosto.

Seria um sonho? Se fosse, não desejava acordar!

Após o breve instante de silêncio, ouviu um sussurro gentil, chegando-lhe aos ouvidos a voz conhecida e saudosa:

– Querida, que aventura perigosa é esta por onde te enveredas? Não vês que te arriscas e arriscas também aos outros? Abandona estes planos infelizes, minha amada! Perdoa! Perdoa para que Deus abençoe nosso amor! Perdoa tudo! Esquece a ofensa e estarei contigo!

Sim, era a voz de seu noivo! Era Étienne que lhe falava docemente. Mas como? Não estava morto? Não fora mesmo o próprio Ramon quem o trespassara com uma espada, em sua presença, despedaçando sua felicidade para sempre?

Perdão? A quem? A Ramon? Mas como? Como perdoar o homem que arrancou de seus braços o noivo adorado, sem qualquer motivo além da inveja, da perfidez e da desonra? Como poderia? Era impossível! Ramon deveria pagar por seu crime! Deveria sofrer um sofrimento análogo ou quem sabe, se possível, ainda mais pungente que aquele que a impunha.

Oh, nenhuma esperança havia para ela neste mundo. Quisera que fosse verdade que o noivo amado ali estivesse, afagando-a e sustendo-a junto ao peito, ao contato com seu coração. Quisera que ele houvesse vencido a barreira da morte para vir buscá-la de seu martírio sem fim.

Sim, ela desejava morrer. Quem sabe morrendo, não o tornaria a rever, no reino do desconhecido. Mas antes, era preciso vingar-se daquele que a condenou a essa dor insuportável. Perdoar? Não era possível!

Os pensamentos transcorriam céleres e intensos na mente de Darchelle, naquilo que ela presumia ser um solilóquio. Argumentava com a voz do noivo que ouvia dentro de si, sem conseguir atinar bem o que se passava.

Naquele estranho diálogo permaneceram mais alguns minutos. O carinho de Étienne tentava levá-la a melhores condições mentais, mas sem muito êxito.

Em um dado momento, Darchelle conseguiu movimentar a cabeça. Procurou olhar para o rosto, confirmando que tratava-se de seu noivo falecido. Como as vestes que ele envergava, todo ele era translúcido, como se fosse formado por brumas e luzes suaves.

Ela pôde observar em seus olhos claros toda a emoção contida. Sua fisionomia era doce e preocupada, ao mesmo tempo.

Darchelle não pôde mais. Um choque emocional fê-la retornar à realidade, assustadiça.

"Certamente fora um sonho" – deduziu ela, sacudida por soluços. Após algum refazimento, ergueu-se da poltrona, resoluta. Em seus olhos tisnaram um ressentimento profundo, enquanto dizia para si:

"A isto Ramon reduziu meu amado Étienne. A um sonho..."

Ergueu-se e ajeitou a roupa. Afugentou as impressões com sua fortaleza de espírito e encaminhou-se para a saída. Não queria mais pensar em perdão. Se perdoasse a Ramon, nenhum objetivo de vida lhe restaria. Era preciso viver, para vingar-se.

Saiu pela porta altiva, enxugando as lágrimas.

No ambiente, ficava Étienne em espírito, entregue aos pensamentos. Viu-a sair pela porta e deixou-se assentar na mesma poltrona onde a susteve ao peito, pensativo e entristecido. Profundas preocupações lhe tomaram as faculdades mentais.

"Que fazer, meu Deus?" – perguntou-se, deixando escapar um suspiro.

Aos poucos, seu vulto foi se apagando do ambiente, que voltou à solidão inicial.

* * *

AO SAIR DO gabinete onde encontrara-se com a pretensa namorada, Ramon exultava de felicidade. Encaminhou-se para suas responsabilidades cantarolando alegremente, bem disposto e otimista.

Ah, ilusão, ilusão! Com que belos trajes te apresentas aos nossos olhos! Quão sedutoras as tuas palavras e quão insinuantes teus movimentos. Teus braços parecem reconfortantes e doces, convidando-nos a um amplexo ardoroso e desejado. Tuas mãos são sedosas e macias.

Mas teus braços são tentáculos e tuas mãos são garras! Tua voz é como o cântico de sereia. Um minuto de distração, e arrasta-nos aos abismos do desperdício do tempo e da vida.

É preciso desnudar-te, ilusão! Arrancar de ti as vestes doiradas e brilhantes. É preciso desejar a verdade com ainda mais ardor do que se deseja a paz, para que tua argúcia não nos perca de nós mesmos.

Tua cúmplice, a vaidade, entorpece-nos os sentidos com os artifícios dos excessos de todos os tipos. Orgulho e Egoísmo são a esteira de tua existência dentro do homem.

Oh, meus amigos, o custo da invigilância íntima é sempre muito alto.

Necessitamos, para alcançar as paragens da bonança evolutiva, voltarmos nossas forças ao esforço de autoconhecimento, para que não nos percamos nos labirintos dos valores fictícios. Onde instala-se o deserto do desconhecimento próprio, avultam-se as alucinações.

Evitemo-las, meus irmãos! Encaremos a face borrascosa da verdade, confiantes e corajosos. Não a desdenhemos a troco de alguns instantes de entorpecimento dos sentidos.

Ramon tinha soando em alto e bom som o alarme de sua consciência, porém distraía-se com a jactância que lhe demarcava o caráter.

O que dizer do pobre rapaz? Estaremos nós, por nossa vez, mais atentos que ele estava? Sabemos a saciedade de nossos valores e deméritos para não nos deixarmos engodar com palavras melífluas? Nossa segurança íntima estará estruturada de tal forma que não nos deixamos iludir pelos chamamentos múltiplos de fora?

Quanto um minuto de reflexão objetiva, realista, nos pouparia das dores acerbas que nos esperam o despertar da loucura.

4
Casamento

"Nem a lei civil, porém, nem os compromissos que ela faz se contraiam podem suprir a lei do amor, se esta não preside a união, resultando, frequentemente, separarem-se por si mesmos os que à força se uniram; torna-se um perjúrio, se pronunciado como fórmula banal, o juramento feito ao pé do altar. Daí as uniões infelizes, que acabam tornando-se criminosas, dupla desgraça que se evitaria se, ao estabelecerem-se as condições do matrimônio, se não abstraísse da única que o sanciona aos olhos de Deus: a lei de amor. Ao dizer Deus: 'Não sereis senão uma só carne', e quando Jesus disse: 'Não separeis o que Deus uniu', essas palavras se devem entender com referência à união segundo a lei imutável de Deus e não segundo a lei mutável dos homens."
O evangelho segundo o espiritismo, capítulo 22, item 3

Em 1574, morre o jovem rei Carlos IX, em circunstâncias muito suspeitas.

Carlos perecera, clamando em desespero: "Quanto sangue! Quantos crimes! Estou perdido!".

A mente do pobre rapaz de apenas 23 anos consumia-se de remorso por causa dos eventos de São Bartolomeu.

Henrique III ascende ao trono aos 22 anos de idade, em 1574, mas fora coroado em fevereiro de 1575. Em suas mãos estava posto um reino dividido, enfraquecido e que se deixaria resvalar por mais quatro guerras durante seu reinado.

Naquele novembro de 1575, encontraremos Leon em seu gabinete de trabalho em casa, metido em um robe de seda, assentado em sua mesa de trabalho, enquanto bebericava um licor.

À sua frente estavam alguns papéis de negócios da família, aos quais ele não prestava qualquer atenção. Sua mente divagava nas preocupações com a irmã.

Aqueles eram dias tumultuosos. Por várias vezes os dois irmãos, antes tão unidos e carinhosos, entregavam-se a tristes discussões. Já não se entendiam mais como outrora. Já não gastavam suas horas entre risos e alegrias como fora antes de todos os tristes eventos que os separaram para sempre.

Leon soubera recentemente do romance de sua irmã com seu ex-subordinado em armas e enfurecia-se a todo instante. Não conseguia admitir aquela situação que mais lhe parecia uma aberração.

O relacionamento com a irmã incidia também na harmonia conjugal do rapaz. Embora amasse muito a esposa, não suportava suas cobranças e ressentimentos. As inseguranças de Marie, que tinham como raiz o comportamento evasivo e irritadiço do marido, mais agravavam seus desgostos e, por isso, o oficial passava cada vez mais tempo fora de casa.

Assim instalara-se um infeliz ciclo vicioso: com as constantes ausências do marido, ainda mais insatisfeita e desgostosa ficava a esposa, que cobrava-lhe, sempre chorosa, atitudes e resoluções, agravando-lhe a irritação e o desânimo. Por compreender que a causa do problema era a atitude da cunhada, a indisposição entre as duas moças chegava a patamares insuportáveis de convivência. O que piorava, por sua vez, a relação entre os dois irmãos, que não mais se entendiam. E o lar, antes cheio de carinho, esperança e alegrias, agora não passava de uma rica e triste mansão.

Leon encontrara distrações portas a dentro do Louvre, além daquelas de sua profissão. Dera-se a libações e relações extraconjugais com conhecida personagem de sua época pertencente à nobreza, relação essa já comentada e notória na corte.

Naquela tarde em que se deixara ficar em casa, porém sem se permitir contato próximo com as mulheres de sua vida, o oficial francês tentava distrair-se com os negócios de família, mas sem êxito.

Já pensava em evadir-se de casa e procurar as alegrias licenciosas quando alguém bateu suavemente na porta. Leon ajeitou seu robe, aprumando a postura desleixada, imaginando tratar-se de seu criado de quarto, a quem pedira algumas providências um tempo antes.

– Entra, Luis! – disse com a entonação amigável de sempre.

Mas era Darchelle, que o cumprimentou respeitosa, meneando a cabeça.

Maquinalmente, ele ergueu-se e beijou-lhe a mão, convidando-a a se assentar na cadeira em frente à mesa de trabalho.

– Que desejas, minha irmã?

– Gostaria de tratar um assunto delicado contigo.

– Pois bem. Mas seja breve. Não poderei demorar-me. Tenho compromissos.

– Venho para resolver contigo o problema de meu noivado.

A fisionomia de Leon tornou-se carregada e ele sorveu o restante do licor que estava na taça.

– Tu não tens noivo. Portanto, não tens qualquer problema a resolver... – disse em tom baixo e calmo, sondando as feições da irmã.

Darchelle suspirou profundamente, mas manteve a calma.

– Creio que não tens o direito de deliberar assim sobre questões tão graves de minha vida.

– Esqueces que sou teu irmão e teu guardião?

– Não. Mas imagino que tu esqueces...

– Ora! Eu estou cuidando de teu bem-estar... Estou em pleno exercício de meus deveres para contigo quando afirmo que não tens noivo. Não este que supões, pelo menos.

– Não o compreendo. Ramon é um cavalheiro como outro. Vem ascendendo socialmente e tem uma situação estável. Não consigo imaginar o que pode desagradá-lo tanto, a ponto de não consentires no noivado que desejo.

– Sou eu quem não compreende teus sentimentos. Como podes desejar o noivado com o assassino de teu outro noivo, a quem dizias amar profundamente? Ou a profundidade de teu amor não passava de quimeras?

Darchelle se ergueu. Os olhos injetados, o rosto rubro de revolta.

– Não ouses dizer qualquer coisa sobre o meu amor por Étienne. Não foi Ramon o assassino de meu noivo. Foste tu, meu irmão! Tu!

Leon ergueu-se e bateu furiosamente na mesa.

– Não me acuses, Darchelle. Não tens discernimento suficiente para avaliar minha posição naquele dia infeliz. Minhas responsabilidades eram superlativas. Eu nada poderia fazer... Mais uma vez tu me acusas!

– Não te esquives, Leon. Sê homem para assumir tuas responsabilidades!

– Não te faças de melindrosa quanto a esse assunto. Certamente ele em nada te melindra, já que nem bem desceu ao túmulo um noivo e já desejas outro na pessoa do assassino do primeiro. Chego a pensar se essas tuas acusações não são fugas de tua própria culpa...

– Que dizes? Culpa, eu? Mas como?

– Recordo-me muito bem que chamei-te a atenção por causa de liberdades que davas a Ramon, enquanto teu noivo viajava para resolver problemas de família, na Alemanha. Tu te lembras? Não seria isso a raiz de toda essa situação? Quem sabe se houvesses te comportado com o decoro que era devido a uma dama compromissada, Ramon não consideraria inútil aproveitar-se da oportunidade que a noite do massacre lhe dera para livrar-se do adversário? Ao que me parece, ele estava certo quanto ao resultado dessa empresa, afinal de contas foi exatamente o que aconteceu. Bastou matar teu noivo para conseguir-te arrebatar o coração. Talvez, Darchelle, a responsabilidade sobre a morte de Étienne caiba também a ti e teu comportamento!

Um grito sonoro se ouviu no gabinete. Totalmente transtornada, Darchelle lançou-se ao irmão, procurando feri-lo.

– Eu o odeio, Leon! Eu o odeio! Tudo isso é mentira! Étienne não morreu por minha causa, mas por tua!

A atitude surpreendeu muito o rapaz, que procurava segurá-la e impedir que ela se ferisse no afoitamento de lutar. Por ver que seus esforços para atingir Leon eram infrutíferos, a menina começou a lançar nele tudo quanto lhe estava ao alcance das mãos, ao que ele tentava defender-se como podia.

Em um dado momento, ela empalideceu e tombou ao solo, sem sentidos. O choque nervoso fora intenso em demasia.

Leon levou as duas mãos na cabeça, assustado. Arrependia-se de cada palavra que havia dito, no calor da irritação.

Correu até a irmã, abaixando-se para tentar reanimá-la. Ela estava fria e pálida. Ele a tomou nos braços, enquanto gritava para os empregados e para madame Lesoncé, que acorreu, prestimosa.

Trêmulo e em lágrimas, Leon contou para a boa ama o que havia dito, como implorando por seu entendimento.

– Darchelle tem o poder de me desestruturar totalmente, minha ama! – disse, justificando-se.

– Oh, meu menino! A que ponto chegamos! Santo Deus, como poderemos viver assim?

Chegou o facultativo chamado às pressas para atender a moça. Enquanto ele realizava os procedimentos justos para reanimar a menina, Leon deixava-se chorar convulsivamente, apoiado nos ombros de sua ama.

Felizmente as providências deram satisfatório resultado e Darchelle havia voltado à consciência, mas medicada para manter a calma e dormir.

Após a saída do médico, na manhã seguinte ao acontecido, pedindo estar a sós com a irmã, Leon ajoelhou-se próximo à sua cabeceira e a observou por alguns minutos. Enxugou o rosto da irmã, que estava inundado por lágrimas ininterruptas, análogas às suas próprias. Ela nada disse. Sequer o encarou. Sua fisionomia antes enfurecida, agora era triste, desolada.

Leon pegou a mão de Darchelle e a beijou, carinhosamente.

– Perdoa-me, Darchelle! Eu imploro! Fui cruel e injusto contigo. Não devia ter dito nada do que disse. Mas é que tuas acusações são demasiadamente dolorosas e eu já não as suporto mais.

Virando o rosto para ele, a menina o encarou. O estado de Leon a compungia profundamente. Desejava reconciliar-se com o irmão adorado, mas sentia que era impossível. Não poderia perdoá-lo pela omissão que selou sua felicidade para sempre. Mas não queria mais continuar com aquela situação infeliz. Queria concentrar-se no único objetivo que lhe dava forças para acordar todas as manhãs: vingar-se de Ramon. Leon não poderia compreender isso.

– Escuta, querida – disse o rapaz após o longo silêncio que se seguiu – se tu desejas realmente pertencer a Ramon, eu nada mais farei para impedir que isso aconteça. Respeitarei tua vontade, embora ainda conserve minha opinião a respeito intacta. Mas não gastarei nem mais um minuto nesta altercação que nos tem infelicitado tanto. Reconheço que desde aquela noite maldita estabeleceu-se um abismo entre nós que talvez não seja possível ser superado. Sim, eu gastarei minha vida avaliando minhas atitudes daquela hora. Não vou dizer-te que não me arrependo de haver sido omisso, de certa forma, quanto ao meu cunhado. Só Deus sabe que eu o amava como se ama a um irmão. Só Deus sabe como não se passa um único dia em que eu não pense em tudo isso e sofra. Mas o fato é que está feito! Quisera eu voltar o tempo atrás e modificar todas as coisas. Esse é o meu martírio diário, Darchelle, e terei que conviver com ele.

Leon enxugou as próprias lágrimas, tomou fôlego e continuou:

– Eu presenciei a morte de meu rei, consumido de remorsos e desesperação por causa daquela noite. Presenciei a desesperação de outros tantos, nobres e plebeus. Cada qual haverá de carregar por toda a vida o próprio quinhão de angústias por aquelas poucas horas de ignomínia. Assim seremos nós, também. Se sou criminoso, estou sendo devidamente punido a cada dia. Não consigo me entender com minha irmã, a única família que tenho. Meu casamento é um ninho de angústias e infelicidade, pois não consigo um minuto de tranquilidade com minha esposa, apesar de amá-la tanto. Tarda um herdeiro que possa dar-me esperanças de ventura....

Leon abaixou a cabeça, soluçando por alguns instantes. Após, ergueu-a novamente e continuou, de olhos fixos em Darchelle:

– Peço-te, tão somente, que tenhas piedade de mim e cesses essas acusações, pois não as suporto mais. Às vezes sinto-me desesperar por causa dessas nossas discussões. E olha também o teu estado. Chegamos ao ponto de nos ferirmos como dois inimigos, a todo momento. Eu não sou teu inimigo. Amo-te com todo meu coração e sinto muitíssimo por tudo o que nos separa, hoje em dia. Também eu pretendo nunca mais repetir nenhuma das palavras que te disse hoje. Se desejas, diz para Ramon que o aguardo para tratar do ajuste de teu casamento. Apenas te digo que para mim seria impossível conviver com essa situação embaixo do mesmo teto, portanto, ao casar-te com ele, prepara-te para deixares esta casa e a frequentares apenas como visita. Tratarei com ele a aquisição de um lar condigno, que será adquirido com a parte da herança de nosso pai que te cabe. Terás todo conforto e segurança, tens minha palavra. Mas não poderemos viver todos juntos aqui.

Darchelle o encarou, silenciosa. Queria ter força íntima para acariciar a cabeleira de seu adorado irmão e dizer que o perdoava, que o compreendia e que desejava tudo fosse como antes. Queria abraçá-lo, deixando-se aninhar em seus braços protetores, dizendo que nada daquilo era necessário. Não amava Ramon e não desejava desposá-lo. Queria mesmo era a amenidade e o carinho da proteção de seu lar. Queria dizer-lhe que jamais o abandonaria, que era sim sua família e o amava com todas as forças. Que conversaria com Marie para que a paz voltasse à sua vida, que mudaria a atitude e viveria sem rancor no coração, em paz e esperançosa para o futuro, já que era tão jovem. Mas não disse. Não lhe era possível admitir aquela possibilidade, após todos os acontecimentos.

A revolta sufocava todas as plantas nascituras do discernimento e da temperança. O desejo de vingança estava mais condizente com seu íntimo que o anseio pela paz e pela harmonia. Era mais fácil aninhar a ideia da vindita, devido aos seus automatismos, que a do perdão. Para aceitar a ideia do perdão, seria necessário o esforço da criatura em compreender-lhe os benefícios e vencer os automatismos que incitam à retaliação do suposto mal recebido.

Darchelle não se animava a esse movimento. Calou dentro de si todas as boas disposições com o irmão. Preferiu considerar-se condenada pela vida e decidiu reagir de forma mesquinha e egoísta, imaginando que sua dor era maior que a de todos os outros. Abafou o impulso natural de acolher e amparar o irmão que adorava, consolando-o de suas atribulações.

Embora a compaixão insistisse em abraçar seus sentimentos, ela optou pelo silêncio e a passividade.

A fisionomia de Leon era comovente. Seus olhos estavam tristes e fundos pela noite insone em que a velava, preocupado. Seu rosto estava pálido e seus cabelos desalinhados. Continuava com o mesmo traje da tarde anterior, evidenciando sua falta de cuidado consigo mesmo.

Sem receber qualquer refrigério para o coração atormentado e dolorido, Leon beijou novamente a mão de Darchelle e levantou-se chamando por madame Lesoncé, para que ficasse com ela. Ele retirou-se do quarto para arrumar-se para voltar ao trabalho.

No dia seguinte, recebia Ramon em seu gabinete de trabalho para tratar da contratação do casamento. E assim o fez de forma maquinal, fria, impassível.

Recebeu o futuro cunhado sem afetação e sem intenção de diminuir a distância que se havia feito entre ambos, desde agosto de 1572. Não o tratou com desconsideração, pois isso não era de sua natureza dada a cordialidade.

Ramon, por sua vez, exultava de alegria. Amava e pensava ser amado e isso o tornava mais ameno, mais receptivo e mais gentil. Todo ele era esperanças e generosidade. Por isso, procurava Leon com o coração aberto e real intenção de reconciliação.

Marcaram a data em um jantar para os mais íntimos, sem muita repercussão social. O matrimônio se daria em poucos meses, no início de 1576.

* * *

Fevereiro de 1576.

Pomposa cerimônia unia nossas personagens ante o altar matrimonial. Nele, os dois nubentes recebiam do sacerdote as bênçãos da Igreja, com climas mentais completamente opostos.

Ramon exultava em seu traje galante, ornamentado de pedrarias e condecorações. Sentia que conseguia tudo o que almejava, como se não houvesse obstáculos à sua vontade no mundo. Era um vencedor.

Darchelle sustentava um sorriso no rosto a muito custo. De momento a momento, era obrigada a conter as lágrimas que ameaçavam aljofrar em abundância, cada vez que pensava que era para estar vivendo aquilo com seu amado falecido. Era ele quem deveria estar ajoelhado junto a ela, metido em uma de suas roupas bem talhadas, recebendo as bênçãos do sacerdote. Podia imaginar cada detalhe de como ele estaria, naquele dia.

Toda ela era ressentimento e tristeza. Que destino cruel era aquele que a impedia de realizar o inofensivo sonho de amar e ser amada, iniciando uma família com o homem que adorava?

Enquanto a cerimônia se dava, ela distraía-se, observando as imagens do altar. Frias, impassíveis, todas elas. Nenhuma delas se compadecia de sua tristeza, oferecendo consolo e amparo. Continuavam lá, na posição mumificada em que se encontravam.

O sacerdote falava em nome de Deus. E que Deus era aquele que não poupava uma menina de um destino tão infeliz? Esse Deus que não viera em socorro àquele pai que tentava defender o filhinho ao colo, na Noite de São Bartolomeu de 1572, e que ela jamais conseguira esquecer. Sua voz implorando pela vida do pequeno ainda repercutia em seu íntimo. Esse Deus que não viera salvar o bebê que era arrastado pelas ruas por outras crianças, na cena chocante que quase quatro anos depois de testemunhada ainda invadia seus pesadelos.

E São Bartolomeu? Não fora um dos apóstolos de Jesus? Por que não intervira, com sua santidade, para que aquele massacre a inocentes não se desse no seu dia, manchando-o para sempre? Ou seria ele a favor de tal crueldade?

Recordou-se que ouvira falar na árvore que florira misteriosamente após a noite macabra. E que as pessoas diziam que era uma clara demonstração de que Deus aprovara o acontecimento e estava satisfeito com seus fiéis. Como poderia isso? Que fizera seu Étienne de mal para que Deus ficasse satisfeito com seu assassínio? Acaso Deus pertenceria a apenas uma religião na Terra? E seria aquela que agora abençoava seu casamento com o assassino de seu falecido noivo, consolidando seu plano de vingança? Aquela que construíra templos majestosos como aquele em que se ajoelhava para um falso juramento, sendo observada por imagens impassíveis, insensíveis...

Quando chegou o momento do juramento de fidelidade, ela repetiu as palavras cerimoniais resoluta. Depois baixou a cabeça e murmurou:

– Meu Étienne, eu juro que jamais amarei homem algum além de ti. O juramento que aqui faço, o faço para obter a justa vingança contra o teu assassino, que ora tomo por marido. Considera, querido, que as palavras que eu acabo de dizer são para ti e não para ele. E que tu me perdoes por me entregar a outro, amando-te tanto...

Duas lágrimas escorreram no rosto de Darchelle, após essa pequena e desajeitada confissão, que ela julgava ser impossível de ser ouvida por mais ninguém além dela mesma. Mas o fato é que mais alguém ouvira e se compungira superlativamente.

Era Étienne. Pálido, fisionomia entristecida e amparado por seu bondoso benfeitor, assistia a tudo em silenciosa expectativa. Quando ouviu as palavras da ex-noiva, ergueu-se de onde estava e encaminhou-se para ela, visivelmente emocionado. Deixando que as lágrimas corressem livremente, a beijou na testa e sussurrou aos seus ouvidos:

– Querida, quisera eu que aqui estivesses seguindo realmente um pendor de teu coração. Ainda que eu me admita grandemente afetado por pensar que pertencerás a outro homem, tomado pelas paixões humanas como ainda sou, afirmo-te que me seria possível com isso me conformar, pensando em teu bem e em tua felicidade. Mas em tais circunstâncias, somente Deus saberá dizer da dor que trago no peito, testemunhando tudo isso. Peço a Deus que te proteja de ti mesma, minha amada! Peço a Ele que me ajude também a suportar tudo isso. Pressinto que estes momentos de agora em diante definirão nossa trajetória pelos séculos. Deus tenha piedade de nós!

Suas palavras não foram ouvidas por Darchelle. Mas foram registradas por ela de algum modo, pois a partir daí o pranto não pôde ser mais contido. Porém sempre era possível atribuí-lo à emoção e felicidade do momento.

O varão que acompanhava Étienne aproximou-se e o segurou pelos ombros.

– Meu filho, agora basta – disse-lhe, carinhoso.

O rapaz obedeceu sem resistência. Deixou-se apoiar em seu ombro amigo e foi conduzido a outras paragens. Ambos os vultos se evaporaram do ambiente.

Outros ali estavam também. Os pais de Darchelle a tudo assistiam em respeitosa atitude. Nada diziam. A fisionomia de ambos denunciava as preocupações que aninhavam. Com a mesma expectativa, estava também aquela que fora mãe de Ramon.

Do lado de fora do templo, Luis-Olivier caminhava de um para o outro lado, resmungando. De quando em vez, alongava os olhos para dentro do templo e via a figura alegre de seu filho adotivo. Lamentava fosse ele tão estúpido, a ponto de não ouvir seus alertas sobre toda a situação. Mais de uma vez estimulava-o a raciocínios mais claros. Tentava mostrar-lhe a realidade, mas em vão. O rapaz teimava em iludir-se com a falsidade de Darchelle.

E, por isso, Luis-Olivier a odiava ainda mais. Vez por outra jurava-lhe vingança, caso ela ferisse seu filho.

Mas ele não entrava no templo. Não conseguia, apesar de nutrir vontade de dar cabo daquela cerimônia, em defesa de Ramon.

E nesses climas, deu-se o casamento de Ramon e Darchelle, selando para sempre o destino de todos os envolvidos.

5

Esperança no amor

> "Ora, não existe adultério onde reina sincera afeição recíproca."
> *O evangelho segundo o espiritismo*, capítulo 22, item 5

Após o casamento de Darchelle e Ramon, passaram-se cerca de dois anos na vida de nossas personagens.

Marie-Antonette imaginava que seu lar tornar-se-ia mais ameno e a concórdia retornaria para o casal sem a presença imponente de sua cunhada. Conquanto ela agora desfrutasse a liberdade de exercer a almejada posição de senhora daquele lar, contratando empregados e arrumando tudo ao seu gosto, o clima de altercação e desentendimento com o marido prosseguia sem muitas alterações.

Leon passava ainda menos tempo em casa, sempre alegando afazeres e responsabilidades de sua profissão. Embora afável e bondoso, perdia a paciência muito facilmente com os ciúmes e as inseguranças da esposa. Amava-a, mas considerava intolerável o clima de desconfiança com o qual ela o tratava.

Há algum tempo ele maculava o leito conjugal com amantes. Suas ações eram comentadas no Louvre à boca pequena, pois um de seus romances se desenrolava com uma figura muitíssimo importante da época. Mas a verdade é que esse romance surgira após as desconfianças da esposa.

As fragilidades do moço francês eram grandes no terreno da sexualidade, porém ele possuía um caráter sincero e tendente à retidão. Uma vez casado, acalentara o propósito de viver conforme a consciência lhe ditava, dedicado à esposa e aos filhinhos que tanto ansiava, sem, contudo, levá-lo adiante por muito tempo.

Leon alegava para si mesmo várias justificativas para sua prevaricação, buscando apaziguar a consciência: os filhinhos que tardavam a vir alegrar o seu lar; a atitude tão diferente que a amável noiva de outrora assumira desde que se casaram, tornando-se excessivamente melindrosa, desconfiada, possessiva; os desgostos enormes decorrentes da famigerada noite de 1572, que lhe roubaram para sempre a paz na consciência e a alegria no lar; a pressão de ser requestado por uma das mais belas mulheres de Paris, de sua época... Sentia-se, portanto, faminto de alegrias e distração. Como homem de sua época, parecia natural encontrar tais recursos fora das paredes de seu reduto doméstico.

Ele era homem – dizia de si para si – e como homem não poderia prevenir-se de tantas tentações, quando em casa só encontrava desgosto e desencanto. Era preciso dar algum sentido à própria vida, permitir-se alguma amenidade que o acalentasse para as suas duras responsabilidades de homem de armas e chefe de família.

Mas a verdade é que, mesmo com tantas alegações e argumentos, sua consciência tisnava-lhe, tornando-o irritadiço, silencioso, entristecido.

Alegar inocência quanto à nossa deserção dos deveres mínimos de retidão que nos cabem, baseando-nos na atitude dos que nos cercam, jamais poderá silenciar a consciência, que é onde residem as Leis de Deus, irretocáveis e santas.

Poderemos, de certo, amortecer nossa percepção por algum tempo, com os muitos labirintos de raciocínios com os quais distraímos nossas percepções plenas de todas as coisas. Mas a 'voz de Deus' no imo da Criatura, embora caridosa e paciente para com as tantas digressões, às quais nos entregamos ao longo do caminho, reverberará cedo ou tarde, apontando a direção do céu mesmo se nos aprazamos em rastejar na lama.

Conforme lemos nas anotações de Jeremias[27], a Palavra de Deus, ou seja, sua Lei Magnânima em ação constante em todos os recônditos de nossas vidas, é como o martelo que estilhaça a pedra de nossa rudeza, no singrar silencioso das eras e eras.

Nenhuma iniquidade humana subsistirá ao progresso. O destino fatídico de todos é a bem-aventurança que decorre da elevação moral.

Bem fazemos se cuidamos de nossa conduta, não com base naquilo que às vezes parece tornar-se comum na tábua das experiências humanas, como se fosse uma endemia imoral que infecta a tudo e a todos em nosso derredor. No atual contexto moral em que se encontra a família terrena, a repetição de uma conduta por uma massa não é aval de adequação. O padrão que devemos seguir é aquele firmado no Evangelho, avalizados pela conduta do mais perfeito entre nós, do unigênito do Pai, do modelo e guia da humanidade, Jesus.

Se apraz aos nossos companheiros de caminhada enveredarem-se por caminhos espinhentos, e o aconselhamento fraternal não lhes pode alcançar o entendimento, cabe-nos facultar-lhes a liberdade a que têm direito, dada por Deus aos Seus filhos. Mas não cometamos a injustiça de justificar nossas próprias ações com isso.

O que estaremos dizendo de nós mesmos? Que seremos quais marionetes das circunstâncias, sem suficiente poder sobre nós próprios para deliberar o que convém ou não convém? Que somos joguetes nas mãos de forças contra as quais não temos qualquer recurso moral, devido à nossa mesquinhez evolutiva? Que não passamos de prisioneiros dos ajustes corpóreos?

Ora, não! Mil vezes não! Somos filhos de Deus e temos todos os recursos para avançarmos! Conhecemos Jesus, portanto tais alegações não passam de jogo de palavras para distrairmo-nos da verdade.

* * *

---

[27] "Porventura a minha palavra não é como o fogo, diz o Senhor, e como um martelo que esmiúça a pedra?" – Jeremias 23:29.

DE QUANDO EM vez, Darchelle vinha em visitas, juntamente com o marido, para jantares com seu irmão e cunhada. Embora a relação entre os dois filhos de Charles de N. tornara-se bastante cordial após as bodas, não mais possuíam os laços de antanho. Havia uma distância que não condizia com o imenso amor que os unia.

Darchelle passara a viver em um hotel adquirido por Ramon não muito longe da propriedade dos de N., ricamente decorado e adornado por Ramon para agradá-la.

Madame Lesoncé seguiralhe para o novo lar, embora não aprovasse a escolha dessa para o marido. Mas amava-a e desejava zelar por ela para sempre. Desconfiava das intenções da moça em desposar aquele que ceifara a vida do primeiro noivo. Imaginava que se tratava de algum plano maldito de vingança e tremia até os ossos quando pensava quais seriam as verdadeiras motivações que levaram sua menina, tão modificada desde a infeliz noite de caçada aos huguenotes, a se casar com Ramon, que ela jamais disfarçou desprezar.

Seus instintos sinalizavam que alguma coisa macabra motivava todas as ações de sua pequena senhora. E ela previa consequências funestas de todos os tipos.

Mas Darchelle não entrava em qualquer assunto com ninguém. Desde que se casara, suas atitudes eram as mais normais possíveis. Tratava o marido com cordialidade e cumpria suas tarefas de governo do novo lar com desenvoltura. Esmerava-se em acompanhá-lo nos inúmeros eventos sociais a que eram chamados, deixando-o orgulhoso de sua figura tão linda e delicada.

Mas Ramon, desde cedo, percebia que os sentimentos de Darchelle para com ele não eram conforme imaginava. Embora a conduta da esposa estivesse protocolarmente correta, ele tornara-se carente dos arroubos sentimentais que desejava ela possuísse por ele. Vez por outra, tomando-a nos braços, era capaz de jurar que percebia repulsa e desdém em seus olhinhos meigos.

Na verdade, não sabia precisar o que realmente o incomodava. Era como se adivinhasse a verdade da qual fugira todo o tempo em que se deixara cair no engodo de amar e ser amado. Seus instintos não permitiam que se mantivesse iludido por muito mais tempo do que se obrigara.

E por conta disso, tornara-se ciumento e possessivo e até um tanto agressivo com Darchelle. Agredia-lhe a indiferença da moça por suas ânsias.

Ele a idealizara melíflua, dependente, submissa. Queria que ela o olhasse como tantas vezes a observara olhando para o falecido rival, desde a primeira vez em que eles se encontraram naquele baile tantos anos recuado no tempo. Desejava aquela expressão de encanto e admiração que já a vira endereçar a Étienne, afinal, julgava-se ainda mais merecedor de tais atenções, devido aos tantos dotes de inteligência e masculinidade dos quais se achava portador.

Observando Darchelle, enciumava-se, por não ver seu rosto iluminar-se com um lindo sorriso ao vê-lo entrar nos ambientes, como a vira outrora reagindo à simples presença do adversário morto.

Tudo, em todo momento, das mais discretas, às mais escandalosas atitudes de Darchelle, faziam Ramon reviver o noivado que ele destruíra em agosto de 1572. E nessa tortura sistemática produzida por ele próprio, sua mente fervilhava de comparações e despeitos a cada pequena evocação do passado.

Magoava-se a todo momento por não ver correspondidos pela esposa os seus anseios e seus delírios. Dia após dia, certificara-se que aquilo que obstinara-se a ganhar pela força jamais poderia pertencer-lhe.

Ramon idealizara o amor por toda sua vida, carregando-o com o cabedal de suas carências mais recônditas. Ele, que fora carente dos afetos a que tinha direito desde o nascimento, que perdera os genitores e vagara pelas ruas, abandonado e desprezado. Que encontrara a esperança de ser amado no extinto paizinho adotivo, mas que fora ludibriado, já que não passava de mero retrato vivo do filho verdadeiramente amado.

Pobre rapaz, que pensava poder forçar o destino a lhe dar o que desejava, à custa de abusos de toda sorte, sem que qualquer consequência infeliz decorresse disso.

Sua sentença fora lavrada. Seu carrasco fora instituído. O juiz impiedoso e rígido que o condenara fora a própria consciência. E o carrasco era sua inteligência, que parecia fazer questão em desvendar uma a uma as ilusões onde residira, em recapitulações dolorosas e solitárias. Nenhuma apelação poderia fazer. Sentia-se cercado por insídias e perfídias, como outrora também cercara os passos de outrem.

Ah, se Ramon soubesse que poderia apelar para misericordiosa assistência das cortes celestes! Se soubesse que a projeção de seu poder mental no éter, buscando padrões sintonizados com Jesus, robustecendo-os com a força de seu arrependimento verdadeiro pelos erros de outrora, poderiam aplacar as chamas terríveis que lhe vergastavam a intimidade e estabelecer um novo roteiro de esperança para seu futuro... Não longe de si, estavam seres amorosos que aguardavam sua adesão a melhores pensamentos. Dentre eles, a mãezinha zelosa, que todos os dias vinha lhe acariciar a mentalidade massacrada e assoprar-lhe aos ouvidos cânticos de reajuste e amor.

Mas o rapaz preferia deixar-se excitar pelas ideias daqueles que, como ele, viviam em tormentos e desesperações sentimentais, como o paizinho adotivo que, embora o amasse verdadeiramente, era presa do próprio orgulho, que vedava-lhe melhor apreciação de todas as circunstâncias de sua vida. E, no obsessivo vitimismo, estertorava-se entre as sinalizações silenciosas da própria consciência, as acusações doloridas do filho adotivo enciumado, e a infelicidade de, até aquele dia, não saber o paradeiro do primeiro filho que suicidara-se vitimado, segundo sua análise, pela família dos de N. Em sua visão viciada, esta família seria a causa de todas as angústias, todas as más decisões de sua vida, todos os infortúnios e todas as desgraças que sobrevieram desde o dia maldito em que 'comprara' Leonor para o filho.

Ramon entregava-se às suas sugestões sem qualquer defesa do discernimento. Por isso, sua vida tornara-se uma prisão sem muros, onde necessitava vigiar a todo segundo a conduta da esposa.

Mas ele não estaria de todo enganado, embora essa vigilância quanto ao outro não o pudesse afastar das infelizes consequências de suas próprias escolhas.

Somente a vigilância própria e o esforço em nos desvencilharmos de nossas imperfeições podem nos matricular nas salas de aula da relativa tranquilidade mental. O outro não pode nos ferir, a não ser com as armas que nós próprios lhe colocamos às mãos.

Darchelle realmente não possuía qualquer intenção de se ajustar ao papel de esposa de Ramon. Desejava ferir-lhe a todo custo, vingando-se da infelicidade que lhe fora imputada.

A atitude desconfiada do moço fizera com que ela recuasse um pouco nos próprios intentos, procurando ser mais discreta e aguardar ocasiões melhores para destruí-lo de uma só vez.

Mas isso não a impedia de informar-se sobre suas amizades e inimizades, escolhendo com cuidado quem poderiam ser seus cúmplices na empresa infeliz.

E como as ondas mentais de igual teor se procuram no universo, em breve Darchelle tinha sob sua observação um certo cavalheiro que se aproximava cada vez mais de Ramon e que, para ela, não se tratava de uma amizade verdadeira, mas de alguém que o espionava a pedido de um de seus muitos inimigos políticos.

Por meio de algumas de suas amigas da corte, que pertenciam secretamente ao esquadrão volante de Catarina, não demorou para que confirmasse suas desconfianças e descobrisse mais. Que se tratava de pessoa ligada ao próprio trono, desde os eventos 1572. E que procurava aproximar-se de todos os que, como Ramon, desfrutavam de alguma proximidade e de favores do Duque de Guise.

Aqui, o chamaremos de Michel Chermont.

Não era tão jovem quanto Ramon. Tratava-se de um cavalheiro de meia-idade, muito bem aparentado, de falas atraentes, muito inteligente, que se dizia conde e possuía cartas de recomendações de figuras muito importantes da época. Tratava-se um *bon vivant*. Frequentava a corte desde que chegara, após uma longa conferência particular com a rainha-mãe.

Parecia desfrutar de respeitabilidade e consideração entre os membros dos dois partidos, protestante e católico. Gostava de demonstrar sua neutralidade, muito embora estivesse com graves e secretas intenções contra o partido dos huguenotes e a casa de Guise.

Michel percebera desde cedo a vaidade de Ramon, e foi acariciando-a que conseguiu conquistar sua relativa confiança.

Começou a frequentar-lhe o lar. Em pouco tempo, conhecia Darchelle, que o impressionara vivamente, desde o primeiro momento. Sua beleza incomum, seus dotes de inteligência, a cultura pouco comum a moças da corte, tudo o intrigava.

A moça logo notou os olhos esfogueantes do conde para ela, quando seu marido não o estava observando, e sentiu que aquela era uma oportunidade única para seus planos infelizes.

Aproximou-se do conde como pôde, com os ares da espontaneidade, deixando-se observar mais de perto, sedutora e gentil.

Insinuava-se sem entregar-se e mantinha ares de inocência ao perceber que isso melhor engodava.

Os meses passaram céleres nesse jogo de insinuações. O pobre Ramon, que de tudo e de todos desconfiava, tinha em Michel um amigo cada vez mais próximo.

Deixava-se iludir pelos mil e um elogios e bajulações recebidos. Tinha crença firme na admiração de que se sentia alvo, cada vez que Michel dizia-lhe:

– Amigo Ramon, tu és tão inteligente e habilidoso com as palavras. Devias ingressar em carreiras mais compatíveis com teus cabedais de inteligência. Vou falar com algumas relações minhas na corte, de modo seres melhor aproveitado em assuntos diplomáticos ou estratégicos.

Apesar das promessas do suposto conde, jamais chegavam os convites para esses trabalhos. No entanto, multiplicavam-se os jantares, as festividades, os encontros formais e informais nas casas de um e de outro conviva.

Mais íntimo ficava o sedutor conde de Chermont, sempre com efusivas demonstrações de 'carinho' para com seus amigos, brindando-os com presentes, bebidas, joias e eventos sociais de excelente gosto.

Não demorou para que fosse possível conversar mais livremente com a esposa de Ramon, enquanto este era apresentado para um grande número de supostos amigos de Michel, inseridos em ocupações muito graves nas cortes da Áustria, da própria Espanha ou da Itália.

O rapaz francês entendia em Chermont um guardião de seu lar, portanto, não se incomodava de deixá-lo acompanhando sua esposa nos eventos sociais. Mesmo porque, havia uma quase significativa diferença de idade entre ambos. Embora Michel fosse muito bem apessoado, belo e inteligente, ele, Ramon, era jovem e ainda mais cheio de pendores. Preocupava-se, antes, com os outros homens de sua idade que não disfarçavam admiração ou desejo por sua esposa.

E foi assim que, após meses de jogos de sedução e pequenas liberdades, vamos encontrar os convivas Michel e Darchelle em uma dessas muitas reuniões regadas a música e bom vinho, em casa do primeiro. Conversavam um pouco mais livremente, enquanto Ramon dava-se a jogos de destreza com outros rapazes, já entregue às libações daquela noite.

– Senhora, até quando tu me tratarás assim, com tanta indiferença e crueldade? Não percebes que estou louco de amores por ti?

– Oh, senhor! Não me acuses. Tu sabes que nada posso fazer, pois sou casada. Não convém incentivar estes teus sentimentos...

Em uma cena teatral, a moça virou o rosto e disse entre os lábios, com voz baixa, parecendo estar embargada de emoção:

– E nem os meus...

Esboçando um largo sorriso no semblante outrora grave, Michel aproximou-se ainda mais dela, tocando-lhe discretamente o braço.

– Que dizes?

– Oh, nada...

– Pois disseste. Eu ouvi...

– Oh, não, senhor... Por favor! Eu nada disse...

– Disseste! Confessa, por amor a Deus! Oh, não me tortures assim. Confessaste teus sentimentos por mim?

– Senhor! – disse com a mão tapando o próprio rosto.

Michel esperou um pouco, olhando-a fixamente. Após a breve pausa, perguntou:

– Diz-me se possuis sentimentos por mim. Imploro que sejas honesta.

– Não devo, senhor...

– Diz-me, senhora! E me farás um homem ditoso. Não mereço tua desconsideração. Acaso não sou bondoso e respeitoso contigo?

Darchelle olhou-o nos olhos, simulando angústia.

– De que vale, meu conde, eu ter sentimentos para contigo? Estou condenada! Sou uma mulher terrível, é o que sou! Quisera não tê-los! Oh, perdoa-me, meu conde, o atrevimento desta pobre mulher! Não me desconsideres por isso!

Baixou os olhos e deixou que lágrimas forçadas descessem de seus olhos.

Controlando a custo o ímpeto de tomar-lhe nos braços, Michel falou--lhe aos ouvidos:

– Não chores, senhora! Sou capaz de tomar-te aqui mesmo em meus braços, na frente de todas estas pessoas. Sou capaz de reivindicar-te ao teu próprio marido, a fio de espada! Mas precisamos conversar. Precisamos nos encontrar.

– Não é possível, meu senhor.

– Sim, é possível. Tudo é possível ao amor, minha cara. Posso comprar facilmente a bondade de teus servos. Ludibriar teu pobre marido é tarefa das mais simples. Amanhã mesmo eu sei que ele tem compromisso no Louvre. Tu podes ausentar-te de casa, alegando visitar a condessa Marion, que é minha amiga e vai dar-nos cobertura. Ela tem boas relações na corte; não seria estranho que a visitasses para estreitar relações. Encontrar-nos-emos e poderemos conversar livremente...

– A que me tomas, senhor? O que pensas ao meu respeito para convidar-me a um encontro contigo dessa maneira? Oh, santo Deus, o amor fez-me uma réproba! Não serei merecedora de algum respeito, nunca mais?

– Senhora, eu não quis dizer...

– Passar bem, meu conde! Deus há de perdoar-me por dizer tudo o que disse. Eu retiro cada palavra!

– Oh, não podes...

– Pois sim! Passar bem!

– Senhora...

Darchelle rodopiou nos calcanhares e retirou-se para perto do marido, sussurrando-lhe que estava indisposta e precisava ir embora.

Numa época em que indisposição feminina normalmente indicava gravidez, o rapaz ascendeu um belo sorriso nos lábios e tratou de providenciar a volta para casa. Para isso, chamou o anfitrião a um canto e disse-lhe, sem conter as alegrias íntimas:

– Meu caro conde, devo retirar-me. Perdoa-me a indelicadeza. Minha esposa está indisposta.

– E tu me dizes isso com esse sorriso?

– Ora, meu amigo, as mulheres ficam indispostas quando carregam no ventre algum filho... Tu o sabes melhor que eu!

Michel o encarou, empalidecido. Seu mal-estar foi notado e o convidado preocupou-se, tentando ajudar.

– Não é nada, meu caro. Não sou tão jovem quanto tu. As libações já castigam meu organismo. Mas procura noticiar-me da saúde da esposa, por favor, quando puderes. Passar bem!

6
ACUSAÇÃO

"O mesmo ocorre com o suicídio. Postos de lado os que se dão em estado de embriaguez e de loucura, aos quais se pode chamar de inconscientes, é incontestável que tem ele sempre por causa um descontentamento, quaisquer que sejam os motivos particulares que se lhe apontem. Ora, aquele que está certo de que só é desventurado por um dia e que melhores serão os dias que hão de vir, enche-se facilmente de paciência. Só se desespera quando nenhum termo divisa para os seus sofrimentos. E que é a vida humana, com relação à eternidade, senão bem menos que um dia? Mas, para o que não crê na eternidade e julga que com a vida tudo se acaba, se os infortúnios e as aflições o acabrunham, unicamente na morte vê uma solução para as suas amarguras. Nada esperando, acha muito natural, muito lógico mesmo, abreviar pelo suicídio as suas misérias.

A incredulidade, a simples dúvida sobre o futuro, as ideias materialistas, numa palavra, são os maiores incitantes ao suicídio; ocasionam a covardia moral."

O evangelho segundo o espiritismo, capítulo 5, itens 15 e 16

A SUPOSTA INDIGNAÇÃO de Darchelle, conforme narramos em seu colóquio com Michel, teve o efeito que a moça esperava. Ainda mais aguçou o interesse do conde, tornando-o exasperado por retratar-se.

Ao final, quando obteve de Ramon a esperada notícia de que os mal-estares da esposa não se deviam a uma gravidez, procurou aproximar-se dela novamente, buscando uma maneira de modificar a distância que fora firmada entre ambos.

Esse jogo de sedução durou mais algumas semanas até que, parecendo ser vencida pelo sentimento arrebatador que insinuava para Michel, Darchelle cedeu e encontraram-se. Nas primeiras vezes, trocaram confidências e juras de amor.

Com muita astúcia e dizendo-se vítima de um homem possessivo e cruel para com ela, a moça soltava uma e outra informação no ar que pudesse interessar a Michel no âmbito político, sobre as relações de Ramon com a casa de Guise. Tudo com o mais distraído ar de inocência.

Após um certo tempo, tornaram-se definitivamente amantes. A princípio, muito discretos, quase imperceptíveis aos olhos de qualquer um.

Mas após algum tempo, deliberadamente, Darchelle procurava ser um tanto mais descuidada, de forma que suscitasse alguns comentários pelas bocas desocupadas da corte. É que ela desejava orquestrar sua vingança de forma que a vaidade de Ramon recebesse um duro golpe.

Michel entendia que isso era demonstração de que ela o amava e chegava a achar graça em tudo.

Na verdade, quanto aos seus interesses políticos, ele não intencionava eliminar Ramon definitivamente. Queria apenas as informações necessárias que levassem aquele que o contratou ao extermínio de seu inimigo mais perigoso, o filho de Francisco e Ana D'Este. De certo modo, apreciava a companhia de seu conviva, muito embora o considerasse um tolo vaidoso quanto a vários assuntos. Mas admirava-lhe a argúcia e a fluidez do verbo. Gostava de tratar de assuntos mais complexos com ele, já que o considerava um homem de um raciocínio naturalmente mais avançado que muitos outros de sua idade nos círculos sociais.

Não considerava uma possível eliminação de Ramon como um assunto de grande urgência, afinal era amante da mulher que desejava e isso, para seu perfil de aventureiro, era um tanto mais cômodo que ser um homem casado.

Darchelle não demorou para perceber a falta de pressa de seu parceiro na prevaricação do leito conjugal para a resolução da questão mais importante de sua vida: levar Ramon à perdição! Ferir seu brio masculino e vê-lo ser assassinado, como um dia ele assassinara seu noivo.

Por isso mesmo tornou-se mais indiscreta. Tão indiscreta que Leon percebeu as estranhas movimentações entre ela e o amigo de Ramon.

Posicionando-se como defensor da honra de sua família, chamou a irmã para uma reunião particular em seu gabinete, a portas fechadas e com ar cerimonioso.

Diante de Leon, Darchelle percebeu a frieza de seus olhos claros fitando-a. Não mais o manifesto e extremo amor por ela. Não havia complacência, compreensão ou sequer intenção de concórdia. Havia um brilho hirto, severo, irritadiço.

Em um átimo de minuto, ela compreendeu do que se tratava essa reunião, convocada com ares cerimoniosos, excessivos até para a relação distante que se estabeleceu entre ambos.

Não se surpreendeu. Já esperava por isso. Porém não pôde ficar indiferente ao olhar julgador de seu irmão. Amava-o ainda e como sempre e doía-lhe no fundo da alma que ele a julgasse uma mulher sem honra e sem os predicados de correção e lealdade.

Pela primeira vez em muito tempo, encarando Leon, Darchelle pensou severamente em sua família. Sentiu-se julgada não só por ele, mas também por seu pai e por sua mãe, e abateu-se. Sua rigidez ameaçava quebrantar-se, antes que Leon proferisse qualquer palavra. Sentimentos desencontrados a sacudiam. Desejava ser compreendida, amada. Oscilava entre sair correndo daquela sala e jogar-se nos braços do seu querido mano, rogando-lhe confortá-la de sua vida infeliz e pecadora.

Mas lembrou-se do dia da morte de seu Étienne e firmou-se. Em sua mente, a fatídica cena da espada de Ramon trespassando aquele coração que ela adorava, acima de todos os outros. E Leon era praticamente cúmplice daquele delito. Ele não poderia julgá-la. Ninguém poderia.

Com voz seca e ríspida, Leon a ordenou sentar-se e começou seu libelo de acusação, sem maiores preâmbulos. Estava visivelmente alterado. Seus olhos ficavam avermelhados de minuto a minuto e suas mãos tremiam e suavam.

Após o breve mas aterrador discurso acusatório, encarou Darchelle nos olhos e vociferou, colérico:

– Que vem a ser tudo isso, senhora? Que me dizes de tudo isso que te exponho? Acaso é como percebo? Estás disposta a esfregar na lama o nome de nossa família, desonrando nossos pais? Queres envergonhar-me de ser irmão de uma mulher sem honra?

A moça suspirou fundo. Olhando-o calmamente, falou com voz tranquila e pausada:

– Senhor, não compreendo por que me chamas aqui para pedir-me satisfações quanto ao meu comportamento. Tampouco compreendo por que te preocupas com o nome de tua família. Já não pertenço a ela, pois sou casada. Acaso tu foste eleito o defensor da honra de Ramon?

– Fazes ironia, minha senhora? Gracejas com um assunto tão sério? Quem és tu, mulher? Quem és? Não és minha irmã. Desta casa não saiu uma criatura tão vil e sem respeito.

– Tens razão, meu senhor – respondeu a moça um tanto mais irritada. – Tens razão. Não sou tua irmã. Tua irmã morreu em agosto de 1572. Tu a assassinaste...

– Essa é a tua desculpa para agir como ages? Usas isso como pretexto para seres vil e pérfida? É assim que tu achas que vai honrar a memória de Étienne? Ora, está melhor ele morto que vendo-te neste estado como vejo, como uma...

Darchelle ergueu-se da cadeira. Já estava completamente descontrolada. Todo o seu corpo tremia. Leon também ergueu-se, encarando-a com olhar de ódio.

– Diz-me, Leon! Completa tua frase, se és homem... Como uma... Termina!

– Uma meretriz! É o que és. Envergonho-me de ti. Étienne certamente se envergonharia também. Creio que a morte o livrou de um destino ainda mais infeliz, com uma mulher imoral!

Um grito agudo se ouviu na sala.

– Seu monstro! Como ousas! Como ousas! Pois bem! Antes ser uma meretriz que ser um assassino! Assassino! E moral alguma tens de julgar a prevaricação alheia. És um homem entregue aos prazeres da carne. Todo o Louvre comenta teu romance com ...., dentre outros! E me julgas? Traidor! Assassino! Tua mulher saberá de tua traição conjugal, seu infeliz! Assassino! Prevaricador!

Darchelle gritava, com o intuito de fazer Marie ouvir suas palavras, pois sabia que ela estava escutando atrás da pesada porta de madeira. Mas gritava também pelo imenso descontrole ao qual se entregava. Gritava enquanto procurava esbofetear Leon, que, tomado de imensa fúria, em um ato impensado desferiu um golpe certeiro no rosto da irmã, fazendo-a rodopiar e tombar pesadamente ao chão.

Marie entrou no gabinete, vendo a infeliz cena, levando as duas mãos ao rosto, horrorizada. Pranto agoniado corria-lhe no rosto pálido.

Encarando-a e vendo que a irmã caíra imóvel ao chão, Leon paralisou-se, sem saber o que fazer. O arrependimento surgiu imediatamente.

No mesmo ambiente, sem que soubesse, a trágica discussão era assistida por outras personagens, que não eram vistas por eles.

De um lado da sala, insuflando os ânimos alterados, Luis-Olivier, como uma fera humana, aos gritos e imprecações. De outro lado, desesperado por conter os ânimos com todos os recursos que conhecia, Étienne! Quando ouvia as referências a si mesmo vindo de Leon, chorava, amargurado, pedindo-lhe que não dissesse aquilo. Mas em vão.

Ao ver a noiva bem-amada receber o golpe certeiro, correu até ela, mas perdeu as forças e tombou de joelho, em pranto convulsivo, sendo auxiliado por Leonor, que chegou naquele exato momento ao gabinete.

Leon correu até a irmã, temendo as consequências. Abaixou-se para ouvir-lhe a respiração, com os remorsos corroendo-lhe a consciência.

Mas ela mexeu-se e abriu os olhos. Seu rosto estava vermelho, no lugar da pancada.

Vagarosamente, ela ergueu-se, rejeitando a ajuda de Leon. Cambaleante, ela o olhou nos olhos, e disse em voz baixa:

– Jamais te perdoarei por isso, Leon! Jamais! Considera que não sou mais tua irmã e não te metas mais em minha vida. Nunca mais quero falar contigo.

O rapaz ficou estático. Não sabia o que responder e o que fazer. Deixou-a sair, sem resistência.

Ao passar por Marie, Darchelle a encarou, com olhos enfurecidos. Sem atinar muito sobre o que estava fazendo, Marie a questionou, com a voz embargada de pranto:

– É verdade o que dizes? Sobre Leon… Tu dizes a verdade?

– Pergunta ao teu marido, Marie! Pergunta a ele o que anda fazendo no Louvre, fora do horário de seu trabalho. Aliás, pergunta a ti mesma. Não podes ser tão estúpida assim… De certo que já desconfias…

E saiu pela porta, a passos largos, embora vacilantes.

Após algum tempo parado, como uma estátua, Leon caminhou até a esposa devagar.

– Marie…

– Não ouses falar comigo! Não ouses! Uma palavra sequer! – disse a moça tentando sair do aposento, enquanto o marido tentava retê-la, segurando-lhe o braço.

– Marie, ouve-me! Deixa-me explicar-te…

Mas a moça desvencilhou-se dele, correndo até o próprio aposento, batendo a pesada porta atrás de si. Aferrolhou-a, para garantir que não seria seguida.

– O que eu fiz, meu Deus? – Gemeu o oficial do Louvre, deixando-se chorar abundantemente.

Étienne fora dali conduzido a outras instâncias para recuperar-se da infeliz vivência daquela tarde.

* * *

Janeiro de 1579.

O inverno castigava a capital das luzes.

Passaram-se meses após a fatídica discussão entre os dois irmãos. Naqueles meses, Marie caíra doente e Leon permanecia todo seu tempo livre cuidando da esposa.

Darchelle explicara o hematoma para o marido como uma queda da escada de sua casa, tomando madame Lesoncé por testemunha. Abatera-se grandemente após o ocorrido e decidira afastar-se um pouco de Michel, de forma que as ânsias do moço por ela a auxiliassem conseguir seus intentos.

Funcionou. Chermont estava disposto a qualquer coisa para tê-la novamente nos braços e propunha-se a acertar tudo, conforme ela ditasse. Estava totalmente prisioneiro da obsessão pela bela irmã de Leon.

Marcariam de encontrarem-se em um determinado aposento do Louvre na tarde do dia seguinte. Ele enviaria, através de um criado de confiança, um bilhete explicando como e onde seria esse encontro, como era de seu costume, desde o início daquele romance.

Ramon já desconfiava da conduta da esposa, e por isso, cercava-a de vigilância. Só não sabia ele que seus vigilantes eram constantemente engodados por colegas de Darchelle, especializadas em ludibriar homens de caráter fraco.

Naquela tarde, a moça reclinava-se preguiçosamente em um canapé de seu aposento íntimo, degustando algumas guloseimas e acariciando um pequeno cãozinho, que ganhara de uma das damas da corte.

Uma de suas servas se anunciou à porta.

– Oh, pode entrar, Camille! Estava esperando-te. Tardaste com a correspondência...

– Sim, senhora. Perdoa-me. É que precisei aguardar saísse um emissário da mansão de teu irmão, que trazia uma correspondência urgente.

Darchelle ergueu-se e colocou de lado as guloseimas, estendendo as mãos:

– Dá-me, Camille. Sem demoras! O que poderá ter acontecido?

Com o coração precípite, acolheu nas mãos as duas missivas, sendo uma de seu amante, e outra com o brasão de sua família, devidamente selada e lacrada. Abriu-a, de mãos trêmulas. Teria acontecido alguma coisa com Leon?

Leu, com o coração batendo forte em seu peito.

O comunicado dizia que sua cunhada, Marie, viera a falecer no dia anterior.

O choque foi instantâneo.

Darchelle chamou a si alguns servos, que gostavam de se ocupar de saber de todas as intrigas das redondezas, inquirindo-lhes:

— Roger e Jaques, que me dizes sobre este comunicado? Que houve em casa de meu irmão? Que absurdo é este? Minha cunhada morta? Mas, por quê?

Os dois servos presentes entreolharam-se, indecisos.

— Vamos! Digam-me logo. O que houve? Sei que sabem do que se trata. Afinal, sabem tudo de Paris! Sem delongas! Contem-me tudo.

— Senhora... acontece que tua cunhada está doente há meses, como sabes. Alguns dizem que ela enlouqueceu.

— Que dizes? Não pode ser. Mesmo porque loucura não mata ninguém...

— Ela matou-se, senhora. Alguns servos da casa de teu irmão dizem que ela descobriu alguma coisa quanto à conduta dele, e não se conformou...

Atônica, Darchelle não disse uma palavra. Um severo abatimento a tomou. Duas grossas lágrimas escorreram por seu rosto, que ficara ligeiramente pálido. Pensou por alguns instantes e ordenou a um dos serviçais:

— Vamos, servo parvo! Procura teu senhor, meu marido, e diz-lhe da urgência do ocorrido. Fala-lhe que o aguardo para ir até a mansão de meu irmão...

Meneando a cabeça, todos deixaram o aposento, ficando Darchelle em completa solidão.

As horas seguintes foram as mais tristes. Houve o enterro de Marie, conforme as pompas da época. Muito ouro comprara a bênção do sacerdote e sua sepultura em campo santo, procurando esconder dos comentários sociais.

Leon estava transfigurado. Não dizia absolutamente nada, além de responder os cumprimentos que recebia. Mal encarou Darchelle. Não proferiu nenhuma acusação, nenhum argumento. Nada.

Transfigurado qual um cadáver, ele apenas resmungava interjeições ou meneava a cabeça.

Darchelle ordenou a madame Lesoncé que permanecesse ao seu lado, enquanto ele estivesse abatido daquela maneira. Mas ele recusou.

Não havia mais entre ambos laços suficientes para que ela o socorresse adequadamente no desespero.

A moça até tentou se aproximar, dizer algumas coisas, buscar alguma intimidade, mas ele não correspondia. Não era rude. Não era nada. Parecia estar sob o efeito de algum tóxico poderoso, que o mantinha em suspenso da realidade.

Mesmo assim, durante aquela semana, Darchelle colocou-se o mais que pôde ao lado de Leon. Procurava ficar na mansão e vigiá-lo.

Não o reconhecia mais.

Ele nada comentava sobre o ocorrido. Não falava na esposa, na morte dela ou em qualquer assunto. Apenas tartamudeava respostas às perguntas que lhe faziam ou acenava com a cabeça, para dizer sim ou não aos servos que, solícitos, procuravam agradar-lhe os gostos de sempre.

Pediu licença de seus serviços no Louvre por tempo indeterminado. Não era mais possível trabalhar.

Ficava adstrito ao lar, como se fosse recluso do próprio aposento.

Passaram-se semanas e depois meses. Darchelle vinha todos os dias, dar ordens e tomar providências. Às vezes ficava observando o irmão sentado em sua mesa de trabalho, silencioso, por horas. Mas não havia argumentos ou condições de conversação.

Em uma tarde, quando o inverno já havia cedido lugar à primavera, Darchelle adormeceu na poltrona em frente a Leon, observando-o.

De repente, sentiu que uma mão a tocava de leve, acordando-a:

– Darchelle, vá para casa. Não há necessidade de estares aqui. Não estou doente e nem carecendo de acompanhamento.

Era Leon. A menina assustou-se, pois ele não falava uma frase completa com ela, há meses.

– Não é problema algum, meu irmão. Gosto de ficar aqui.

– Mas não deves. És casada e deves cuidar de teu lar.

– Hoje estás falando! Muito me alegro com isso.

– Então. Está tudo bem. Podes ir!

Sentindo-se constrangida, a moça ergueu-se e fitou-o. O rapaz à sua frente não era mais sombra de seu belo irmão. Emagrecido, olhos embaciados, rugas vincando-lhe os olhos e a testa, cabelos ameaçando clarearem-se, prematuramente.

Ela comoveu-se. Amava-o, com todas as forças. Desejava reconciliar-se, sem atentar sobre como seria possível. A consciência cobrava-lhe a morte de Marie e o desgosto do irmão. Temia pela saúde dele, que parecia periclitar a todo momento.

Mas não sabia o que fazer. Temia dizer alguma coisa e ser repelida, como muitas vezes repelira as tentativas de reconciliação dele.

Por isso, tomou o rumo da porta, despedindo-se, respeitosamente.

Estranhamente, Leon a chamou, fazendo-a voltar-se em sua direção.

– Que foi?

– Há muitos anos que não vejo este teu olhar para mim, Darchelle... Fico feliz de ainda poder vê-lo, mais uma vez...

– Leon, meu irmão! Esqueçamos o passado! – disse a moça jogando-se nos braços do irmão, em pranto convulsivo.

Ele acariciou sua longa cabeleira, beijando-lhe a fronte, ternamente.

Afastou-a de si e disse, em um tom de total desânimo, enquanto enxugava as lágrimas que banhavam seu rosto delicado.

– Oh, isso é impossível. Temos as vidas destruídas, minha irmã. Só agora eu posso medir a dor que sentes, por haver perdido Étienne. Só depois de não possuir mais minha Marie que posso medir o teu desgosto. Por isso, peço-te perdão, por tudo...

– Que dizes? Oh, não! Não digas tal coisa, Leon. Esqueçamos tudo isso. Não carecemos disso...

– Saibas que sempre serás o alvo de meus maiores amores, minha querida! Sempre! Espero, sinceramente, que consigas reconstruir tua vida, ao lado de teu marido...

– Tu também poderás reconstruir a tua vida, meu irmão. És moço e garboso. Afinal, após todos estes anos, eu consegui viver sem Étienne. Tu também conseguirás viver sem a tua Marie! Poderemos nos apoiar um no outro...

Encarando-a com o olhar indefinível, opaco e triste, Leon disse lentamente, afastando-se um pouco:

– Darchelle, eu sou responsável pela morte de minha esposa... Sou o culpado.

– Oh, não, Leon! Sou eu. Eu não devia ter dito o que disse... Não sabia que ela era tão frágil.

– Minha irmã, quem prevaricou fui eu...

O silêncio se fez por uns instantes.

Leon puxou a irmã para si e disse com voz suave:

– Amo-te, querida! Peço a Deus que te dê algum alento na vida. Perdoa-me por tudo, Darchelle. Não cultives mágoa de teu irmão. Tu, mais do que ninguém, podes entender minha dor. Não sou um execrável. Mas há batalhas que não podem ser vencidas, querida. É digno de um militar retirar-se do campo de batalha com honra, entendes?

– Que dizes? Falas através de enigmas, Leon! Me assustas…

– Não, querida. Não te assustes. Teu irmão é um soldado, não é? Voltes para tua casa. Aguardo-te amanhã aqui. Podes ir, tranquila. Amanhã nos falamos mais. É que estou exausto. Não durmo há muito tempo, tu sabes disso. Preciso de um descanso de tudo isso. Deixa-me, Darchelle. Volta ao teu lar e amanhã será um novo dia, certamente.

Abraçando-se novamente ao irmão, mas com uma sensação angustiante no peito, a moça o beijou carinhosamente.

– Sim, tu és um soldado. És ciente de teus deveres, não é, Leon? Tu és tudo o que me resta, meu irmão. Não te esqueças disso!

O rapaz não respondeu. Apenas meneou a cabeça e permaneceu no lugar, até que ela se ausentasse do gabinete.

Depois, caminhou vagarosamente para o aposento, deixando-se deitar no leito conjugal que maculara. Parecia poder sentir o cheiro de Marie nos alvos lençóis.

Chorou convulsivamente, por horas.

Depois, levantou-se novamente, andando cômodo por cômodo de sua mansão, alinhavando as recordações de uma ventura que não durou muito, em sua vida.

Por último, foi à sua sala de armas. Já era madrugada alta.

Em um nicho especial, descansava um arcabuz que herdara do saudoso paizinho. Tomou-o nas mãos, enquanto as lágrimas escorriam em seu rosto.

Ao lado dele, um vulto desesperado, tentava falar-lhe aos ouvidos, trêmulo e visivelmente angustiado, enquanto beijava seu rosto abatido:

– Filho, coloca no lugar esta arma! Eu te imploro, em nome de Deus! Ouve a voz de teu pai no teu coração. Atende, filho meu! Volta esta arma para seu lugar, e sai desta sala!

Ao lado dele, desfeita em lágrimas, uma outra presença etérea erguia ao alto os olhos inundados de lágrimas, em uma súplica ardente. Era Leonor, transfigurada de supremo sofrimento.

Mas, Leon não podia ouvir ou ver os dois genitores desaparecidos da crosta terrena. Na acústica da alma, só conseguia ouvir a sugestão nefasta, vinda dos lábios de Luis-Olivier, não muito longe dele:

– És um réprobo! Se tens honra, morre como um soldado! Nada mais te resta nesta vida!

O oficial carregou a arma, apontando-a para si. Mas parecia hesitar.

As súplicas do genitor se intensificaram. A comovida prece de Leonor fê-la transfigurar-se em luzes azuis, tornando-se quase visível ao pobre pai de Ramon, que espantava-se ante o fenômeno incompreensível para ele.

Impaciente e temeroso, ele gritou mais alto para Leon:

– Vamos, seu covarde! Vamos! Sacia a minha sede de vingança e tira tua vida, como um dia tua mãe fez que meu filho, meu pobre filho, tirasse a própria vida! Oh, se há justiça, torna-te também um celerado, pois teu pai e tua mãe merecem sofrer o que sofri! Vamos! És um criminoso e tua sentença é a morte!

Um estrondo ouviu-se na sala de armas, acordando os servos da casa.

Enquanto isso, no ambiente, sentada ao chão com a cabeça do filho sobre o colo, totalmente transfigurada em luz, Leonor acariciava-o.

Luis-Olivier ululava como um animal, até que pôde vê-la. Jamais vira uma figura feminina tão linda como aquela.

Estacou, admirado. Sentiu gélido suor em todo o corpo quando percebeu que ela o encarava, com olhos misericordiosos. Não pode mais. A consciência tisnava-lhe e, por isso, saiu em correria desenfreada.

Ajoelhado não muito longe de Leonor, Charles erguia para o céu as mãos trêmulas, vociferando:

– Oh, Deus! Meu menino! Oh, Deus! Ajuda-me!

Em breve, adentravam ao recinto os servos, assustadiços. Ao se depararem com a trágica cena, colocaram-se em polvorosa. Uma das servas desmaiou, tombando ao chão. O criado de quarto de Leon acorreu, tentando encontrar algum sinal de vida, enquanto gritava para que buscassem um médico, avisassem Darchelle, acorressem ao Louvre...

Mas era tarde demais.

7
Traição e ódio

"A calma e a resignação hauridas da maneira de considerar a vida terrestre e da confiança no futuro dão ao espírito uma serenidade que é o melhor preservativo contra a loucura e o suicídio. Com efeito, é certo que a maioria dos casos de loucura se deve à comoção produzida pelas vicissitudes que o homem não tem a coragem de suportar. Ora, se encarando as coisas deste mundo da maneira por que o Espiritismo faz que ele as considere, o homem recebe com indiferença, mesmo com alegria, os reveses e as decepções que o houveram desesperado noutras circunstâncias, evidente se torna que essa força, que o coloca acima dos acontecimentos, lhe preserva de abalos a razão, os quais, se não fora isso, a conturbariam."
O evangelho segundo o espiritismo, capítulo 5, item 14

Meus caros irmãos que me honram com a atenção a estas linhas, estes fatos já vão longe na linha do tempo, e ainda hoje meu coração se inquieta, ao recordar os desenganos daqueles dias.

Abençoado o ilimitado recurso mnemônico com que Deus nos

brindou, para que nenhuma experiência jamais se perca para Seus filhos.

Embora sejam dolorosas, estas recordações são muito úteis ao meu coração moralmente inexperiente. É com a análise desta velha e triste história de minha existência que hoje consigo compreender melhor os dias atuais. O encadeamento de todas as situações clareia a minha compreensão da bondade infinita do Pai, que me tem sustentado em todos os passos, desde muito antes, quando minha tecitura espiritual não passava de um sussurro de vontade, em peregrinações indecisas.

Naqueles dias soturnos, a ventania das tragédias abateu-se em todas as nossas personagens, de um e outro plano da vida.

Na Terra, Darchelle adoecera gravemente, mais uma vez. Sua saúde não fora capaz de suportar os golpes impiedosos da própria consciência, com a morte do irmão idolatrado.

Perdera toda a família. Nenhum amor restava na superfície que a consolasse. Tudo era vazio e doloroso.

A infeliz ideia do suicídio novamente a espreitava, sugestionada por Luis-Olivier, que se tornara mais infeliz que nunca. Ao contrário do que supunha, a morte de Leon não o aliviou do peso de suas angústias. Ao contrário. Todas elas pareciam intensificarem-se no peito.

Por isso, ele concentrava-se em Darchelle. Esperava que esta última descendente de Leonor, a quem prosseguia odiando, se rendesse às suas sugestões mentais. Desejava o alívio que imaginava iria sentir, após a conclusão de seus intentos, mas que nunca chegava. Transferira para a menina todos os ódios que se contorciam em seu íntimo.

Desejava também salvar Ramon, o filho adotivo tolo que era enganado, dia a dia. Se Darchelle evadisse da vida, não concluiria seus propósitos de vindita para com ele, evitando nova tragédia. Sua acanhada visão das coisas assim definiam a situação.

A pobre madame Lesoncé não suportara ver o seu menino amado morto, como vira. Amava-o! Oh, como amara aqueles dois rebentos de sua senhora! Dera para eles os melhores anos de sua vida e agora assistia a decadência de ambos, até aquela noite infeliz.

Não lhe era possível a resistência.

Adoecia, pouco a pouco, de uma enfermidade nos pulmões. A tristeza minava-lhe as forças.

Mantinha-se de pé para certificar-se da recuperação de sua menina, que jazia entre febres em um leito por várias semanas.

E assim o fez. Por causa de sua dedicação e seu cuidado, Darchelle novamente venceu o abatimento e ergueu-se do leito. E não demoraram muitos meses para que enterrasse a ama querida, tomada de tristeza e solidão.

Embora desanimada de viver, a menina recuperou-se. Ainda mais forte era o desejo de vingar-se de Ramon. De alguma forma, considerava-o o culpado por tudo aquilo, pois tudo era uma consequência da Noite de São Bartolomeu.

Sua fuga das responsabilidades que lhe cabiam no caso faziam-na buscar alguém que a substituísse no trágico papel de culpada. E ninguém melhor que o pobre e frágil Ramon para carregar nos ombros sozinho este fardo miserável.

Enquanto ela esteve doente, o rapaz esmerou-se em cuidar da esposa, com todas as forças que tinha. Apesar das desconfianças, amava-a e a queria viva. Era comovente sua dedicação e seu carinho. Velava por ela dia e noite, aplicava-lhe compressas balsâmicas de hora em hora, trocava-lhe os lençóis encharcados, mesmo sendo uma tarefa dos servos, alimentava-a pacientemente durante as crises de delírio, banhava-a com ervas e beijava-lhe a fronte entre lágrimas, pedindo que ela não o abandonasse. Era o último amor de sua existência pobre de consolo e lar. Não tivera os paizinhos amorosos por muito tempo. O pai adotivo, em sua visão, jamais o amara. Os amigos não eram confiáveis. Tardavam os herdeiros, que lhe preencheriam o coração carente com sublimes alegrias. E ali estava a esposa, que tudo fizera por conseguir. Não medira esforços por seu amor. Por ela enveredou-se pelo crime e pela desonra, e agora ela escapava-lhe das mãos, tão subitamente.

Ramon condenou a própria saúde para cuidar de Darchelle. Quando esta começava a convalescer, era ele quem tombava ao leito, emagrecido, exausto, assim permanecendo por alguns dias, vencendo a custo o abatimento com sua compleição jovem e soldadesca.

Darchelle, por aqueles dias, sequer dignou-se a visitá-lo no aposento particular. Alegava não conseguir permanecer de pé e pedia aos servos que assim a descrevesse para ele.

A verdade é que o esforço de Ramon não a comovera. A moça permanecia cega a qualquer manifestação de afeto e nenhuma atitude era suficiente para redimi-lo aos seus olhos. Ela desejava-o saudável, não porque se preocupasse com ele, mas porque desejava estivesse ele forte quando desferisse o golpe da vingança.

No plano extrafísico, Leonor e Charles ocupavam-se em tentar auxiliar o filho recém-reingresso na vida verdadeira. Como Leon possuía atenuantes para o ato desesperado de tirar a própria vida, por causa da obsessão contumaz da qual era alvo, os dois genitores empregavam todos os recursos que tinham para resgatar o filho da aflitiva situação em que estava, entre pesadelos e repetição do ato extremo, em um *looping* interminável.

Com auxílio de seu venerável amigo e pai espiritual, tentavam assistir também Darchelle.

Étienne caíra abatido, após o longo acompanhamento de todos os fatos. Por recomendação de seus maiores, recolheu-se por algumas semanas em uma instituição de tratamento, para se fortalecer para os desafios porvindouros.

Somente pelos dias em que Ramon estava novamente de pé e recuperando-se rapidamente, bem como Darchelle voltara a ter o viço da disposição, foi que o rapaz renano voltou a acompanhar o grupo amado, procurando ajudá-los como podia.

Menos de um ano após o ocorrido, a situação do casamento de Darchelle chegara a um extremo de complicação, deixando seus genitores e o antigo noivo muito preocupados.

Em uma tarde chuvosa, conseguira a menina executar um plano soez, que intentava dar um golpe doloroso no marido.

Já vinham discutindo há vários dias, conforme a conduta indiscreta de Darchelle. As línguas desocupadas comentavam em todos os cantos. Mais de uma vez, Ramon percebeu olhares irônicos e cochichos, que o irritavam muitíssimo.

Naquele dia, Darchelle havia marcado um encontro com Chermont. Desejava ser pega em flagrante no leito de traição, portanto, muito habilmente, deixou pistas para um dos detetives contratados por Ramon para segui-la.

Não demorou para que um bilhete com informações importantes chegasse às mãos do marido ludibriado, indicando horário e local onde poderia dar o flagrante na esposa traidora.

Darchelle preferiu para seu encontro uma mansão não muito longe do Louvre, em frente à luxuosa residência de ilustres fofoqueiros da corte, para que a infâmia ganhasse força com a rapidez de um vento.

Só não contava, a menina, que seu amante se atrasasse para o encontro.

Ramon chegou antes dele ao local, entrando de supetão e encontrando, deitada em um leito coberto de cetins, a esposa trajada muito inadequadamente, a espera de alguém.

Impaciente, desesperado, irritado até o âmago da alma, o rapaz avançou para ela, pegando-a pelo pescoço.

– Traidora! Infiel! Que fazes aqui? A quem esperas?

Com a força duplicada pela fúria, Ramon a ergueu do solo com uma só mão, impedindo-a de respirar.

Músculos retesos, olhar esgazeado, trêmulo, olhos vidrados e avermelhados, era a silhueta de uma fera.

De repente, sentiu um choque que o fez perder a força do braço, deixando-a cair ao chão.

Ao seu lado, o espírito Étienne, suplicava, com a mão em seu cardíaco:

– Não! Solta-a, Ramon! Não a fira, por amor a Deus!

Darchelle arrastou-se até um canto do aposento, procurando se proteger da fúria de Ramon, que voltava a si do estranho choque, e caminhava novamente em sua direção.

Tomada de medo, a moça recolhia-se e encomendava a própria alma, resmungando:

– Estou indo ao teu encontro, meu Étienne!...

Sem entender o que acontecia, viu ao seu lado o noivo falecido, como que tentando protegê-la. Gritou o nome dele, espantada.

Entendendo que era visto e ouvido por ela, o rapaz sussurrou em seu ouvido:

– Que fizeste, querida? Como chegaste a tal ponto?

– Oh, meu noivo amado! És tu, Étienne? Como pode isso?

Ramon estacou os passos. Via Darchelle ao chão, com os olhos brilhantes, parecendo divisar alguém à sua frente. Porém não havia ninguém. O nome de Étienne o fez sentir um arrepio na espinha.

– Querida – prosseguiu o espírito, acariciando o rosto da moça, que lágrimas inundavam – como pudeste te deixar enveredar pela vingança, desta maneira? Não tínhamos planos de, juntos, amar a Deus e viver para o bem? Tiveste a chance de cumprir tua promessa feita a mim e perdoar este pobre rapaz a quem tomaste por esposo, sem amor... No entanto, olvidaste o sagrado juramento de amor que me fizeste...

– Oh, não, meu noivo! Não digas isso! Jamais perjurei um juramento feito a ti. Ainda o amo, sempre o amarei...

– Mas deves amar, acima de tudo, a Deus...

– Como posso, querido, se Deus deixou que esse criminoso, a quem tomei por marido, trespassasse teu peito inocente com a espada da vingança? É preciso vingar-te, por amor!

– Quanta blasfêmia! – disse o rapaz com grande desalento.

Após uma pequena pausa, encarou novamente a moça, dizendo em tom baixo:

– Colocaste em uma mesma frase dois conceitos inversos, Darchelle: amor e vingança. Por amor, tu deverias ter perdoado teu algoz. E não existem vítimas abaixo do céu. Se aprouve a Deus que eu me despedisse do mundo dessa forma como foi, é porque para meu proveito assim sucedeu. Que me diz de teu amor, que a morte consumiu em teu coração?

– Não! Não é verdade! Ainda o amo?

– Como pode um coração que ama deixar-se invadir por ideias odiosas?

– Oh, Étienne!

– Veja, minha Darchelle, as consequências nefastas de não haveres perdoado a Ramon. Veja! Quantas tragédias não se consumariam, se houvesses seguido as normas do bem viver, que são ensinadas pelo Evangelho...

– Étienne! Étienne! Perdoa-me! Por Deus! Não me deixes ao abandono de teu amor! Nada poderei, se tu me consideras uma criminosa sem remissão!

– Que dizes? Ainda não confias em meu amor, minha querida? Jamais deixei de amar-te e jamais deixarei!

Assustado com aquilo que via e com a sinceridade das palavras e gestos de Darchelle, que parecia mesmo ver e conversar com o defunto inesquecível, Ramon ficou petrificado por alguns minutos.

Ao ver que o suposto diálogo cessara e a moça escondia o rosto com as mãos, para chorar amargurada, ele recobrou o ânimo. Pensou em tudo que ouvira. Era duplamente traído por Darchelle. Havia um amante, que ela aguardava naquele leito criminoso, e havia o noivo falecido, que ela agora confessava amar para sempre, deixando escapar a sórdida intenção de vindita que elaborara.

Desde o começo, ela desejava apenas vingar o noivo assassinado. Jamais o amara. Apenas o engodara para melhor feri-lo. E ele, que considerava-se tão perspicaz, fora um tolo desde o primeiro momento. Ignorara os avisos da própria inteligência. Ignorara os avisos de seus colegas. A tudo se submetera por aquela mulher, que o apunhalava com o ultraje de sua masculinidade e com a repulsa. Foram mentiras todos os carinhos que recebera. O coração de sua esposa pertencia, para sempre, a outro.

Um fundo despeito penetrou o coração carente de Ramon. De repente, perpassou todas as desilusões de sua vida e a carência afetiva o espicaçava.

Ao seu ver, jamais tivera, no mundo, um ser que o amasse.

Revoltado com a afronta à própria inteligência, despeitado e colérico, ele a ergueu novamente pelo pescoço.

– Mulher infeliz! Então, desejavas vingar o noivo? Eu te ofereci meu amor desde o princípio e tu me devolveste o fel de tua perfidez! Hás de pagar, sua infame! Lavarei com teu sangue a minha honra!

Retirando da cinta uma adaga reluzente, Ramon ia deferir o golpe fatal quando foi brutalmente empurrado, deixando cair a arma e soltando Darchelle.

Era Chermont que chegava no ambiente.

Ao chão, de olhos arregalados, Ramon gritou, decepcionado:

– Chermont! És tu o abutre de meu lar? Logo tu, a quem ofereci amizade verdadeira?

Ajudando Darchelle a se levantar e se colocando a frente dela, o conde voltou-se novamente para o interlocutor, que jazia ao chão, encarando-o:

– Chega, Ramon! Terminamos aqui esta refrega. Ergue-te e abandona este recinto. Vou esquecer que levantaste a mão agressiva para uma mulher. Ergue-te e vai-te embora. Deixa Paris, onde não tens mais a honra de cavalheiro. Abandona tudo, e viverás. Não desejo matar-te!

– Que dizes, infeliz? Tu és um traidor e um infame e ousas me ameaçar? Ousas me dizer o que devo ou não devo fazer?

– Veja, rapaz, é melhor para ti o que digo. Sou um homem experimentado na vida. Não poderás enfrentar-me, ainda mais dado aos desesperos, como estás. Tenho consideração por ti. Ouve a voz da razão e vai-te embora. Nada te ocorrerá. Esqueceremos isso e tu, que és jovem, reconstruirás tua vida em outras paragens...

Ofendido nas profundezas de seu orgulho, Ramon gritou e alcançou a adaga que estava ao chão, erguendo-se rapidamente e avançando contra Chermont:

– Consideração por mim? Oh! Vou matar-te e depois matar essa infame que sujou minha honra! Dançarei sobre o sangue de ambos!

Chermont esquivou-se, mas teve o braço esquerdo ferido, de onde brotou o sangue que manchou seu casaco. Empurrou Ramon, que retomou a investida com toda a força de que era capaz.

Realmente, Michel era mais adestrado em disputas que Ramon. Era mais velho e mais experimentado em brigas e arengas, ao contrário do rapaz, que fora homem de armas. Não lhe foi difícil esquivar-se novamente e atingir o adversário mortalmente, com a espada que trazia às mãos.

O ex-soldado cambaleou e caiu aos pés de Darchelle, segurando-lhe as roupas.

Olhou-a nos olhos de uma forma inesquecível e murmurou:

– Conseguiste o que queria... Espero estejas satisfeita...

E tombou ao solo, para sempre.

Chermont guardou na bainha a espada, e observou o adversário, dizendo baixo:

– É pena. Não desejava tirar a vida desse rapaz...

Voltou-se para Darchelle e a abraçou, protetor.

– O que houve?

– Não sei, meu senhor. De alguma forma, Ramon descobriu nosso encontro...

Ambos saíram daquela casa, para a mansão dos de N., que Darchelle herdara por ocasião da morte de Leon.

Mais tarde, Chermont apresentou-se às autoridades, informando que se tratava de um ordinário caso de duelo. Como Ramon não tinha ninguém que reclamasse um inquérito, o caso foi encerrado com as informações de Chermont, que aos olhos da corte, era conde e muito rico.

Michel tratou de se instalar na mansão, acompanhando Darchelle. Mas com o passar dos dias, observou com grande estranhamento a mudança de comportamento de sua amante. A moça ficava por horas absorta, olhando para o vago, sem responder a qualquer pergunta, parecendo situar-se em um mundo a parte da realidade. Depois, colocava-se a conversar sozinha, respondendo a perguntas que não eram feitas, travando diálogos com pessoa alguma.

Mais tarde, surgiram os pesadelos, constantes e terríveis. E, após um tempo, eles pareciam tomar conta também das horas de vigília e não era incomum que ela gritasse por socorro, sem que ninguém atinasse pela causa de seu apavoramento.

Apontava para aqui e ali e dizia ver pessoas que já haviam deixado de existir na Terra. Dizia ver Ramon, colérico, procurando feri-la e matá-la. Chamava por Michel, buscando proteção e amparo.

Às vezes, descrevia um certo homem maduro que a perseguia. Não sabia ela que se tratava de Louis-Olivier.

De outras vezes, alegava poder ver Marie, nos estertores da morte, no recinto onde ela havia tirado a própria vida anos atrás.

Por estranho possa parecer, Michel não a abandonava. Sentia imensa compaixão por aquela menina frágil, que se agarrava a ele durante as crises cada vez mais frequentes.

Ele incumbiu vários facultativos e serviçais para cuidarem dela, todas as horas do dia. Mas o diagnóstico era decisivo: Darchelle ficara louca.

Longos anos correram nessa situação, até que próximo ao Natal de 1588, o duque de Guise foi assassinado. Chermont precisava deixar Paris com urgência e não poderia levar em seu rastro a enlouquecida menina, que aprendera a amar na desdita.

Àquela altura de sua vida, sentia por ela estremecimentos de um pai. Aprendera a ter por ela a mais sincera misericórdia. Refizera sua vida de aventuras amorosas, mas jamais a deixara ao léu, abrigando-a consigo, cercado de serviçais que atendessem às suas necessidades.

Naquele ano, Darchelle adquirira grave enfermidade dos pulmões e do coração, que a minava aos poucos. Não estaria longe o fim.

Mesmo assim, Michel ressentia-se de abandoná-la. Por isso, deixou larga soma de recursos com seus servos mais leais, instruindo-os a abrigá-la em algum recinto discreto, cuidando dela até a morte.

Urgia partir o quanto antes. Ele estava seriamente envolvido nas circunstâncias da morte de Henrique de Guise e, como elo mais fraco de uma extensa corrente de intrigas, sabia que poderia ser tomado como bode expiatório de tudo aquilo.

E, astuto, abandonou Paris sem deixar suspeitas de para onde estaria indo.

Darchelle ficou entregue aos serviçais que durante algum tempo mantiveram a promessa ao antigo senhor. Mas em breve, não mais se esmeravam em alimentá-la ou dar a ela os medicamentos que a mantinham com vida. Preferível era gastar os largos recursos deixados por Chermont, aproveitando-os para si mesmos.

Àquela altura, havia dez anos que Leon havia morrido.

Ainda era inverno, e a doença da filha de Charles de N., o respeitável oficial, jazia em um leito desconfortável, entre os estertores de suas costumeiras crises de demência.

Ninguém velava por ela no plano físico. No entanto, no plano da quintessência, um vulto nobre de um esbelto rapaz acariciava-a, enquanto entoava canções renanas para acalmá-la. Era Étienne.

Darchelle podia vê-lo e ouvi-lo perfeitamente, agora. Por isso mesmo, calara-se, fixando nele os olhos embaciados, entre a veneração e o constrangimento.

Aos poucos, sua respiração foi ficando mais rápida. Sentia no peito uma pressão excruciante, anunciando o momento extremo.

Em breve, aproximou-se um espectro luminoso, que abaixou-se para osculá-la, com lágrimas cristalinas aos olhos. Era a nobre entidade que cumpria o papel de pai daquele grupo de espíritos.

Longas horas de agonia se seguiram, até que a moça deixou escapar o último suspiro. O nobre varão pegou ao colo o alquebrado corpo espiritual da menina, como quem pega um tesouro muito precioso.

Étienne beijou-a ternamente na fronte, chorando.

Os três saíram daquele tugúrio escuro, onde ela passara as últimas horas na Terra, entre o abandono e o sofrimento.

8
Socorro e perdão

"Quando o Cristo disse: 'Bem-aventurados os aflitos, o reino dos céus lhes pertence', não se referia de modo geral aos que sofrem, visto que sofrem todos os que se encontram na Terra, quer ocupem tronos, quer jazam sobre a palha. Mas, ah! poucos sofrem bem; poucos compreendem que somente as provas bem suportadas podem conduzi-los ao reino de Deus. O desânimo é uma falta. Deus vos recusa consolações, desde que vos falte coragem. A prece é um apoio para a alma; contudo, não basta: é preciso tenha por base uma fé viva na bondade de Deus. Ele já muitas vezes vos disse que não coloca fardos pesados em ombros fracos. O fardo é proporcionado às forças, como a recompensa o será à resignação e à coragem. Mais opulenta será a recompensa, do que penosa a aflição. Cumpre, porém, merecê-la, e é para isso que a vida se apresenta cheia de tribulações."
O evangelho segundo o espiritismo, capítulo 5, item 18

Consideramos oportuno tratar do destino de nossas personagens no plano pós-vida, para que possamos fazer uma justa apreciação de todos os fatos.

Caminhemos um pouco com a nossa pobre e frágil Marie-Antonette. Vergastada pelas próprias inquietações, magoada no íntimo de seus sentimentos leais ao marido, após a discussão que presenciou entre os irmãos, viu-se prisioneira de um estado de ânimo compatível com a distração dos deveres de resistência e perdão.

Leon procurou todos os meios de se retratar com a esposa, mas em vão. Ela só sabia chorar e entregar-se ao desgosto. Não demorou para que sua mente superexcitada pela autocomiseração, fragilizasse a correta percepção das coisas.

Amava o marido, desejava perdoá-lo, mas passara a apreciar a maneira como ele se humilhava diante dela, pedindo perdão em lágrimas e declarando seu imenso amor, dando-lhe toda a atenção que não dera por tanto tempo. Tinha receios de perder os cuidados de que se via alvo, desde o infeliz acontecimento, e, por isso, permitia-se abater cada dia mais, cultivando na mente todos os fatos que a conservavam em seu papel de vítima.

Com o tempo, aderindo às sugestões da intemperança e da inconformação, mergulhou em um estado depressivo cada vez mais complexo, até que não houvesse mais condições orgânicas que a auxiliassem a retomar o bom ânimo e o gosto pela vida.

Durante um bom tempo, Marie sofreu na vida espiritual as consequências da decisão tresloucada. Se viu presa de invencível repetição do ato, em seus mínimos detalhes, por longos dias. Por mais tentasse resistir à sistemática reiteração do roteiro doloroso, era como se estivesse subjugada por uma vontade muito superior à sua.

Depois, parecia presa em um pesadelo terrível. As dores atrozes, as coisas envolvidas em uma espessa bruma, a confusão mental. Leon, reduzido a um espectro mudo, o campo santo para onde levaram seu corpo.

Com o passar dos dias, a isso se juntou mais uma provação dolorosa: sentia o corpo sendo devorado por vermes. Podia sentir o odor da putrefação dos próprios despojos. Via as chagas abertas em toda parte, queimando, ardendo, deixando-a louca pelo sofrimento. Via-se no aposento, depois via-se dentro do esquife, soterrada, sem ar, desesperada, sem possibilidades de fuga. As vezes estava no cemitério e dele não conseguia sair. Parecia andar em círculos.

Exausta, pedia socorro aos céus. Não era religiosa, mas curvava-se a uma força que não compreendia. A vida em si vencera a morte. Nada vencia o sopro de vida que Deus, certamente, havia lhe dado. A essa força que não a deixava extinguir-se, pediu ajuda, humilde e vencida.

Marie foi socorrida. Com muita emoção, viu que a mãezinha a sustinha aos braços e a levava consigo, para um abrigo limpo, onde seria tratada.

A pobre senhora não se demorou no mundo, após o trágico desfecho da vida de sua filha. Ali estava, agora, aproveitando o momento propiciado pelo impulso de oração da filha.

Longo tratamento era necessário e a internação em novo corpo era imprescindível. Porém um corpo que receberia os reflexos do corpo espiritual desrespeitado em suas mais sagradas disposições.

Assim, a Marie foi concedida uma nova oportunidade de refazimento, em uma reencarnação expiatória. Nasceu com sérias limitações, que a impediam de caminhar e de se movimentar adequadamente. Também a região da garganta era frágil, suscetível a qualquer intempérie. Mas durante os anos de sua nova vida, teve ao seu lado a mãezinha dedicada que jamais a abandonou. Não lhe faltou a carinhosa assistência de amigos solícitos e corações que a amavam, pois Deus não intenta punir Seus filhos, mas salvá-los.

Leon, que a seguiu no impensado gesto, também amargou as consequências da falta de respeito pela vida que Deus lhe concedeu. Embora dividindo a responsabilidade do seu ato com o obstinado obsessor que a ele se ligou, passou pelos constrangimentos próprios dos que infringem a sublime Lei.

Os dois cônjuges, Leon e Marie, não se puderam encontrar no plano espiritual, devido ao estado de desequilíbrio emocional em que se encontraram.

Ambos os desistentes da vida eram carinhosamente assistidos por Leonor, Charles, Étienne e o bondoso pai daquela falange de Espíritos.

Ramon, no plano extrafísico, encontrou-se, por afinidade de ideais, com o pai adotivo, Luis-Olivier. Durante um tempo, entraram em infeliz disputa, levados por mágoas e desentendimentos. Mas, após alguns anos, associaram-se em tristes objetivos, conjugando e permutando energias.

Até que se cansaram de sofrer. A mãezinha de Ramon e a esposa de Luis-Olivier trabalharam longos anos pelo resgate de ambos, com todos os recursos de que dispunham. E foi com satisfatória emoção que ambas enlaçaram os dois tesouros de suas existências, recambiando-os para os tratamentos possíveis e para reencarnações compulsórias.

Luis-Michel, o suicida do início de nossos escritos, já estava ingresso em nova experiência, refazendo-se dos choques de sua tragédia pessoal. Possuía um caráter dócil, por isso, suportava as agruras que atraíra para o próprio caminho com notável resignação e bom ânimo. Seu reequilíbrio galgava passos largos e, em breve, estaria reunido aos afetos que sempre o auxiliaram do plano imaterial.

Foi acompanhado de perto por Charles, arrependido e solícito. Tornaram-se, em breve, grandes amigos e irmãos, perdoando-se um ao outro.

E Darchelle! Ah, minha pobre companheira de caminhada.

Assim que acordou do longo torpor, após o decesso carnal, evadiu-se da instituição onde era tratada, voltando às ruas de Paris. De nada valeram os alvitres dos amigos e dos protetores.

Estava enlouquecida, com ideia fixa na vida que deixara. Não se conformava com o rumo que dera aos próprios passos.

Confusa, parecia não perceber Étienne. Via-o, mas não compreendia que era o noivo, que tanto ansiara reencontrar.

Tornou-se uma andarilha das ruas parisienses. Corria de cá para lá, tentando mudar o rumo dos acontecimentos de 1572 que, em sua visão, eram a raiz de todas as dores que amargara, na existência que se findara.

Por isso, voltava mentalmente à fatídica madrugada, buscando as ruas para chegar ao paradeiro de seu noivo. Estranhamente, por mais que virasse as ruas corretamente, estabelecendo o roteiro para seu destino, sempre se via novamente em frente à residência de Étienne, onde sabia ser inútil procurar por ele. Entrava em desespero, voltava sobre os próprios passos e chegava ao local das assembleias, vendo-o iluminado e ouvindo vozes.

Não entrava. Sabia o que encontraria. Certamente que tudo se repetiria. Era tarde demais.

Em breve estava reduzida a uma mendiga espiritual naquelas ruas. Indiferente a tudo e a todos, vagava como uma louca, aos gritos, vociferando imprecações e blasfêmias.

Até que um dia, já exausta, corria novamente ao seu destino, cuidando para virar as ruas corretas, mas novamente se via em frente ao palacete do noivo. Um mal-estar tomava-lhe as forças e sentia que ia tombar ao solo, perdendo os sentidos.

Pela primeira vez, desde que falecera, resolveu entrar. Já não conseguia correr. Caminhou até a pesada porta e bateu, sem muita força.

A porta se abriu. Lá estava Theodor, com um largo sorriso e faces rosadas.

– Theodor, diz-me que teu senhor está em casa!

O rapaz a olhou carinhosamente, oferecendo-lhe a mão para apoiá-la.

– Senhora, entra, por favor. Estás cansada. Parece sedenta!

– Não há tempo! Precisas fugir! Preciso encontrar Étienne.

– Acalma-te, senhora! Está tudo bem!

– Não! A matança! Leon! O rei...

– Acalma-te, minha senhora! Vê, eu te levarei ao meu senhor!

Confusa com a calma do servo, a moça deu dois passos para trás, de olhos arregalados.

– Estás tentando fazer-me perder tempo! Todos vós sois cúmplices da morte de meu Étienne...

– Garanto-te que meu senhor está em perfeitas condições e assim continuará...

O rapaz, compungido com a situação da menina, deu-lhe o braço e encaminhou-se com ela rumo a rua.

– Vamos. Levar-te-ei ao teu noivo. Confia em mim... Está tudo bem.

– Corramos!

– A senhora está fraca. Não corras. Vamos caminhando. Ficará tudo bem.

Darchelle o acompanhou, sem maiores resistências. Estava exausta. Não tinha mais forças para prosseguir sozinha.

Chegaram em frente ao prédio das assembleias. Vozes podiam ser ouvidas, vindas do pavimento do salão, que estava completamente iluminado, podia-se ver pelas janelas.

– Oh, já chegaram os guardas! Oh, é tarde demais!

A menina fez menção de correr para o lado contrário, mas Theodor a impediu, com extremo respeito.

– Não, senhora. Olha bem ao teu redor. Não vês que as ruas estão pacatas?

– Ouço os gritos! Ouço os cavalos!

– Mas olhai, senhora! As ruas estão desertas. Não há soldados...

Indecisa, Darchelle estacou em frente à entrada. Depois, em um ímpeto, subiu as escadas em correria desenfreada, deixando o acompanhante para trás.

Parou em frente ao reposteiro da entrada do salão. Temia olhar para o chão e ver o cadáver, como vira no dia infeliz. Mas entrou, resoluta.

Lá dentro, tudo na mais perfeita ordem. Várias pessoas assentadas, cantavam um hino, no ambiente iluminado. A claridade era tanta que Darchelle sentiu dificuldades em estabelecer a acuidade visual.

Recordou-se da primeira vez que adentrou aquele salão, em busca de Étienne. Aquela noite calma, sem desesperações, a não ser a própria ansiedade em se entender com o homem que amava.

A mesma quietude e harmonia estavam presentes agora. Nada de soldados, nada de gritos ou tirlintar de espadas e armas.

Entrou receosa.

Pela primeira vez deu-se conta de sua lamentável aparência, em contraste com aquele ambiente limpo e perfumado. Envergonhou-se dos cabelos ouriçados e sujos, e das roupas rotas e rasgadas. Ajeitou os andrajos para procurar cobrir-se como podia, mas continuou caminhando decididamente para frente.

O hino continuava a encher o ambiente. Falava do amor de Deus, da beleza do mundo, da esperança...

Em frente àquela assembleia, um varão venerando não tirava os olhos dela. Olhava-a com alegria e bondade. Parecia-lhe muito familiar e ela sentiu uma íntima comoção. Mas prosseguiu.

Ao aproximar-se, constrangida, falou em voz baixa:

– Senhor, desculpa-me invadir este culto...

– És bem-vinda, minha filha! Todos esperávamos por ti!

Darchelle olhou ao redor, confusa. A luz do ambiente ainda ofuscava sua percepção. Sem ater-se muito ao que o nobre senhor lhe falou, perguntou, respeitosa:

– Estou aqui procurando por meu noivo. Uma grande tragédia se aproxima e vim para avisar-vos...

– Tudo isso já passou, minha filha! Não percebes a paz que aqui reina?

– Mas, senhor, sou irmã do capitão da guarda do Louvre. Por isso tenho informações precisas sobre o que ocorrerá em breve...

– Sim, compreendo. Mas todos nós somos irmãos do Salvador do Mundo. Por isso temos informações precisas vindas das cortes celestiais de que o amor de Deus a todos protege.

Um curto silêncio se seguiu. A menina não compreendia o que aquilo queria dizer. Tampouco compreendia a tranquilidade de todos ante notícias tão assustadoras. Talvez não acreditassem nela, por conta de seu estado lastimável.

– Senhor, digo a verdade. Confia em mim e fujamos todos. E me digas, por favor, onde encontro meu noivo, Étienne de L. Estou procurando por ele há muito tempo...

– Acredito em ti, minha amiga. Mas também deves acreditar em mim. Quanto ao teu noivo, interessante coisa temos aqui, pois ele também procura por ti há muitos séculos... Não o percebes?

Olhando para onde apontava o bondoso espírito, Darchelle sentiu o coração precipitar-se no peito. Via um vulto a poucos passos de onde estava, mas não conseguia distinguir suas feições. Firmou a vista, esforçando-se por enxergar.

Em breve, divisava o sorriso generoso de Étienne, que se aproximava emocionado.

– Minha querida! Não adies mais tua estadia conosco. Vem, para que eu possa agradecer aos céus de joelhos, pela bênção de ter-te novamente ao meu lado! Vem! Asserena teu coração, para que tenhas a correta percepção de tudo. Aquela tragédia já passou. Estamos em novos tempos e a esperança sorri em nossos caminhos! Não percas mais um só minuto presa ao passado. Vem para que construamos nosso futuro, com as bênçãos de Deus!

Toda a estrutura de Darchelle estremeceu. Era seu noivo, ali na sua frente, estendendo-lhe os braços.

Nunca ele lhe parecera tão belo. Trajava uma alva túnica, que parecia constituída de gases. Seus olhos faiscavam de um fulgor que não conseguia compreender.

Olhou para si mesma, suja, andrajosa, descabelada, e envergonhou-se. Chorou convulsivamente por estar diante dele naquele estado. Hesitou. Pensou em fugir dali em correria desenfreada, quando foi puxada, carinhosamente, ao regaço do noivo, que a beijou repetidas vezes na cabeleira desarrumada.

Ela chorou as lágrimas mais pungentes que tinha. Arrependia-se de todos os seus desenganos. Sofria por cada uma de suas decisões errôneas na vida e ressentia-se muito consigo mesma.

Agarrou-se a ele deixando-se sacudir por descontrolado choro. Sentiu que mais alguém a abraçava e, virando-se, viu Leon.

Estava magro e pálido. Parecia um pouco envelhecido. Trazia em si ainda algumas consequências do suicídio, embora tivesse passado por longo tratamento no plano espiritual. Seu corpo espiritual necessitava dos filtros da carne para refazer-se completamente, o que aconteceria em breve, através da reencarnação.

Darchelle agarrou-se ao irmão, rogando-lhe perdão.

– Não chores, minha irmã! Oh, não chores! Não existe necessidade de perdão. Eu te amo! Tudo ficará bem!

Assim foi que se reencontrou com cada um dos afetos que a aguardavam na vida verdadeira, até que pôde ver e falar com a mãezinha. Então não pôde mais. Desfaleceu nos braços da genitora, assim que a reconheceu.

Suave encantamento enleou aqueles corações que se amavam. Faltava, para a alegria completa, que se juntassem ao grupo Ramon, Luis-Olivier, que estavam em reencarnações compulsórias, Luis-Michel, que em breve encerraria uma proveitosa vida na crosta, devido aos seus próprios esforços, e Marie, que lutava para refazer-se no tratamento justo. Havia ainda outros corações pertencentes aos mesmos labores, que não figuram nestas páginas por motivos diversos.

Leon programava para breve seu retorno à carne, de modo a reequilibrar as forças e refazer as esperanças no porvir. Darchelle foi conduzida novamente para a instituição de onde fugiu, para recomeçar o tratamento adequado às suas enfermidades.

No prazo de algumas décadas, novas oportunidades reacenderiam a alegria naqueles corações afins. Assim que possível, cada um voltaria ao palco do mundo, para harmonizarem-se com as Leis Magnânimas que regem todos os filhos de Deus.

Explicações oportunas

> "Oh! Jesus, tu o disseste, teu reino não é deste mundo, porque é preciso sofrer para chegar ao céu, de onde os degraus de um trono a ninguém aproximam. A ele só conduzem as veredas mais penosas da vida. Procurai-lhe, pois, o caminho, através das urzes e dos espinhos, não por entre as flores."
> *O evangelho segundo o espiritismo*, capítulo 2, item 8

Ao longo da história do Cristianismo no planeta, vimos as estradas luminosas do céu sendo asfaltadas pelo sangue e suor dos missionários de Jesus em todas as épocas, mostrando aos homens que o caminho do desprendimento e da entrega total é sempre o mais curto para a felicidade.

Mas nem sempre os que se dão em testemunho pela causa evangélica estão no número destes missionários. Em muitos casos, como neste que aqui narramos, o testemunho não é indício de missão, mas de resgate aproveitável de anteriores eras.

Étienne, na Noite de São Bartolomeu, quitava com a consciência alguns débitos de desmandos, intolerâncias, desequilíbrios e excessos em que se deixara resvalar nos séculos I a V da era Cristã, em Roma e no seio do povo judeu. Por isso, não poderia ser visualizado aqui como um espírito redimido pela entrega incondicional ao Evangelho, mas como um filho de Deus que aprendia, com o passar das existências, a libertar-se pelo perdão e pelo amor ao ideal. Ali soara uma oportunidade que ele soubera aproveitar, dentro dos limites de sua condição consciencial.

Diante do adversário forjado nos séculos, conseguia arregimentar recursos de olvido do mal e perdão, que lhe munia com os tesouros do equilíbrio próprio e da paz de consciência. Com a própria demonstração de coragem e perseverança, ascendia em si e no companheiro certas impressões que marcariam para sempre o coração.

E um tênue fio de ligação começava a estabelecer-se, de maneira que fosse possível com o desenrolar dos anos, alguma providência futura para desfazer-se a vigorosa teia de ódios, vinganças, dor e sofrimentos que fazia gemer toda uma família espiritual.

Infelizmente, por um período longo, Darchelle consumiu-se de ciúmes e ressentimentos com as manifestações religiosas, pois vira na atitude do amado uma dedicação a Jesus que queria somente para si. E passou um tempo enorme desnecessariamente desvinculada de qualquer elo mais amigável com a religiosidade, distanciando-se, dessa maneira, de aquisições mais respeitáveis e pacíficas nos campos de manifestação do amor que nutria há tantas eras.

Constituiu-se, então, um desafio a todos quanto a amavam, inclusive a Étienne, auxiliá-la a restabelecer a religiosidade no campo dos sentimentos.

Devido aos grandes esforços despendidos em desacordo com a Lei do Amor e do Perdão que rege a libertação individual dos filhos de Deus, desenvolveu séria enfermidade no campo mental, desequilibrando principalmente os centros de força ligados à memória espiritual e os que regem o desenvolvimento orgânico, que definem a fenomenologia mediúnica nos encarnados.

Desde então, cada corpo físico que envergou, funcionou tal qual um medicamento fortíssimo para restabelecer a sanidade espiritual da terna amiga, cujas manifestações fora da proteção do ergástulo físico equiparavam-se a uma demência comum, como aquelas que lotam as enfermarias dos hospitais dedicados às doenças psiquiátricas no plano físico.

De lá para cá, tem alcançado vagarosamente alguma lucidez fora da matéria, quando sustentada pelos amigos que a acompanham nos trabalhos no desdobramento pelo sono físico ou pelo transe mediúnico. Fora esses momentos, até hoje, se entregue somente a si mesma, ainda não logra a lucidez necessária para uma liberdade desfrutável no plano espiritual.

Étienne ainda permanece interessado pela noiva que sempre amou pelos milênios, acompanhando-a como permite a bondade de Deus.

O evento de São Bartolomeu, se para um teve o efeito de remédio amargo e eficiente contra moléstias agasalhadas há longas eras no organismo espiritual, libertando-o de certos sofrimentos íntimos, para a outra rendeu e ainda rende a reciclagem cruel das consequências do vicioso ciclo de revivências odiosas e criminosas, estabelecendo ainda hoje entre ambos a angustiosa distância que os oprime, a cada um conforme o adestramento dos próprios sentimentos, distância esta que ainda necessita da forja do tempo para desfazer-se e permitir que se enlacem na vibração de um ideal maior.

Aqui apenas descrevemos o fragmento do drama onde figuramos diretamente, mas advertimos aos irmãos que a história, em sua totalidade, abrange a todos quantos formamos esta família espiritual, cujo benfeitor e responsável aqui está expresso sem ser nomeado.

Certamente que o nosso exemplo não é a parcela que contém os maiores e melhores ensinamentos de vivência, mas nos damos o carinho de apenas a ela nos referirmos, por causa da discrição que o amor que sentimos nos chama a exercer.

Entregamos estas confissões aos irmãos como quem entrega o próprio coração.

Desejamos que a experiência aqui descrita se preste a alguma utilidade para os queridos irmãos, e nos desculpamos pela imperfeição das letras. Quiséramos ter o dom das belas letras, para não fatigar os queridos amigos com as incorreções da inexperiência.

Rogamos que Jesus a todos nós abençoe. Que aprendamos, com estas longas experiências dentro de uma mesma família espiritual, expandir nossos sentimentos para alcançar, um dia, o amor da família universal, como filhos de um mesmo Pai, bondoso e justo.

JEAN LUCCA

Esta edição foi impressa na Assahi Gráfica e Editora, de Itu, SP, sendo tiradas seis mil cópias, todas em formato fechado 160x230mm e com mancha de 120x180mm. Os papéis utilizados foram o Pólen Bold (Suzano) 70g/m² para o miolo e o cartão Supremo Alta Alvura (Suzano) 300g/m² para a capa. O texto foi composto em Goudy Old Style 12/15 e o título em Trajan Pro 26/31. Eliana Haddad, Gisella Amorim e Izabel Vitusso realizaram a preparação do texto. André Stenico elaborou a programação visual da capa e o projeto gráfico do miolo. A pintura do autor é de Marina Reis.

Dezembro de 2020